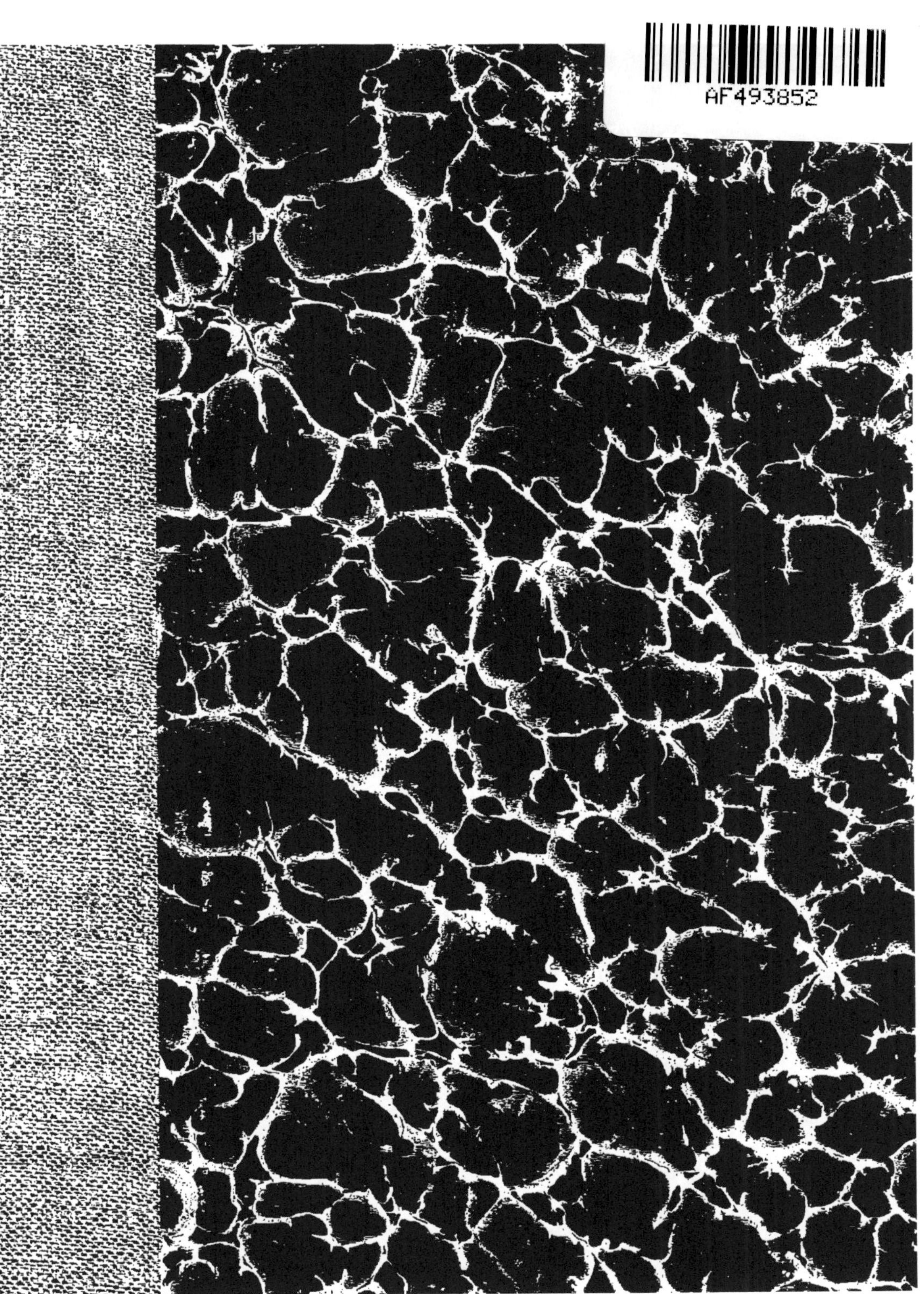

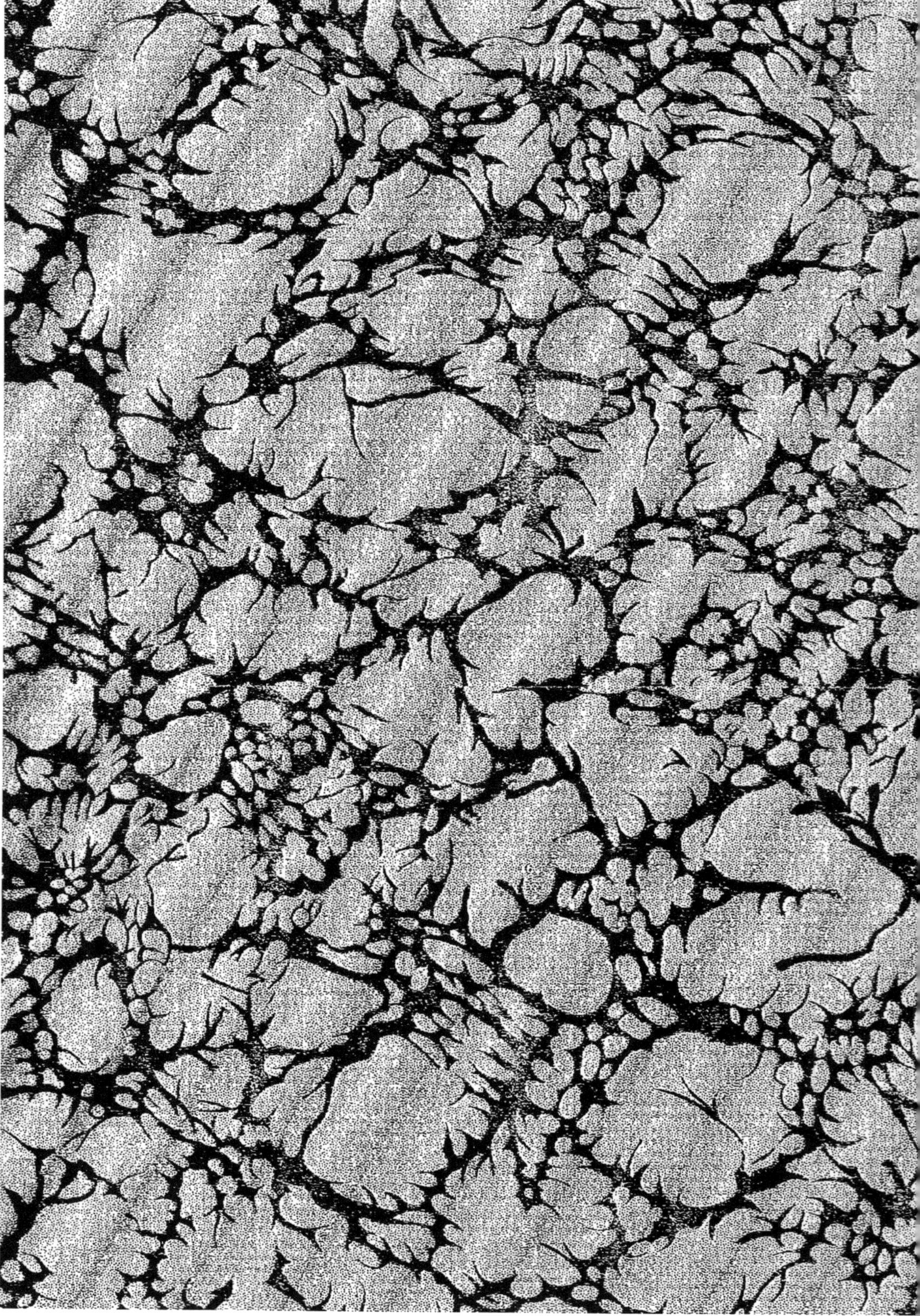

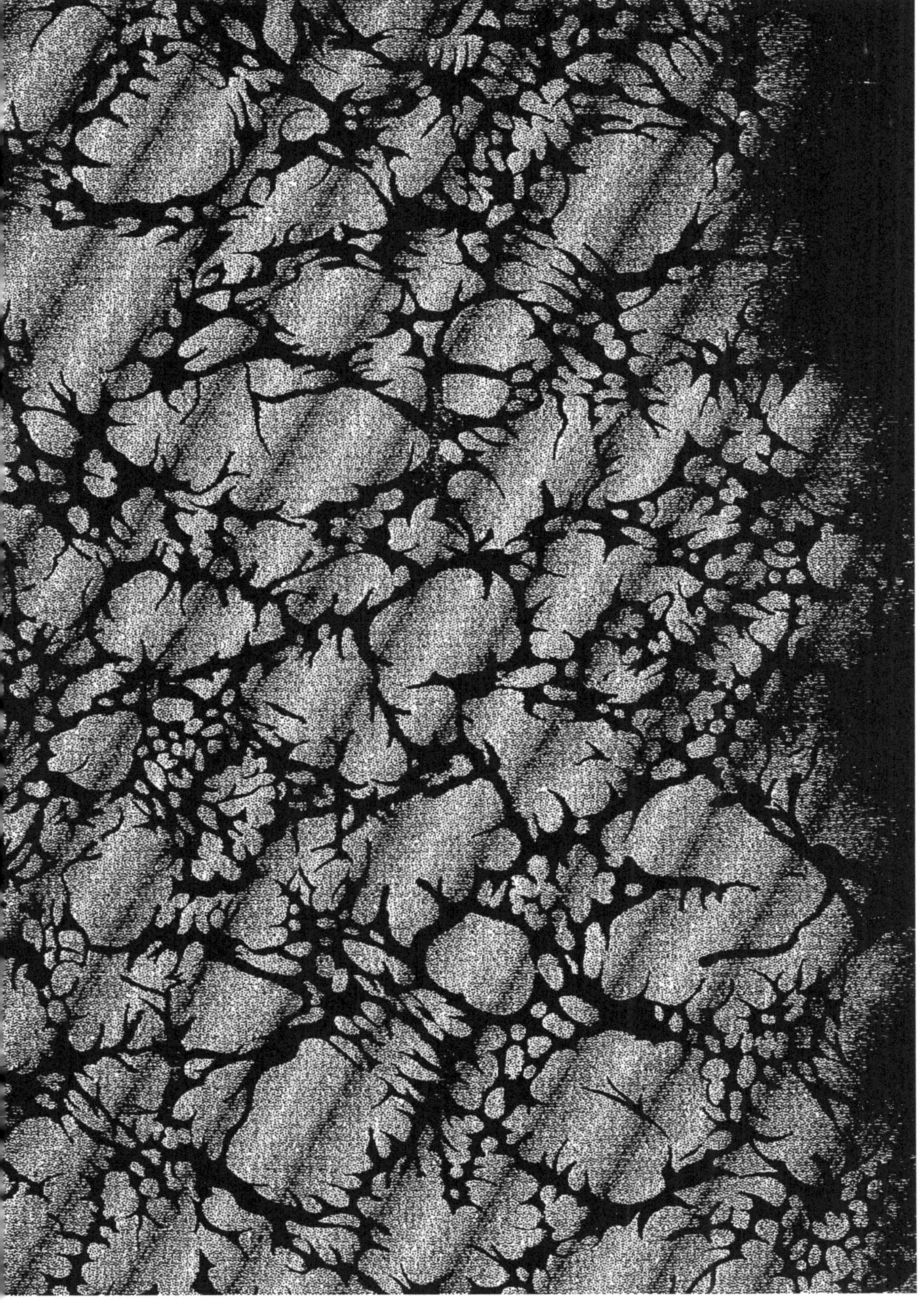

FACULTÉ DE DROIT DE L'UNIVERSITÉ DE PARIS

La Notion du Contrat de Travail

Étude jurisprudentielle, doctrinale et législative.

THÈSE POUR LE DOCTORAT

ès sciences politiques et économiques.

L'acte public sur les matières ci-après sera présenté et soutenu le jeudi, 6 Juin 1912, à 1 heure et demie,

PAR

Alexis MARTINI

Docteur en droit (ès sciences juridiques)
Lauréat des Facultés de droit d'Aix et de Paris.

Président : M. C. PERREAU, *Professeur.*

Suffragants : MM. WAHL, *Professeur,*
CAPITANT, *Professeur-adjoint.*

PARIS
ÉDITIONS DES "JURIS-CLASSEURS"

THÈSE

POUR

LE DOCTORAT

A MES PARENTS.

A Messieurs DE CARDAILLAC et CASEDEPATZ,

Président de section au Tribunal civil de la Seine. — *Professeur au Lycée Mignet d'Aix.*

HOMMAGE DE FILIALE RECONNAISSANCE
ET D'AFFECTUEUSE AMITIÉ.

FACULTÉ DE DROIT DE L'UNIVERSITÉ DE PARIS

La Notion du Contrat de Travail

Étude jurisprudentielle, doctrinale et législative.

THÈSE POUR LE DOCTORAT

ès sciences politiques et économiques.

L'acte public sur les matières ci-après sera présenté et soutenu le jeudi, 6 Juin 1912, à 1 heure et demie,

PAR

Alexis MARTINI

Docteur en droit (ès sciences juridiques)
Lauréat des Facultés de droit d'Aix et de Paris.

Président: M. C. PERREAU, *Professeur.*

Suffragants: MM. WAHL, *Professeur,*
CAPITANT, *Professeur-adjoint.*

PARIS
ÉDITIONS DES "JURIS-CLASSEURS"
HOTEL SÉGUIER, 18, RUE SÉGUIER, VIe

1912

La Faculté n'entend donner aucune approbation ni improbation aux opinions émises dans les thèses ; ces opinions doivent être considérées comme propres à leurs auteurs.

Page 33, ligne 15, *au lieu de :* et le prix dans la différence..., *lire :* et d'une entreprise dont le profit consisterait dans la différence...

INTRODUCTION

I. **Absence de réglementation d'ensemble du louage de services ou contrat de travail.** — On a souvent faito bserver que le législateur du Code civil a gardé un silence presque complet sur le contrat de louage de services, qu'il ne s'est pas occupé des relations entre employeurs et salariés. Il y a bien au Code civil une section première du chapitre III du contrat de louage, intitulée « Du louage des domestiques et ouvriers »; mais, dans cette section, qui ne comprend que deux articles (1), le législateur ne paraît guère s'être préoccupé que des domestiques « comme le prouvent les mots maîtres et gages employés par lui » (2). Quant aux ouvriers, les auteurs du Code les ont mentionnés dans quelques textes (art. 1788-1790; 1798-1799); mais « en réalité, ils n'ont pas légiféré pour eux » (3). M. C. Perreau, dans un de ses rapports sur le contrat de travail, dont nous aurons l'occasion de parler longuement, par la suite, rappelait qu' « à diverses reprises, dans ses ouvrages comme dans ses communications à l'Académie des Sciences morales et

(1) Le second, l'art. 1781, a d'ailleurs été abrogé par la loi du 2 août 1868.

(2) V. Planiol, *Tr. élém. de dr. civ.*, 5e éd., t. II, no 1828.

(3) V. Planiol, *loc. cit.*

politiques, le regretté doyen de la Faculté de droit, M. Glasson, est revenu sur cette idée que l'ouvrier avait été presque complètement oublié au Code civil, que ce Code était la législation du capital, mais que ce n'était le Code ni du travail, ni du travailleur » (1).

On a donné plusieurs raisons du laconisme du législateur en matière de louage de services. « Le législateur de 1804, a-t-on dit, pouvait craindre de voir renaître, à la suite d'une réglementation du contrat de travail, tout le régime économique des corporations que la Constituante venait d'abolir. Il ne faut pas, d'autre part, oublier qu'il existait, à l'époque du Consulat, toute une législation de police industrielle, toute une législation réglementaire. Cette législation, contenue dans la loi du 22 germinal an XI et dans l'arrêté du

(1) V. C. Perreau, rapport présenté le 18 janv. 1907 à l'Association nationale pour la protection légale des travailleurs (*Le contrat de travail*, 1907, p. 4). — C'est la même idée qu'exprimait M. A. Tissier, dans le livre du Centenaire du Code civil : — « Le Code civil, dit-il, ne s'est pas occupé de protéger les masses ouvrières et d'aider à leur développement moral et matériel. Il ne peut donc être considéré comme une législation démocratique » (*Le Code civil — Livre du Centenaire*, 1904, p. 74). « ... Le Code de 1804 a été une grande œuvre législative ; son influence politique et sociale a été immense. Mais un siècle a passé. Notre démocratie réclame une législation plus large, plus protectrice de tous les droits, plus soucieuse surtout des droits de ceux qui n'ont d'autre bien que leur travail. Il faut se hâter de réunir les matériaux de l'œuvre nouvelle » (*op. cit.*, p. 94). — Comp., Capitant, *Cours de législ. industr.*, 1912, Pedone, p. 135 ; et Beudant, *Cours de dr. civ. : La vente et le louage*, n° 656 ; Arthur Desjardins, *Le Code civil et les ouvriers*, dans Questions sociales et politiques, 1893, pp. 333 et s. — D'ailleurs, les travaux préparatoires du Code civil, en ce qui concerne les textes relatifs au louage d'ouvrage et d'industrie (art. 1779-1799) sont extrêmement brefs et ne présentent pas grand intérêt. V. Fenet, t. XIV, pp. 338 et s. ; et Locré, t. XIV, pp. 441 et s.

9 frimaire an XII, suffisait, sur un grand nombre de points, à préciser les rapports contractuels des deux parties » (1).

On ajoute que « l'absence de concentration industrielle et le faible développement de la grande industrie à l'époque de la rédaction du Code civil, ou la survivance, à titre d'usages industriels et commerciaux, d'un certain nombre de règles autrefois édictées par les statuts et règlements corporatifs » (2) peuvent également expliquer une lacune que les lois postérieures se sont efforcées de combler (3).

---

(1) V. Perreau, *op. cit.*, p. 5-6. — *Adde*, dans le même sens, Planiol, *op. cit.*, t. II, n° 1829 ; et Capitant, *op. cit.*, p. 136.

(2) V. Perreau, *op. cit.*, p. 6. — *Adde*, dans le même sens, Beudant, *op. cit.*, n° 656, p. 479.

(3) « L'indifférence du législateur à l'égard du contrat de travail a persisté presque jusqu'à la fin du XIXe siècle ; mais avec le nombre toujours croissant des ouvriers de l'industrie, le besoin d'une réglementation législative des effets de ce contrat s'est fait plus vivement sentir, et déjà, il a donné naissance à plusieurs lois qui ont, sur les questions les plus urgentes, précisé les droits et les obligations des parties contractantes. La première, pour ne citer que les plus importantes, est celle du 27 décembre 1890 (insérée dans le texte de l'art. 1780, C. civ.) qui a tenté de régler, sans y parvenir du reste d'une façon satisfaisante, les conséquences de la résiliation du contrat par la volonté de l'une des parties. La loi du 9 avril 1898 a ensuite imposé aux chefs d'entreprise l'obligation de payer une indemnité à leurs ouvriers et employés victimes d'un accident survenu par le fait ou à l'occasion de leur travail. Enfin, la loi du 8 décembre 1909 a réglé le mode de paiement des salaires des ouvriers et employés. — A ce premier groupe de lois, il convient d'ajouter celles qui ont pour objet de limiter la durée de la journée de travail, de réglementer le travail des femmes et des enfants, d'imposer le repos hebdomadaire, et d'édicter l'observation des règles concernant l'hygiène et la sécurité des travailleurs, car toutes ces lois viennent restreindre la liberté des contractants dans l'intérêt même de la protection de la santé esd travailleurs » (V. Capitant, *op. cit.*, p. 136, *in fine* — 137). — A ces

Malgré ces lois, qui ont, « sur les questions les plus urgentes, précisé les droits et les obligations des parties contractantes » (1), il n'en demeure pas moins qu'à l'heure actuelle le louage de services n'a pas encore été l'objet d'une réglementation d'ensemble. Un important projet de loi déposé à cet effet sur le bureau de la Chambre des députés le 2 juillet 1906, qui a fait l'objet de savants rapports à la Chambre et à l'Association nationale pour la protection légale des travailleurs et donné lieu en cette dernière assemblée à d'intéressants débats, n'a pas encore abouti !

Le louage de services n'est donc pas encore organisé, bien que le développement de la grande industrie ait fait de ce contrat l'un des plus usuels dans la pratique et des plus importants au point de vue économique (2).

II. **Absence de définition du contrat de travail.** — Mais ce qui est plus extraordinaire encore, c'est que ce contrat, qui n'a pas été l'objet d'une réglementation d'ensemble, n'est pas même exactement défini aujourd'hui. La définition du louage de services n'est pas encore faite ; elle est l'objet de vives discussions, de contestations incessantes. Louage

---

lois, « il faut ajouter : la loi du 12 janvier 1895 sur la saisie-arrêt des salaires et petits traitements ; la loi du 18 juillet 1901, garantissant leur travail et leur emploi aux réservistes et aux territoriaux ; la loi du 27 novembre 1909, garantissant leur travail ou leur emploi aux femmes en couches. Quelques-unes de ces lois se trouvent aujourd'hui groupées dans le titre II du livre Ier du Code du travail, sous la rubrique du contrat de travail. Les autres ont été réunies dans le titre suivant, consacré au salaire » (V. Capitant, *op. cit.*, p. 136, note 1).

(1) V. Capitant, *op. cit.*, p. 136.

(2) V. Beudant, *op. cit.*, n° 656, p. 479.

de services, louage de travail, contrat de travail, autant de mots sur le sens desquels le désaccord règne en souverain maître. Quand y a-t-il louage de services, louage de travail, contrat de travail ? A supposer que ces expressions se vaillent, que les deux premières doivent céder le pas à la troisième, qui a acquis désormais droit de cité chez nous, puisque le législateur l'a employée à diverses reprises déjà (1), — quand y aura-t-il contrat de travail ? A quel trait pourra-t-on le reconnaître ? le discerner des autres contrats ? En quoi le contrat de travail se différencie-t-il donc, par exemple, de la vente, du mandat, et surtout du contrat d'entreprise ? Quel est l'élément essentiel, distinctif, caractéristique du contrat de travail ?

Nécessité d'une définition du contrat de travail. — Son intérêt. — Question primordiale, puisque de sa solution dépend toute une série de conséquences !

Y a-t-il contrat de travail ? C'est telle prescription qui s'applique; c'est tel privilège qui est accordé; c'est la non-application des dispositions du Code civil relatives aux

---

(1) On trouve l'expression « contrat de travail » dans la loi du 18 juillet 1901, qui garantit leur travail et leur emploi aux réservistes et territoriaux appelés à faire leur période de service militaire ; — et dans la loi du 21 mars 1905 qui attribue aux tribunaux ordinaires l'appréciation des difficultés qui peuvent s'élever entre l'Administration des chemins de fer de l'État et ses employés. — Le législateur a définitivement consacré cette expression, en la prenant comme rubrique du titre II du livre Ier du Code du travail et de la prévoyance sociale, en date du 28 décembre 1910 (Sirey, *Lois ann.* de 1911, pp. 108 et s.), « titre dans lequel sont réunies les dispositions concernant le louage de services, le louage d'ouvrage et le marchandage » (V. Capitant, *op. cit.*, p. 132).

risques; mais c'est aussi, et surtout, le droit de se prévaloir, en principe, de toutes les lois ouvrières, et notamment des lois sur les accidents du travail, les conseils de prud'hommes, et les retraites !

Y a-t-il contrat d'entreprise ? C'est d'une autre prescription, d'un autre privilège qu'il faut parler ; c'est la théorie des risques du Code civil qui s'applique ; mais c'est aussi, et surtout, le risque professionnel des lois sur les accidents du travail qui vous frappe ; toutes les lois ouvrières qui s'imposent, en principe, à vous (1).

Sa difficulté. — Conceptions différentes. — Il est donc essentiel de distinguer nettement ces divers contrats, et

---

(1) « Il y a intérêt, d'ailleurs, à des points de vue nombreux, à distinguer entre eux, les domestiques, ouvriers et employés... La responsabilité du patron pour les accidents arrivés aux divers locateurs de service n'est pas la même ; — les délais de congé fixés par l'usage varient suivant qu'il s'agit de domestiques, d'ouvriers et d'employés ; — les règles de la prescription diffèrent également ; — enfin les règles de la saisie-arrêt des salaires diffèrent... » (V. Baudry-Lacantinerie et Wahl, *Du contrat de louage*, 3e éd., t. II, n° 1647).

« De même, dit M. Capitant (*op. cit.* p. 127, note 1), la loi du 8 décembre 1909 sur le paiement des salaires des ouvriers et employés ne s'applique pas aux gens de service, et elle édicte des règles différentes pour les ouvriers et les employés. La distinction de ces deux catégories de personnes, les ouvriers et les employés, présente de l'intérêt... en particulier dans la matière des conseils de prud'hommes. Depuis la loi du 27 mars 1907, ces conseils sont divisés en sections dans lesquelles sont répartis les commerces et les industries soumis à leur juridiction, et les ouvriers et employés sont classés dans des catégories distinctes. En outre, leur compétence n'est pas la même pour les uns et les autres. D'après l'art. 32, alin. 2, les différends entre les employés et leurs patrons sont de la compétence des tribunaux ordinaires, lorsque le chiffre de la demande excède mille francs. Cette limitation ne s'applique pas aux différends entre les ouvriers et leurs patrons ».

notamment le contrat de travail du contrat d'entreprise. La chose n'est pas aisée. La notion du contrat de travail n'est pas encore précisée ; et l'on ne s'entend pas davantage sur celle du contrat d'entreprise.

Dans une opinion, on estime que le trait propre et caractéristique du contrat de travail, c'est le lien de dépendance et de subordination qui unit le domestique au maître, l'ouvrier au patron, l'employé à l'employeur. Mais, dans une autre opinion, on enseigne que le trait propre et caractéristique du contrat de travail, du louage de travail, doit être recherché dans le simple fait d'une rémunération proportionnelle au temps pendant lequel on s'est engagé à travailler.

Un abîme sépare ces deux conceptions du contrat de travail.

La première en élargit considérablement le domaine ; la seconde le restreint au point de faire des ouvriers et employés travaillant à la tâche, aux pièces, des entrepreneurs.

Pour les partisans de la seconde doctrine, en effet, le contrat de travail se différencierait du contrat d'entreprise, en ce que, dans ce dernier contrat la rémunération n'est plus proportionnelle au temps, mais fixée d'après l'importance de l'ouvrage. « Il y a, dit-on, louage de travail quand la rémunération est proportionnelle au temps ; et entreprise quand elle est indépendante de la durée du travail » (1). — Ceux qui pensent, au contraire, que c'est le lien de dépendance et de subordination qui constitue le

(1) V. Planiol, *op. cit.*, t. II, n° 1899, *in fine*.

trait caractéristique du contrat de travail, voient plutôt le trait propre du contrat d'entreprise dans l'absence de ce lien de dépendance et de subordination.

Mais, alors que les uns font résulter cette absence de lien de l'offre de travail au public, et non à un employeur déterminé (1) ; — les autres s'attachent, soit à l'idée de direction et de contrôle du travail dont on s'est chargé, soit à l'idée du profit que ce travail peut procurer, ou de la perte qu'il peut entraîner, pour déclarer que, dans tel cas déterminé, c'est un contrat d'entreprise qui a été passé, et non un contrat de travail.

Toutes ces idées s'éclaireront par la suite. Elles sont assez délicates à saisir ; nous nous efforcerons de les préciser. En étudiant la notion du contrat de travail, qui doit faire l'objet du présent ouvrage, nous serons amené, en effet, à « faire le tour » de ce contrat, selon l'expression même de M. Groussier (2), et à examiner, du même coup, la notion du contrat d'entreprise. Ces deux contrats, en effet, — contrat de travail et contrat d'entreprise — sont parfois tout voisins ; et il y a telles hypothèses où il est vraiment difficile de dire en présence duquel on se trouve. Ces points de contact soulèvent des difficultés sérieuses, et rendent

---

(1) V. en ce sens, le projet de loi de la Commission du travail de la Chambre des députés chargée d'examiner le projet du Gouvernement du 2 juill. 1906, précité (*Journal officiel*, Ch. des dép., doc. parl., avril 1908, annexe 1409, p. 454). — *Adde*, les rapports de M. C. Perreau à l'Association nationale pour la protection légale des travailleurs, dans le *Contrat de travail*, 1907, pp. 10 et s., et dans le *Contrat de travail et le Code civil*, 1908, pp. 17 et s.

(2) V. le rapport de M. Groussier à l'Association nationale pour la protection légale des travailleurs, dans le *Contrat de travail et le Code civil*, p. 72.

encore la tâche plus délicate. Nous n'avons d'ailleurs pas la prétention de les trancher définitivement ; nous voudrions seulement arriver à quelques précisions.

III. **Division du sujet.** — Pour ce faire, nous nous appliquerons à une étude suffisamment approfondie de la jurisprudence intéressant notre sujet ; — nous verrons ensuite l'opinion des auteurs. — Nous serons mieux à même, alors, d'examiner la notion du contrat de travail et ses rapports avec le contrat d'entreprise dans l'œuvre législative. Le législateur n'ayant pas encore donné une définition du contrat qui nous préoccupe, il nous paraît préférable de saisir ce contrat tel qu'il se dégage de la jurisprudence, et de voir comment il a été exactement traité par ceux qui l'ont examiné avant nous. Commencer par une étude du Code, des lois postérieures, se référant plus ou moins directement à notre sujet, et des projets relatifs au contrat de travail, serait nous priver inconsidérément des lumières d'éminents jurisconsultes, au plus grand détriment de la notion que nous voulons éclairer.

Nous diviserons donc notre étude en trois parties distinctes :

Nous examinerons, dans une première partie, la notion du contrat de travail dans la jurisprudence ; — dans la seconde, la notion de ce même contrat dans la doctrine ; et enfin, dans une dernière partie, la notion législative dudit contrat.

PREMIÈRE PARTIE

JURISPRUDENCE

CHAPITRE PREMIER

De la notion du Contrat de Travail.

Lien de dépendance et de subordination. — Lorsqu'on parcourt les nombreuses décisions intéressant la question qui nous préoccupe, on s'aperçoit assez vite que la jurisprudence ne s'est point arrêtée pour déterminer le caractère propre du contrat de travail au mode de rémunération.

Que cette rémunération ait été fixée à tant par jour, par mois ou à forfait pour un ouvrage déterminé, cela importe peu. La jurisprudence voit des ouvriers dans les individus travaillant à forfait, à leurs pièces, lorsqu'ils ne travaillent point en toute indépendance, en dehors de tout lien de subordination vis-à-vis de celui qui les emploie et leur confie l'ouvrage.

Cette idée, qu'il ne faut point s'attacher pour caractériser le contrat de travail au mode de rémunération, mais bien au lien de dépendance et de subordination existant entre les parties au contrat, s'est fait jour de très bonne heure dans la jurisprudence ; elle s'est affirmée sans cesse au cours du XIXe siècle ; et elle constitue aujourd'hui le critérium auquel la jurisprudence se réfère ans hésitation aucune, lorsqu'il s'agit pour elle, notamment, de trancher les difficultés auxquelles donne lieu l'application des lois relatives aux accidents du travail, aux retraites ouvrières et paysannes, ou encore à l'organisation et à la compétence des conseils de prud'hommes.

* * *

I. — De la notion du contrat de travail d'après la jurisprudence générale durant la première moitié du XIXe siècle.

Le trait propre du contrat de travail paraît consister, indépendamment du mode de rémunération, dans le lien de dépendance et de subordination qui unit employés à employeurs. — Ce critérium, disons-nous, s'est fait jour de très bonne heure dans la jurisprudence, et c'est à tort, selon nous, que l'on invoquerait à l'encontre de notre opinion, des arrêts déjà anciens où se trouve mentionné le fait du paiement au mois ou à la journée. On ne peut, nous semble-t-il, inférer de ces décisions que la jurisprudence, au moins à cette époque, relativement lointaine, se soit attachée au mode de rémunération pour fixer le trait caractéristique du louage de services ou contrat de travail.

Et, en effet, ces décisions, auxquelles nous faisons allusion, ne se sont point préoccupées de savoir si l'ouvrier, rémunéré à la tâche ou aux pièces, devait, ou non, être considéré comme ayant contracté un louage de services ou contrat de travail. Ce n'était point là la question qu'elles avaient à résoudre ; il s'agissait, pour elles, de déterminer seulement si les ouvriers devaient être assimilés aux gens de service dont parle l'art. 2101-4° C. civ., et bénéficier, comme tels, du privilège édicté par cet article, — ce qui, pour eux, était d'un réel intérêt, à un moment où n'existait point encore le privilège établi plus tard, en leur faveur, par la loi du 25 mai 1838, modificative de la législation des faillites. La très grande majorité des arrêts dont nous parlons se sont, d'ailleurs, prononcés en faveur de la non-assimilation des ouvriers aux gens de service (1), et ont déclaré, en conséquence, qu'ils ne jouissaient pas, pour les salaires qui pouvaient leur être dus, du privilège accordé à ceux-ci par l'art. 2101-4° C. civ. Si certains de ces arrêts relèvent le fait de la rémunération à tant par mois, par exemple (2), ce n'est point qu'ils aient entendu faire résulter de ce fait la qualité d'ouvrier et qu'ils auraient refusé de reconnaître cette qualité à l'intéressé s'il eût été payé à la tâche ou aux pièces ; ces arrêts n'indiquent le fait de la rémunération que de façon énonciative, et sans y attacher l'importance que, de prime abord, on pourrait être tenté de lui attribuer.

Nous n'en voulons pour preuve que les termes mêmes de l'arrêt de la Cour de Paris, du 1er août 1834 (3), d'après lequel « les ouvriers d'une fabrique, salariés à la *pièce*, au

(1) V. not., Bourges, 14 févr. 1823 (S. chrn.) ; Paris, 30 juill. 1828 (S. chrn.) ; Paris, 1er août 1834 (S. 1834, 2, 619) ; Paris, 29 mars 1837 (S. 1837, 2, 225) ; Lyon, 6 mai 1842 (S. 1842, 2, 405). *Contra*, Lyon, 25 avr. 1836 (S. 1836, 2, 560).

(2) V. not., Bourges, 14 févr. 1823, précité.

(3) V. Paris, 1er août 1834, précité.

mois et à la *journée*, ne sont pas des gens de service dans le sens de l'art. 2101, C. civ. ». C'est donc bien que le mode de rémunération importait peu déjà, à cette époque, dans cette question qui occupait fort la jurisprudence, puisque les ouvriers rétribués à la tâche et ceux payés moyennant un salaire fixe étaient mis expressément sur le pied d'égalité !

D'ailleurs, dans ce même arrêt de la Cour de Paris, du 1er août 1834, ou plus exactement dans les motifs du jugement du tribunal civil de la Seine, que la Cour a adoptés purement et simplement, on rencontre déjà la trace de ce lien de dépendance qui devait constituer, par la suite, le trait nettement caractéristique du louage de services ou contrat de travail. Le tribunal civil de la Seine, pour refuser d'assimiler aux gens de service désignés en l'art. 2101, C. civ., les demandeurs, « ouvriers salariés à la pièce, au mois ou à la journée », ne fait-il pas valoir, en effet, « que si, lors de la rédaction du Code civil, le législateur a substitué les mots *gens de service* et *salaires* à ceux de *domestiques* et *gages* qui se trouvent dans l'art. 11 de la loi du 11 brumaire an VII, il ne faut pas en conclure qu'il a voulu les appliquer à tous ceux qui recevraient un salaire ou seraient sous la *dépendance* d'un maître ; qu'en effet, ce changement de rédaction n'a pas l'autorité qu'on lui prête en faveur des demandeurs, puisque, dans l'art. 2272, C. civ., le mot salaire s'applique spécialement aux domestiques ; qu'un privilège ne peut s'établir par induction, et qu'on ne peut l'appliquer qu'en se fondant sur les termes formels de la loi ; que, malgré tout l'intérêt que mérite la position particulière des demandeurs, on ne peut appliquer, dans l'espèce, la loi qui régit le privilège qu'ils réclament » ?

Et, devant la Cour de Paris, c'est sur l'existence du lien de dépendance que se fondaient les appelants pour obtenir leur admission par privilège au passif de la faillite de la fabrique de verre dans laquelle ils avaient loué leurs services. Ils excipaient de ce que les ouvriers verriers étaient logés avec leurs familles, dans les verreries ; que leurs engagements, la plupart du temps, étaient de plusieurs années, qu'ils transmettaient, en quelque sorte, héréditairement leur industrie à leurs enfants, qui, employés d'abord à de simples ouvrages d'apprentis, devenaient avec le temps ouvriers en pied, occupés suivant leur capacité (1).

Quelques mois auparavant, la Cour de cassation avait elle-même déclaré que l'ouvrier salarié *à la pièce* peut, selon les circonstances, être considéré, soit comme un entrepreneur d'ouvrage à forfait, soit comme un ouvrier proprement dit, — indiquant bien, par là, que la qualité d'ouvrier n'appartenait pas exclusivement aux ouvriers dont la rémunération était fixe et proportionnelle au temps (2). Dans l'espèce, la Cour de cassation refusait, d'ailleurs, la qualité d'ouvrier à l'intéressé, parce que tout concourait, d'après les faits de la cause, à lui imprimer le caractère d'entrepreneur : de ses rapports avec la maison pour laquelle il s'était engagé à fabriquer des couvertures, il résultait, en effet, qu'il était plutôt dans cette maison le chef de la mai-

---

(1) V. l'exposé de cette argumentation reproduit au *Sirey*, sous Paris, 1er août 1834, précité.

(2) V. Cass. req. 12 mars 1834 (S. 1835, 1, 63).

son de fabrication qu'un ouvrier lié au patron par un louage de services.

Et, si la Cour suprême jugeait encore, le 12 décembre 1836 (1), que l'ouvrier qui travaille *à ses pièces* ou *à forfait*, dans son domicile, peut n'être pas réputé facteur ou commis du fabricant auquel il s'est engagé à fournir un travail pendant un temps déterminé, — c'est que, précisément encore, dans l'espèce, le marché conclu entre des fabricants de faulx et un ouvrier platineur n'établissait aucun rapport de dépendance à l'égard de l'ouvrier. L'arrêt se garde bien de dire que l'ouvrier qui travaille à ses pièces ou à forfait perdra fatalement la qualité d'ouvrier, et sera *ipso facto* considéré comme un entrepreneur. Les faits de la cause peuvent le faire réputer tel ; mais il ne l'est pas nécessairement.

De ces divers arrêts se dégage déjà, nous semble-t-il, assez nettement, cette idée que ce n'est point tel mode de rémunération plutôt que tel autre qui imprime à l'ouvrier sa qualité, mais uniquement le fait de la dépendance et de la subordination de celui-ci à l'égard de son patron. Et c'est cette même idée, qui se dégage encore d'arrêts contemporains à ceux que nous venons de citer, et qui intéressent également le point de savoir si les *commis* ou *employés* devaient jouir, à raison des salaires à eux dus, du privilège établi par l'art. 2101-4° C. civ. Contrairement à la solution la plus généralement admise en ce qui concernait les ouvriers (2), la jurisprudence accordait le plus sou-

(1) V. Cass. civ. 12 déc. 1836 (S. 1837, 1, 412).

(2) V. *supra*, p. 15, texte et note 1.

vent aux commis et employés la jouissance du privilège dont s'agit, ceux-ci devant être compris, d'après elle, au nombre des gens de service (1). On sait que les raisons en vertu desquelles elle se prononçait ainsi en leur faveur, et dont nous n'avons pas à apprécier ici le bien-fondé, cadraient difficilement avec celles qu'elle faisait valoir pour refuser aux ouvriers la jouissance de ce même privilège ; mais enfin, cette solution étant admise, il est intéressant pour nous de remarquer que la jurisprudence ne faisait aucune distinction entre les commis ou employés, suivant qu'ils étaient rétribués à l'année, au mois ou à la journée (2). Le privilège de l'art. 2101-4°, C. civ., pouvait être par eux invoqué, quel que fût leur mode de rémunération.

Du reste, si la jurisprudence refusait, dès cette même époque, ce privilège de l'art. 2101-4°, C. civ., aux *clercs* des officiers ministériels pour le paiement de leurs salaires ou appointements (3), c'est qu'elle estimait qu'ils ne peuvent pas être considérés comme des commis ou gens de service, aucune assimilation n'étant possible entre les fonctions de ceux-ci et les leurs qui intéressent l'ordre

---

(1) V. not., Metz, 4 mai 1820 (S. chrn.) ; Lyon, 1er févr. 1832 (S. 1832, 2, 388) ; Paris, 19 août 1834 (S. 1834, 2, 622) ; Paris, 15 févr. 1836 (S. 1836, 2, 153). *Contra*, en ce qui concerne les salaires dus aux commis-voyageurs, Montpellier, 12 juin 1829 (S. chrn.), et la note.

(2) V. not., Paris, 19 août 1834, précité.

(3) V. not., Aix 21 mars 1844 (S. 1845, 2,147) ; Cass. civ. 15 janv. 1855 (S. 1855, 1, 257). *Adde*, dans le même sens, Trib. de Libourne, 29 juin 1888 (S. 1889, 2, 144. — S. chrn.), et la note. — Comp., en ce qui concerne les professeurs attachés à une maison d'éducation, Toulouse, 3 déc. 1838 (S. 1839, 2, 225).

public, « du moment où ils aspirent au notariat » (1). Attachés, en effet, à l'étude de l'officier ministériel, moins pour lui rendre des services que pour prendre part à ses travaux et compléter leur éducation professionnelle, on ne saurait dire d'eux qu'ils sont, dans leurs rapports avec lui, dans des liens de dépendance et de subordination semblables à ceux qui existent entre les patrons et leurs ouvriers ou employés.

II. — De la notion du contrat de travail d'après la jurisprudence générale durant la seconde moitié du XIXe siècle jusqu'a nos jours.

La notion du contrat de travail, — telle qu'elle paraît se dégager de la jurisprudence antérieure, — se précise durant la seconde moitié du XIXe *siècle jusqu'à nos jours.* — Ainsi donc, de très bonne heure, le trait propre du louage de services ou contrat de travail paraît consister dans l'existence de ce lien de dépendance et de subordination qui, indépendamment du mode de rémunération, unit les domestiques à leurs maîtres, les ouvriers et employés à leurs patrons. Cette notion du contrat de travail se précise, d'ailleurs, très fermement par la suite. Quelques solutions de la jurisprudence et intéressant diverses catégories de travailleurs suffiront pour faire disparaître tout doute à cet égard.

C'est en considération du lien de dépendance et de subordination qu'est déterminée la situation juridique : 1°) *Des*

(1) V. Aix, 21 mars 1844, précité.

commis intéressés aux bénéfices. — Puisque nous venons de parler des commis et employés, commençons par dégager, d'un mot, la situation juridique des *commis intéressés aux bénéfices.*

Il est constant que les commis intéressés aux bénéfices dans une maison de commerce ne sont pas des associés (1). La jurisprudence la plus récente en déduit cette conséquence très logique qu'ils ne peuvent s'immiscer dans le détail comme dans l'ensemble des opérations, ni critiquer les actes de leur patron, lequel reste libre de ses agissements et ne saurait être tenu à aucune règle précise et déterminée vis-à-vis d'eux, pourvu que sa comptabilité soit régulière et ses inventaires fidèles et loyaux (2). Les commis intéressés ne sont pas fondés, dès lors, comme le serait un associé, à exiger la communication des livres de commerce de leur patron (3) ; leur devoir se borne à pouvoir exiger la représentation de ses livres de commerce, dans des conditions à déterminer par accord entre les parties, ou, à défaut, par les tribunaux (4).

Le patron conserve ainsi toute sa liberté d'action, par la raison que le commis intéressé aux bénéfices ne participant pas aux pertes n'est pas devenu son associé. Conti-

(1) V. not., Aix, 6 déc. 1888 (S. 1889, 2, 219. — S. chrn.) ; Poitiers, 8 juill. 1908, et Trib. comm. de la Seine, 8 janv. 1908 (S. et P. 1910, 2, 133), les notes et les renvois.

(2) V. Aix, 6 déc. 1888, précité.

(3) V. Poitiers, 8 juill. 1908, précité. — Comp., en ce qui concerne les commis-placiers, Cass. req. 26 déc. 1866 (S. 1867, 1, 165. — D. P. 1867, 1, 303).

(4) V. Trib. comm. de la Seine, 8 janv. 1908, précité.

nuant à n'être qu'un employé, « il ne peut prétendre traiter d'égal à égal avec son patron;... il ne lui appartient pas de faire œuvre d'initiative ou d'indépendance » (1).

Employé, dépendance, subordination, les mots sont étroitement unis ! L'employé est celui qui se trouve dans un état de dépendance et de subordination dans ses rapports avec le patron. C'est de cette situation que résulte sa qualité. On ne s'occupe nullement, pour déterminer la condition juridique de l'employé intéressé aux bénéfices, des modes différents selon lesquels cette rémunération peut s'effectuer : peu importe, que l'employé touche sa part déterminée dans les bénéfices, en dehors de son salaire fixe, ou à titre de rémunération unique, par exemple (2) !

2°) *Des voyageurs de commerce.* — C'est également sur l'état de subordination dans lequel se trouve, à l'égard du commerçant à qui il est attaché, le *voyageur de commerce*, rétribué au moyen de remises proportionnelles et qui est tenu, par son contrat, de ne placer que les marchandises de ce commerçant, que se fonde la jurisprudence pour reconnaître à un tel employé la qualité de commis ayant droit au privilège de l'art. 549, C. comm., modifié par la loi du 6 février 1895 (3).

3°) *Des représentants de commerce.* — Et si la qualité de locateur de services est refusée, d'ordinaire, au *représentant*

---

(1) Ce sont les termes mêmes employés par l'arrêt de la Cour d'Aix du 6 déc. 1888, précité.

(2) Comp., Lyon, 23 janv. 1891, sous Cass. 17 avr. 1893 (S. et P. 1893, 1, 299. — S. chrn.), et la note.

(3) V. Douai, 1er juill. 1907 (S. et P. 1909, 2, 205), et la note.

de commerce par la jurisprudence, qui voit en lui, le plus souvent, un mandataire (1), c'est notamment parce que le lien de dépendance et de subordination, en ce qui le concerne, ne se manifeste pas, en général, de façon suffisante. Les décisions, qui considèrent le représentant de commerce comme un mandataire, n'observent-elles pas qu'il a traité avec plusieurs maisons, qu'il n'est pas obligé de se consacrer exclusivement à la représentation de telle maison déterminée (2) ?

4°) *Des directeurs techniques des sociétés anonymes.* — Ce critérium du contrat de travail, d'après lequel sont seuls considérés comme liés par un tel contrat ceux qui sont sous la dépendance et la subordination d'autrui, a servi admirablement la jurisprudence, lorsqu'il s'est agi pour elle de fixer une distinction assez délicate, assez difficile à saisir,

---

(1) V. not., Trib. comm. de la Seine, 20 juill. 1910 (*Gaz. Pal.*, 1910, 2, 666. — J. *La Loi* du 15 août 1910) ; Paris, 28 janv. 1911 (S. et P. 1911, 2, 309), et la note. — Comp., en ce qui concerne les commis-placiers, Cass. 26 déc. 1866, précité, et la note.

(2) V. not., Paris, 28 janv. 1911, précité. — D'ailleurs, il ne résulte nullement de cette jurisprudence que le représentant de commerce n'ait jamais droit à aucune indemnité au cas de congédiement de la part des maisons qu'il représente. Lorsqu'il a été fait emploi abusif du droit de congédiement, comme le dit le jugement du tribunal de commerce de la Seine du 20 juillet 1910, précité, — ou, pour parler plus exactement, puisque le représentant de commerce n'est pas un employé d'après la jurisprudence très dominante, lorsque la révocation de son mandat a été intempestive et abusive, — le représentant de commerce est fondé à demander une indemnité. Mais il faut qu'il fasse la preuve que cette révocation est injustifiée et abusive. V. Paris, 28 janv. 1911, précité, la note et les renvois. — Comp., Limoges, 13 oct. 1911 (*Gaz. Pal.*, 1911, 2, 505).

entre les *directeurs techniques* et les *directeurs-administrateurs* des sociétés anonymes.

La distinction est d'un intérêt essentiel : les directeurs-administrateurs, mandataires de la société à la tête de laquelle ils se trouvent, sont révocables *ad nutum*, en vertu de l'art. 22 de la loi du 24 juillet 1867, tandis que les directeurs techniques, liés à la société par un louage de services, peuvent réclamer, au cas de résiliation abusive de leur contrat, des dommages-intérêts à ladite société.

Eh bien ! lorsqu'il importe de faire une semblable distinction, de déterminer si l'on se trouve en présence d'un directeur-administrateur ou d'un directeur technique, la jurisprudence se demande, en dernière analyse, si l'individu dont la qualité est à préciser a des pouvoirs très étendus d'administrateur en ses mains, ou s'il est, au contraire, vis-à-vis de la société, dans une situation de dépendance et de subordination.

Partant de cette idée, la jurisprudence a pu décider qu'est un simple directeur technique, le directeur de la société anonyme, nommé par le conseil d'administration pour régler et diriger le travail des bureaux, et qui, en dehors de cette partie technique, n'est chargé que de l'exécution des décisions du conseil d'administration (1). Ces fonctions spéciales et déterminées font de cet administrateur un employé supérieur, mais un employé subordonné essentiellement à la société, à son conseil d'administration.

---

(1) V. Paris, 8 mars 1886 (S. 1887, 2, 166. — S. chrn.). *Adde*, dans le même sens, Paris, 4 nov. 1886 (S. 1886, 2, 235. — S. chrn.).

Peu importe, au surplus, qu'il tienne sa nomination, non plus de ce conseil, mais d'un traité approuvé, lors de la formation de la société, par l'assemblée générale. Cette circonstance n'a pas pour effet de faire de lui un administrateur-directeur si, en réalité, ses pouvoirs, nettement déterminés par les statuts, ne sont pas ceux d'un directeur général, mais comportent des attributions restreintes qui font de lui un simple agent d'exécution (1).

Au contraire, a la qualité d'administrateur-directeur l'administrateur délégué qui a stipulé, dans un traité passé avec le conseil d'administration, que, « dans le cas où, pour une cause quelconque, l'administrateur délégué de la société cesserait ses fonctions, il deviendra le directeur de la société jusqu'à la fin de la société et qu'il jouira des mêmes avantages à lui accordés par les statuts comme administrateur délégué ». L'administrateur délégué peut être considéré comme devant devenir alors, non un directeur technique, mais un directeur chargé d'administrer, révocable comme tel sans indemnité, dans les termes des art. 22 et 25 de la loi du 24 juillet 1867 (2).

De même, le directeur nommé par l'assemblée générale des actionnaires avec des attributions embrassant les affaires sociales, au point de vue de leur gestion, doit être considéré, non comme un simple agent d'exécution délégué

(1) V. Cass. req. 12 déc. 1892 (S. 1893, 1, 72. — S. chrn. — D. P. 1893, 1, 164), et la note. — Comp., en ce qui concerne la qualité d'ouvrier ou d'employé des contremaîtres ou chefs d'atelier, Cass. civ. 7 janv. 1824 (S. chrn.) ; Douai, 13 mai 1909 (S. et P. 1910, 2, 148), les notes et les renvois.

(2) V. Cass. req. 16 nov. 1886 (S. 1888, 1, 421. — S. chrn.).

du conseil d'administration, mais comme un directeur-administrateur, révocable dans les termes susrappelés (1).

5°) *Des rédacteurs permanents de journaux ou écrits périodiques.* — Et si la jurisprudence considère les *rédacteurs permanents de journaux ou écrits périodiques* comme des locateurs de services ou d'ouvrage, — et elle les considère comme tels, puisqu'elle leur permet, « au cas de brusque renvoi sans motifs légitimes », de se prévaloir des dispositions de l'art. 1780, C. civ. (2), — n'est-ce pas encore parce que le contrat par eux passé avec le propriétaire du journal ou le rédacteur en chef les place, en définitive, quels que soient leurs talents et le mérite de leur collaboration, dans un état de dépendance et de subordination dans ses rapports avec lui ?

Les arrêts rendus, en cette matière, affirment très nettement que le propriétaire du journal, ou le rédacteur en chef, sont les maîtres de sa rédaction, qu'ils sont chargés de surveiller et de diriger tout le système de collaboration de ceux qu'ils admettent auprès d'eux. Et, à cet égard, il est même intéressant de remarquer que la Cour de cassation, qui avait d'abord parlé de certaines conditions d'éga-

---

(1) V. Cass. req. 2 juill. 1888, rapp. avec Cass. req. 16 nov. 1886, cité à la note qui précède. V. d'ailleurs, les observations au *Sirey* sous ces deux arrêts.

(2) V. not., Paris, 14 janv. 1890 (S. 1890, 2, 56); Paris, 7 déc. 1899, *Clémenceau c. F. Xau : journal* Le Soir (D. P. 1900, 2, 167) ; Trib. com. de la Seine, 4 oct. 1911, *Pierre Baudin c. Ruché* : la Grande Revue (*Gaz. Pal.*, 5 janv. 1912). — Comp., antérieurement à la loi du 27 déc. 1890, modificative de l'art. 1780 C. civ., Cass. civ. 31 août 1864 (S. 1864, 1, 479); 24 janv. 1865 (S. 1865, 1, 11) ; 19 août 1867 (S. 1867, 1, 371), et les notes sous ces arrêts.

lité entre les rédacteurs et les directeurs de journaux ou écrits périodiques (1), n'a pas reproduit cette idée dans son arrêt du 19 août 1867, précité.

Peu importe ici encore le mode de rémunération ! Ce n'est pas à lui qu'il faut s'attacher pour déterminer le caractère du contrat intervenu entre les personnes qui nous intéressent. Que le journaliste reçoive une rémunération annuelle pour un travail déterminé à la rédaction même (2), ou soit rétribué moyennant un prix forfaitaire par articles devant paraître régulièrement, par quinzaine par exemple (3), des dommages-intérêts peuvent lui être dûs dans l'une et l'autre hypothèses, si le congé a été donné dans des conditions abusives ou dolosives.

Une fois de plus, rémunération au temps, rémunération à la tâche sont équivalentes au point de vue qui nous occupe. C'est le lien de dépendance et de subordination qui fait le contrat de travail, et ce lien existe que le travail soit rétribué d'une façon ou de l'autre (4).

6°) *Des concierges ; gardes particuliers ; immigrants des colonies françaises.* — Ce lien de dépendance et de subordination, constituant le trait propre du contrat de travail, on ne saurait être surpris de voir la jurisprudence considérer

(1) V. Cass. civ. 31 août 1864 et 24 janv. 1865, précités.

(2) V. Cass. civ. 19 août 1867, précité.

(3) V. Trib. comm. de la Seine, 4 oct. 1911, précité.

(4) Sont, dès lors, des locateurs de services également : les secrétaires de rédaction du journal (Trib. comm. de Lyon, 15 déc. 1899, *Gaz. comm.* de Lyon, du 20 juill. 1900) ; les correspondants (Trib. com. d'Avignon, 30 sept. 1898, *Gaz. Pal.*, 1898, 2, 371) ; les reporters attachés au journal (Trib. comm. de la Seine, 27 oct. 1896, J. *Le Droit* du 24 nov. 1896).

comme des locateurs de services tous *préposés* du maître, et notamment les *concierges* (1) et les *gardes particuliers* (2). Elle est allée, d'ailleurs, jusqu'à reconnaître cette qualité de locateurs de services à des *immigrants des colonies françaises*, attachés à une exploitation agricole, par l'unique raison que ces immigrants, engagés dans certaines conditions déterminées par des règlements administratifs, se trouvaient « dans un véritable état de subordination » (3).

C'est bien là une affirmation qu'on ne saurait souhaiter plus nette du critérium de la jurisprudence en ce qui concerne la notion du contrat de travail.

III. — De la notion du contrat de travail d'après la jurisprudence relative aux accidents du travail.

Une jurisprudence constante, en matière d'accidents du travail, s'attache au lien de dépendance et de subordination pour déterminer le contrat de travail. — Si on veut se con-

(1) V. not., Trib. de la Seine (référés), 7 fév. 1899 (S. et P. 1899, 2, 146. — S. chrn. — D. P. 1899, 2, 472) ; Trib. de paix de Paris (14e arrond.), 10 déc. 1903 (S. et P. 1904, 2, 84), les notes et les renvois. — Comp., Cass. req. 22 juill. 1891 (S. et P. 1892, 1, 569. — S. chrn.), et la note.

(2) V. not., Angers, 13 mai 1868 et 19 fév. 1869 (S. 1869, 2, 259. — D. P. 1871, 2, 176 et 1869, 2, 159). — Comp., Trib. de paix de Magny-en-Vexin (Seine-et-Oise), 6 oct. 1906 (*Journ. des juges de paix*, 1907, p. 159), et la note. — V. cep., Cass. crim. 19 juill. 1883 (S. 1885, 1, 471. — S. chrn.), et la note.

(3) V. Cass. civ. 5 juill. 1886 (S. 1886, 1, 352. — S. chrn. — D. P. 1886, 1, 463).

vaincre davantage de ce que ce lien de dépendance et de subordination, auquel sont soumis les ouvriers et les employés à l'égard de leurs maîtres et patrons, est le critérium véritable du contrat de travail, il suffit de jeter quelques instants les yeux sur cette jurisprudence si abondante relative aux accidents du travail.

Étant donné que les lois concernant les accidents dont les ouvriers et les employés sont victimes par le fait ou à l'occasion du travail nécessitent, pour leur application, l'existence préalable d'un contrat de travail (1), la jurisprudence est amenée, à tout moment, en matière de contestations intéressant les lois des 9 avril 1898 et 12 avril 1906, à examiner si l'ouvrier ou l'employé victime d'accident est, ou non, locateur de services du patron actionné ; s'il existe, en d'autres termes, un contrat de travail. Or, pour résoudre cette délicate question, la jurisprudence se demande sans cesse : l'accidenté était-il, au moment de l'accident, sous la dépendance, sous le contrôle du chef d'industrie ? Si oui, elle décide qu'il faut admettre l'existence du contrat de travail. Elle déclare le contraire, lorsque cet état de dépendance n'apparaît point, lorsque ce pouvoir de contrôle

---

(1) C'est là un principe certain que la jurisprudence affirme journellement à maintes reprises (V. not., Toulouse, 3 déc. 1900 ; S. et P. 1901, 2, 190. — D. P. 1901, 2, 156 ; Dijon, 23 janv. 1903, S. et P. 1906, 2, 79 ; Pau, 12 déc. 1910, S. et P. 1911, 2, 47 ; Limoges, 15 févr. 1911, S. et P. 1911, 2, 84 ; Cass. req. 2 mars et 8 avril 1910, S. et P. 1911, 1, 187 ; Cass. civ. 21 févr. 1912, *Gaz. Pal.* du 24 avr. 1912, et les renvois), et sur lequel nous n'avons pas à insister ici, notre sujet ne comportant pas l'étude de la notion elle-même de l'accident de travail, l'analyse des différents éléments dont cette notion se compose.

de la part du patron ne se manifeste point. Le mode de rémunération importe peu encore ici ! Le travailleur à la tâche est considéré comme un ouvrier ou un employé, s'il travaille sous la dépendance et le contrôle du chef d'entreprise (1). Nous ne citerons à cet égard que quelques décisions particulièrement probantes ; mais, sur ce point, les décisions abondent et la jurisprudence est fermement fixée.

De cette jurisprudence résulte, en effet, les deux propositions suivantes :

1°) Ce n'est pas la rémunération proportionnelle au temps qui constitue le contrat de travail ;

2°) C'est le lien de dépendance et de subordination qui constitue le trait caractéristique de ce contrat.

Et, en effet, une preuve évidente que cette jurisprudence ne se réfère pas au fait de la rémunération proportionnelle au temps, pour caractériser le contrat de travail, c'est qu'elle ne se contente pas de déclarer qu'un tel individu est payé à tant par jour, pour juger que la qualité d'ouvrier doit lui être reconnue, — mais qu'elle invoque d'autres raisons de décider.

---

(1) D'ailleurs, dans une matière voisine, celle intéressant la responsabilité civile des maîtres et commettants, relativement aux dommages causés par leurs domestiques ou préposés dans les fonctions auxquelles ils les emploient (C. civ., 1384, alin. 3), la jurisprudence ne fait également aucune distinction, selon que le préposé, l'ouvrier, auteur de l'accident, travaillait à la tâche ou à la journée. Le commettant, l'entrepreneur, est déclaré civilement responsable des fautes commises par les ouvriers qu'il emploie à la tâche, aussi bien que de celles des ouvriers qu'il emploie à la journée, dès lors que ces ouvriers travaillent sous sa direction et sous sa surveillance. V. Aix, 13 mai 1865 (S. 1866, 2, 285. — D. P. 1866, 2, 238).

C'est ainsi notamment que la Cour de cassation, pour reconnaître la qualité d'ouvrier, — pouvant, comme tel, se prévaloir de la loi du 9 avril 1898, — à l'individu qui, après avoir commencé à travailler au forage d'un puits sous la direction de deux puisatiers, a continué le travail que ceux-ci avaient abandonné, constate bien que le propriétaire lui versait un salaire journalier, ainsi qu'aux deux aides qu'il lui avait adjoints, mais ajoute qu'il leur fournissait la poudre et les outils (1), et était ainsi demeuré l'entrepreneur responsable du travail (2).

Ouvriers et employés à la tâche, aux pièces. — D'autre part, il est bien certain, d'après cette jurisprudence relative aux accidents du travail, que l'individu rétribué à la tâche, ne cesse pas, par ce seul fait, d'être considéré comme un ouvrier ou un employé. Ce mode de rémunération ne change en rien sa qualité, dit la jurisprudence en termes fort nets, s'il reste vis-à-vis du patron ou de l'entrepreneur dans les liens de la dépendance ou de la subordination.

C'est ainsi qu'il a été jugé, de façon très expresse, que l'individu, chargé de déblayer, dans des carrières de grès exploitées par des entrepreneurs, la couche de terre recouvrant la masse exploitable, *moyennant un salaire calculé par mètre cube de terre enlevée*, devait être considéré, non comme un entrepreneur, mais comme un ouvrier, ayant

(1) Sur la question de savoir si le fait de travailler avec ses propres outils, ou de fournir les matériaux, entraîne pour l'ouvrier la perte de sa qualité et lui imprime celle d'entrepreneur, V. *infra*, pp. 73 et s.

(2) V. Cass. req. 8 janv. 1907 (S. et P. 1907, 1, 353. — D. P. 1909, 1, 423).

droit, dès lors, à l'application de la loi du 9 avril 1898, au cas d'accident survenu par le fait ou à l'occasion du travail, — alors qu'il est établi qu'il recevait des *ordres* pour se transporter d'une carrière à une autre, et effectuait son travail sous la *surveillance* et suivant les *instructions* du représentant des entrepreneurs (1).

De même, doit être tenu pour un ouvrier, et non considéré comme un sous-entrepreneur, celui qui a reçu mandat de s'entourer d'ouvriers de son choix, de métrer le travail en commun, de répartir le *salaire forfaitaire*, alors que les ouvriers ainsi embauchés sont sous la *surveillance* et la *direction* de l'entrepreneur et sont payés par lui. Dans ces conditions, au cas d'accidents de travail à eux survenus, c'est l'entrepreneur qui est responsable à l'exclusion de l'ouvrier-tâcheron (2). Voilà donc encore des ouvriers rémunérés à forfait qui sont considérés comme ayant contracté des louages de service, comme des salariés ! C'est affirmer, une fois de plus, que la qualité d'ouvrier n'est pas attachée à la rémunération proportionnelle au temps (3).

Cochers « à la moyenne ». — La jurisprudence a d'ailleurs, — toujours en matière d'accidents de travail, — fait également application de son critérium, — d'après lequel

---

(1) V. Trib. de Château-Thierry, 17 janv. 1900, sous Amiens, 20 mars 1900 (S. et P. 1902, 2, 45. — D. P. 1900, 2, 268).

(2) V. Trib. de Boulogne-sur-Mer, 11 août 1905 (*Journ. des juges de paix*, 1906, p. 151). — Comp., Lyon, 25 fév. 1908 (*Rec. pér. des assur.*, 1908, p. 581).

(3) V. dans le même sens, Douai, 15 mars 1902 (*Rec. pér. des assur.*, 1902, p. 582). — Comp., Trib. de Beaune, 13 déc. 1901 (*Rec. pér. des assur.*, 1902, p. 583).

c'est le lien de dépendance et de subordination qui fait le contrat de travail, — lorsqu'elle a décidé, en des arrêts qui ont eu quelque retentissement (1), que les *cochers* de la Compagnie générale des Voitures à Paris devaient être considérés comme ayant contracté avec elle un louage de services, alors même qu'ils travaillent « *à la moyenne* », c'est-à-dire lorsqu'ils doivent verser à la Compagnie, quelles qu'aient été leurs recettes, une somme fixe, déterminée à l'avance suivant la plus ou moins grande affluence de voyageurs.

Dans ce cas, on le sait, la Compagnie alléguait que le contrat intervenu entre elle et ses cochers avait le caractère d'un louage de choses, dans lequel la chose louée consisterait dans la voiture, confiée au cocher pour la journée, et le prix dans la différence entre la moyenne versée par le cocher à la Compagnie et la recette réellement effectuée par lui.

Pour réfuter cette argumentation, la jurisprudence, — après avoir déclaré que le contrat est un louage de services : payé d'une façon ou d'une autre, le cocher que la Compagnie n'engage qu'après s'être assuré de ses aptitudes spéciales, fournit toujours à celle-ci son travail, qui consiste à conduire la voiture, — insiste sur cette idée qu'il existe entre les cochers et la Compagnie des liens de subordination. La Compagnie, relève la jurisprudence, impose à ses cochers

---

(1) V. not., Paris, 15 févr. 1902 (S. et P. 1903, 2, 301) ; Cass. req. 23 juin 1903 (S. et P. 1904, 1, 487. — D. P. 1904, 1, 139). — Comp., Cass. civ. 22 févr. 1909 (S. et P. 1910, 1, 441), et la note de M. Tissier.

une livrée, leur alloue des gratifications, a établi, en leur faveur, une caisse de retraites (1).

Cochers : apprentissage de la conduite de voitures automobiles par les soins de la Compagnie envers laquelle ils sont engagés. — C'est, d'ailleurs, en se référant encore au même critérium, — lien de dépendance et de subordination, — que le tribunal civil de la Seine a jugé, le 9 janvier 1912, que la Compagnie générale des Voitures à Paris devait être déclarée responsable, aux termes de la loi du 9 avril 1898, de l'accident survenu à un de ses cochers, alors qu'il apprenait à conduire une voiture automobile. — La Compagnie prétendait devoir être exonérée de toute responsabilité : l'accident, disait-elle, s'est produit à un moment où le contrat de travail liant le cocher à la Compagnie devait être considéré comme suspendu, interrompu, puisque l'accidenté ne travaillait pas alors pour elle, mais la payait, au contraire, pour recevoir des leçons en vue de la conduite de ses voitures automobiles. — Le tribunal civil de la Seine a repoussé cette prétention. Il a estimé que le contrat de travail existait entre le cocher et la Compagnie, n'avait point été suspendu, interrompu au moment de l'accident, puisque, à ce moment, le cocher se trouvait, dans ses rapports avec elle, « *dans les liens de dépendance et de subordination, qui constituent le trait caractéristique* du contrat de travail ». Et le jugement fait valoir que ces liens subsistaient, puisque le cocher recevait la leçon, au cours de laquelle il avait été blessé, sur une « voiture-école » appartenant à la Compagnie, d'un moniteur choisi par elle, en

(1) V. not., Cass. req. 23 juin 1903, précité.

un lieu et à une heure désignés par elle également. Le jugement fait, en outre, aisément justice de l'argument tiré par la Compagnie du versement effectué par l'accidenté à l'effet d'apprendre la conduite de ses auto-taxis (1).

(1) Nous donnons ici le texte de cet intéressant jugement qui nous a été communiqué par le président de la 4e chambre (3e section) du tribunal civil de la Seine, M. de Cardaillac, à qui nous sommes redevable également de certains autres jugements qu'il a eu l'obligeance de nous signaler au cours de ce travail, et qu'on retrouvera par la suite. Je suis heureux de lui exprimer mes bien vifs remerciements.

Voici la teneur du jugement ci-dessus analysé, en date du 9 janvier 1912 :

« Le Tribunal ; — Attendu que Bujon, cocher de place au service de la Compagnie générale des Voitures à Paris, ayant éprouvé, le 30 novembre 1910, un retour de manivelle et s'étant ainsi foulé le poignet, alors qu'il mettait en mouvement une voiture automobile, demande que la Compagnie générale des Voitures soit condamnée à lui payer une rente annuelle et viagère de 208 fr. 70, payable par trimestre, à dater du 14 février 1911 ; — Attendu qu'à l'encontre de cette demande, la Compagnie générale des Voitures fait valoir qu'elle ne saurait être tenue de l'accident dont s'agit, Bujon ayant été blessé, non dans l'exercice de sa profession de cocher, mais à un moment où le contrat de travail qui le liait à la Compagnie était interrompu, suspendu, puisqu'à l'heure où l'accident s'est produit Bujon ne travaillait pas pour elle, mais la payait, au contraire, en échange de leçons qu'il recevait d'elle pour la conduite de ses voitures automobiles, et était, de la sorte, « comme tout individu venant de recevoir des leçons d'un professeur » ; — Mais, attendu qu'il résulte des faits et circonstances de l'espèce que la leçon au cours de laquelle Bujon a été blessé faisait partie d'une série que celui-ci devait recevoir de la part d'une personne choisie par la Compagnie elle-même, et sur une voiture dite « voiture-école » appartenant à ladite Compagnie, et évoluant en un lieu et à une heure désignés par elle ; que, dès lors, les prétentions de la Compagnie doivent être rejetées ; — Attendu, en effet, qu'on ne peut dire que des leçons données dans de semblables conditions aient eu pour résultat de suspendre, d'interrompre le contrat de travail intervenu entre Bujon et la Compagnie

Employés : accident d'ascenseur dans l'escalier de l'immeuble où sont installés les services administratifs. — C'est

---

générale des Voitures ; que les cochers de la Compagnie, à qui de telles leçons sont données, ne peuvent être considérés comme des individus allant les prendre librement d'un professeur de leur choix ; qu'à aucun moment, — ces leçons étant reçues sous la direction et le contrôle de la Compagnie, — ils ne cessent d'être, dans leurs rapports avec elle, dans les liens de dépendance et de subordination, qui constituent le trait caractéristique du contrat de travail ; — Attendu qu'en suivant les leçons de l'école, créée par la Compagnie pour ses cochers désireux d'être autorisés à conduire ses voitures automobiles, les cochers, au surplus, continuent à travailler pour elle, puisqu'ils lui permettent ainsi d'utiliser leurs services, — qu'elle a précédemment éprouvés, — dans la conduite des auto-taxis qu'elle substitue de la sorte, plus aisément à ses fiacres, en vue de se conformer aux progrès de la locomotion moderne et faire face à la concurrence sans cesse grandissante de tous les autres moyens de transport ; — Attendu qu'on ne peut pas davantage tirer argument de ce que Bujon, comme ses camarades de l'école, avait versé une somme de 25 ou 50 francs à la Compagnie pour suivre les leçons dont s'agit, — cette somme, versée pour indemniser la Compagnie des seules dépenses « de matériel pneumatique, essence, instructeur », étant restituée par elle, aux termes mêmes de l'avis du Comité de direction de la Compagnie, en date du 2 janvier 1908, « à titre de prime, aux cochers qui appartiennent encore à la Compagnie un an après leur titularisation comme conducteurs et qui ont assuré pendant cette période, la sortie de leur voiture pendant 310 jours » ; — Mais, attendu que le tribunal n'a pas, quant à présent, les éléments d'appréciation suffisants pour fixer le montant de la rente à laquelle Bujon a droit, à la suite de l'accident dont il a été victime le 30 novembre 1910 ; — Par ces motifs, — Avant faire droit, nomme le docteur..., expert unique, dispensé du serment du consentement des parties à l'effet d'examiner Bujon et de déterminer la diminution de la valeur professionnelle résultant pour lui de l'accident dont il a été victime le 30 novembre 1910, ainsi que la date de la consolidation de la blessure ; — Réserve les dépens ».

V. d'ailleurs, la note à la *Gazette du Palais* du 11 janvier 1912, sous ce jugement. — Comp., Trib. de Valenciennes, 5 juin 1908 (*Rec. pér. des assur.*, 1908, p. 237).

la même notion du contrat de travail qui se dégage d'un autre jugement du tribunal de la Seine (4e chambre, 3e section), en date du 25 juillet 1911.

Si le tribunal a considéré, dans l'espèce de ce jugement, que l'accident d'ascenseur dont avait été victime un employé dans l'escalier de l'immeuble où étaient installés les services administratifs de la Compagnie, alors qu'il se servait dudit ascenseur pour se rendre au bureau où l'appelaient ses fonctions, devait être régi par les lois des 9 avril 1898 et 12 avril 1906, — c'est, apparemment, par la raison que constitue un accident du travail, donnant lieu à l'application de ces lois, tout accident survenu à l'occasion du travail et sur le lieu du travail ou dans une dépendance de ce lieu ; et qu'il faut considérer comme une dépendance du lieu du travail, d'après le critérium qui se dégage de la jurisprudence relative aux accidents arrivés aux ouvriers pendant qu'ils se rendent à leur travail, tout endroit dans lequel l'ouvrier est obligé de passer, soit par le fait des dispositions matérielles prises par le patron, soit en vertu d'instructions par lui données, et dans lequel il se trouve déjà sous sa dépendance et sous sa garde. Mais ce jugement est, pour nous, particulièrement intéressant, en ce qu'il déclare : « La Compagnie peut faire telles observations, telles réprimandes qu'elle croit devoir faire à ses employés, au sujet de leur tenue ou de leur conduite dans cette partie de l'immeuble (l'escalier) ; l'employé y étant déjà *dans cet état de dépendance et de subordination qui constitue le contrat de travail*, doit pouvoir se prévaloir pour les accidents arrivés à cet endroit de la loi du 9 avril 1898, laquelle exige comme condition préalable de son application l'existence dudit contrat » (1).

---

(1) Voici, d'ailleurs, le texte de ce jugement :

(*De la Juvénie c. Compagnie du Chemin de fer Éthiopien*). — « LE TRIBUNAL ; — Attendu que De la Juvénie, employé en qualité de caissier au service de la Compagnie du Chemin de fer Éthiopien de Djibouti, ayant été victime le 17 mai 1909, d'un accident occasionné par l'ascenseur de l'immeuble dans lequel la Compagnie dont s'agit a installé son siège administratif et ses bureaux, demande, en vertu de la loi du 9 avril 1898, qu'il lui soit payé une rente annuelle et viagère de 2.266 fr. 66, et pour le cas où le tribunal recourrait à une expertise, qu'il lui soit accordé une provision de 1.000 francs ; — Attendu qu'à l'encontre de cette demande, la Compagnie défenderesse fait valoir que l'accident allégué ne lui est pas imputable, ne s'agissant pas dans l'espèce d'un accident du travail ; — Mais attendu que l'accident dont a été victime De la Juvénie étant survenu à l'occasion du travail et dans une dépendance du lieu du travail, il ne saurait être fait droit à ce moyen de défense ; — Attendu, en effet, qu'il est certain, d'une part, que l'accident est survenu dans une dépendance du lieu du travail ; — Attendu que ce lieu devant s'entendre, d'après le critérium qui se dégage de la jurisprudence relative aux accidents arrivés aux ouvriers pendant qu'ils se rendent à leur travail, de tout endroit dans lequel l'ouvrier est obligé de passer soit par le fait des dispositions matérielles prises par le patron, soit d'instructions par lui données, et dans lequel il se trouve déjà sous sa dépendance et sous sa garde, il est de toute évidence que l'endroit dans lequel s'était produit l'accident dont De la Juvénie demande réparation doit être considéré comme répondant à ces conditions et comme dépendant, dès lors, du lieu du travail ; — Attendu qu'il est hors de doute que De la Juvénie se trouvait à l'endroit où l'accident s'est produit, à la hauteur du palier du troisième étage, par le fait de la Compagnie des Chemins de fer Ethiopiens ; que les bureaux de la Compagnie existant au quatrième étage de l'immeuble où elle a installé son siège administratif, De la Juvénie était obligé par le fait des dispositions matérielles prises par elle de monter jusqu'à cet étage et cela soit par l'escalier, soit par l'ascenseur, puisqu'à aucun moment elle n'en a interdit l'usage à ses employés ; — Attendu, en outre, qu'à l'endroit où l'accident s'est produit, De la Juvénie était déjà sous la garde et sous la surveillance de la Compagnie, cette garde et cette surveillance s'exerçant, en ce qui concerne les employés,

Artistes-acrobates : scènes de cinématographe. — C'est encore en vertu de cette même idée, que ce qui constitue le trait caractéristique du contrat de travail est le lien de

---

dès le seuil de la maison où se trouvent installés les bureaux, de même qu'elles s'exercent dès le seuil de l'usine en ce qui concerne les ouvriers ; la Compagnie est, en effet, chez elle dans l'escalier dont la jouissance est commune avec les autres locataires, elle peut faire telles observations, telles réprimandes qu'elle croit devoir faire à ses employés, au sujet de leur tenue ou de leur conduite dans cette partie de l'immeuble, l'employé y étant, déjà, dans cet état de dépendance et de subordination qui constitue le contrat de travail, doit pouvoir se prévaloir pour les accidents arrivés à cet endroit, de la loi du 9 avril 1898, laquelle exige comme condition préalable de son application, l'existence dudit contrat ; — Attendu, d'autre part, qu'il est indéniable que l'accident dont De la Juvénie demande réparation est survenu à l'occasion du travail; que la Compagnie n'a même pas essayé de soutenir que la présence de ce dernier dans l'immeuble de la rue Pillet-Will, nº 1, au moment de la reprise des travaux (deux heures de l'après-midi), pouvait s'expliquer autrement; — Attendu, dès lors, qu'il n'y a pas lieu d'ordonner l'enquête, sollicitée subsidiairement par De la Juvénie, et tendant à établir que la Compagnie, au lendemain de l'accident avait pris l'engagement de l'indemniser de tous les soins que son état rendait nécessaires ; que la Compagnie est de droit responsable de cet accident, établi d'ailleurs par les faits et circonstances de la cause, et notamment par la correspondance échangée entre les parties ; — Mais, attendu que le tribunal ne possède pas, quant à présent, les éléments d'appréciation nécessaires pour fixer le montant de la rente à laquelle De la Juvénie a droit, et la date à laquelle la blessure a été consolidée ; qu'il échet, en conséquence, de recourir à une expertise... ; — Par ces motifs, etc. ».

V. la note à la *Gazette du Palais*, 1911, 2, 623, sous ce jugement, duquel on rapprochera avec intérêt la décision suivante, rendue par la même chambre, le 17 février 1912 :

TRIB. DE LA SEINE (4e ch., 3e sect.) — (Aff. *Vve Perrin c. Christophe et Cie et la Compagnie d'assurances* « La Winterthur ») : — « Attendu que la dame veuve Perrin, agissant au nom et comme tutrice légale de son fils, Charles Perrin, apprenti-orfèvre chez MM. Christophe et Cie, ayant demandé que ceux-ci soient condamnés, solidairement, avec la Compagnie d'assurances « La Winterthur », à lui payer une

dépendance et de subordination, que le tribunal civil de la Seine (4e chambre, 3e section) a reconnu, comme engagé par un tel contrat, cet artiste-acrobate, qui était tombé

---

rente annuelle et viagère, calculée sur la somme de 1.303 fr. 55 (salaire le plus bas des ouvriers de la même catégorie), en réparation d'un accident de travail, qui aurait entraîné pour son fils mineur une incapacité de 40 pour 100 — il est intervenu, le 23 décembre 1911, un jugement de cette chambre ordonnant qu'il serait procédé à une enquête sommaire « pour établir l'accident de travail », contesté par les défendeurs ; — Attendu que, de cette enquête, à laquelle il a été procédé à l'audience du 10 février 1912, il résulte que l'accident, dont a été victime le jeune Perrin, doit être considéré comme un accident de travail ; — Attendu, en effet, que, si les témoins entendus, Balthazard et Lamy ont déclaré que l'apprenti se rendait à son travail, vers une heure, une heure cinq, lorsqu'il tomba sur le dos et eut le poignet gauche foulé en voulant se retenir sur les mains, ils ont précisé que l'accident s'est produit dans l'avenue, pavée en bois, qui longe les dépendances de la maison Christophe et à laquelle cette avenue appartient ; que le premier témoin notamment a expliqué que, l'entrée de la maison Christophe étant au numéro 56 de la rue de Bondy, c'est à trente mètres environ de cette entrée que l'accident est arrivé, dans l'allée longue d'une soixantaine de mètres, qui conduit à l'entrée des ateliers et dans toutes les dépendances de la maison ; — Attendu, dans ces conditions, qu'il n'est point douteux que l'accident dont s'agit, soit survenu dans une dépendance du lieu du travail ; — Attendu, en effet, que ce lieu devant s'entendre, d'après le critérium qui se dégage de la jurisprudence relative aux accidents arrivés aux ouvriers ou apprentis pendant qu'ils se rendent à leur travail, de tout endroit dans lequel l'ouvrier ou l'apprenti est obligé de passer, soit par le fait des dispositions matérielles prises par le patron, soit d'instructions par lui données, — il est de toute évidence que l'allée en question doit être considérée comme une dépendance du lieu du travail, — puisque, de par le fait des dispositions matérielles prises par la maison Christophe, on est obligé d'y passer pour se rendre à ses ateliers ; — Attendu, d'ailleurs, que cette allée, à l'entrée de laquelle se trouve un concierge de Christophe et Cie, est à ce point considérée, par les ouvriers eux-mêmes, comme une telle dépendance de la maison, que le premier témoin entendu la désigne sous le nom de « *notre* avenue », de même qu'il qualifie, d'ailleurs,

d'un balcon, en figurant dans une scène de cinématographe, et l'a autorisé, en conséquence, à se prévaloir des dispositions des lois des 9 avril 1898 et 12 avril 1906. La Compa-

---

le concierge de « *notre* concierge »; — Attendu qu'il importe peu, dès lors, que le jeune Perrin, au moment où il est tombé dans l'allée, revînt du réfectoire, situé à côté de la loge du concierge, où il prenait ses déjeuners, avec certains apprentis-externes, sous la surveillance d'un préposé de la maison, — ou fût sorti de l'enceinte de l'établissement après le déjeuner ; — Attendu qu'il n'en demeure pas moins, en effet, dans un cas comme dans l'autre, qu'à l'instant même où il est tombé, dans ce lieu dépendant du lieu du travail, il se trouvait sous la dépendance et la garde de ses patrons, le préposé de ceux-ci, le gardien du réfectoire lui-même (le second témoin de l'enquête), le suivant, d'ailleurs, à ce moment, dans l'allée ; — Attendu qu'il est indéniable, enfin, que l'accident du jeune Perrin est survenu à l'occasion du travail, — sa présence, en cette allée, à mi-chemin de l'entrée de la maison Christophe à celle des ateliers, ne pouvant s'expliquer d'autre façon à l'heure de la reprise des travaux ; — Mais, attendu que le tribunal ne possède pas, quant à présent, les éléments d'appréciation nécessaires pour fixer le montant de la rente à laquelle le jeune Perrin a droit, et la date exacte à laquelle la blessure a été consolidée, — le seul certificat médical versé par l'accidenté, lors de l'enquête faite le 15 mai 1911 par le juge de paix du 10e arrondissement de Paris, et délivré par le docteur Mouchez, chirurgien des hôpitaux, attaché à l'hôpital Saint-Louis, deux jours après l'accident, soit le 28 avril 1911, portant : « Ce n'est pas avant un mois que la fracture sera complètement consolidée et avant six à huit semaines qu'on pourra se prononcer sur l'état de la capacité de travail »; — Par ces motifs; — Dit que Charles Perrin a été victime d'un accident du travail; — Avant faire droit, dit que par le docteur Charles Paul, expert unique, dispensé du serment si les parties ne s'y opposent, il sera procédé à la visite de Charles Perrin, à l'effet : — 1° de rechercher et de constater quel est le degré d'incapacité fonctionnelle dudit Charles Perrin à la suite de l'accident à lui survenu le 26 avril 1911 ; — et 2° de fixer la date de la consolidation de la blessure ; — Dit que l'expert susnommé s'entourera, pour l'accomplissement de sa mission, de tous renseignements utiles, entendra les parties dans leurs dires respectifs, déposera au greffe son rapport, pour être ensuite, par les parties, conclu, et par le tribunal statué ce qu'il appartiendra, etc. ».

gnie, défenderesse, prétendait que « l'artiste-acrobate, exécutant ses exercices suivant son originalité propre, en dehors de tout contrôle et de toute surveillance », ne pouvait être considéré ni comme un ouvrier, ni comme un préposé. — Le jugement, en date du 20 mai 1911, répond que l'artiste-acrobate, dans l'espèce, est un locateur de services ; et il fonde cette qualité sur ce fait que l'acrobate n'était pas le maître du programme qu'il devait exécuter ; « que ce programme était déterminé, bien au contraire, à l'avance par le metteur en scène de l'établissement qui donnait lui-même des indications auxquelles l'artiste devait se soumettre ». Et le jugement continue, dans les termes suivants : « Attendu qu'ainsi, il n'est pas douteux que la scène de cinématographe, au cours de laquelle l'artiste-acrobate fut victime de l'accident, dont il demande réparation, avait été ordonnée, commandée, et non entreprise *proprio motu*, délibérément ; — que travaillant, comme artiste-acrobate, dans cette scène qui représentait une panne d'aéroplane, et où il s'est blessé en sautant du balcon d'où il venait de laisser tomber l'appareil, il exécutait un ordre, un commandement, celui, par exemple, de faire une chute d'une hauteur déterminée ; *qu'il se trouvait*, par conséquent, *dans ce lien de dépendance et de subordination qui constitue*, en dernière analyse, aux termes d'une jurisprudence constante et de la manière de voir qui a généralement prévalu dans la doctrine, *le trait propre* ou *caractéristique* du louage de services ou contrat de travail.... » (1).

---

(1) V. Trib. de la Seine, (4e ch., 3e section), 20 mai 1911, aff. *Bonnet*, dit *Max-Eugène c. Gaumont et Cie*. — Le jugement dit encore : « qu'il importe peu que l'artiste-acrobate fût payé au cachet ; que les ouvriers

Artistes-mimes; charmeuse de serpents. — Le tribunal de la Seine a, d'ailleurs, confirmé sa jurisprudence par une décision toute récente du 24 février 1912, rendue dans l'affaire Réthoré contre la Société du Moulin-Rouge et la Caisse nationale des retraites pour la vieillesse.

Il s'agissait, dans l'espèce, d'une artiste qui avait été mordue à la main gauche par un serpent, alors qu'elle se disposait à paraître dans une revue, au Moulin-Rouge, pour mimer une scène antique. — L'artiste, Mlle Réthoré, demandait que la Société du Moulin-Rouge fût condamnée, en vertu des lois des 9 avril 1898 et 12 avril 1906, à lui payer une rente annuelle et viagère à la suite de cet accident. — La Société du Moulin-Rouge soutenait qu'il ne pouvait y avoir lieu à l'application des lois sur les accidents du travail, la demoiselle Réthoré n'étant pas liée à elle par un contrat de travail proprement dit, puisqu'elle était « la propre créatrice de l'attraction qu'elle donnait en spectacle, que toute initiative lui était laissée pour le règlement de ses danses et la présentation du serpent (par lequel elle avait été mordue) ».

Le tribunal de la Seine a reconnu au contrat intervenu entre la demoiselle Réthoré et la Société du Moulin-Rouge le caractère d'un véritable contrat de travail ; et, pour le décider ainsi, le tribunal se fonde encore sur ce que les engagements de l'actrice la plaçaient sous la dépendance et la subordination de la direction du Moulin-Rouge. Le jugement relève, en effet, dans ses motifs, « ... qu'aux

---

et employés, payés à la tâche ou au cachet, ne sont pas, de ce fait, des entrepreneurs ou sous-entrepreneurs... ».

V. d'ailleurs, *infra*, pp. 88 et s., ce jugement reproduit *in extenso*.

termes mêmes des conditions générales et imprimées de son double engagement, le directeur se réservait la distribution des rôles ; que l'artiste ne pouvait, en aucun cas, se refuser de paraître en scène, de jouer ou chanter les rôles et morceaux qui lui étaient indiqués ; qu'il ne pouvait, en aucun cas également, apporter en scène aucune addition ou modification à l'œuvre dont l'interprétation lui était confiée ».

Et, en ce qui concerne plus spécialement la scène que devait mimer la demoiselle Réthoré, le jugement ajoute : « qu'il est inexact de dire que la demanderesse était la propre créatrice de cette attraction, puisque cette scène ne constituait pas une attraction proprement dite, mais un tableau, le 24e de la revue, dans lequel la demoiselle Réthoré jouait un rôle déterminé, — la charmeuse de serpents, — imaginé et réglé par la direction même du Moulin-Rouge, et auquel l'artiste était obligée de se soumettre... ».

Il était difficile au tribunal de la Seine de fixer, avec plus de netteté, le critérium du contrat de travail auquel il s'était précédemment référé (1).

---

(1) V. *infra*, p. 91, note, le texte de cet intéressant jugement. On trouve encore exprimée cette idée que « le contrat de louage de travail place l'ouvrier sous la dépendance du patron » dans un arrêt de la Cour de Rouen, du 21 octobre 1911 (*Rec. des accid. du trav.*, 1912, p. 320), qui déclare que, c'est à tort qu'un patron prétend que le contrat de travail ne peut légalement s'appliquer qu'à une période annuelle de 365-53 jours, et est nul pour le surplus comme contenant violation de la loi du 13 juillet 1906 sur le repos hebdomadaire. La loi du 9 avril 1898, dit cet arrêt, vise dans tous les cas la rémunération effective qui a été versée par le patron à l'ouvrier ; et la violation des prescriptions de la loi du 13 juillet 1906 constitue bien une contravention à la charge du patron, mais non à celle de l'ouvrier. Le patron ne saurait arguer d'une contravention par lui commise pour en tirer profit.

IV. — De la notion du contrat de travail d'après la jurisprudence relative aux retraites ouvrières.

Application du critérium du lien de dépendance et de subordination. — Si, de la jurisprudence relative aux accidents du travail, nous passons aux décisions qui sont déjà intervenues en ce qui concerne l'application de la loi du 5 avril 1910 sur les retraites ouvrières et paysannes, — c'est encore, nous semble-t-il, cette même notion du contrat de travail qui paraît s'en dégager.

Lorsque les tribunaux sont appelés à déterminer ici, si telle personne doit, ou non, être inscrite sur la liste des assujettis obligatoires, ils ont également à se demander si la personne dont s'agit est liée à autrui par un louage de services, seuls, les salariés dont la rémunération annuelle ne dépasse pas 3.000 francs étant obligatoirement soumis à la loi nouvelle. Or, pour résoudre cette difficulté, il nous paraît que la question que se posent encore les tribunaux est celle de savoir si la personne dont s'agit est, ou non, sous la dépendance et la subordination d'un maître ou d'un patron (1).

Demoiselles de compagnie. — Et, en effet, pourquoi le tribunal civil de Montmédy, saisi sur appel d'une sentence du juge de paix de cette ville, qui avait ordonné la radia-

(1) V. Trib. civ. de Toulouse, 10 nov. 1911 (*Gaz. Pal.* du 16 janv. 1912), et la note. — Comp., en ce qui concerne les receveuses-buralistes, Trib. de paix de Colombes, 25 janv. 1912 (*Rev. prat. des retraites ouvrières*, 1912, p. 308). *Adde*, le *Journal* du 20 févr. 1912.

tion d'une demoiselle de compagnie sur la liste des assurés obligatoires, a-t-il déclaré, le 13 juillet 1911, qu'il avait été bien jugé, et débouté le préfet de la Meuse de son appel? C'est, parce que, d'après les termes mêmes du jugement, « la demoiselle R..., quoique inscrite avec la qualification de demoiselle de compagnie sur la feuille de recensement, n'est pas salariée chez la demoiselle B..., chez laquelle elle demeure, à titre d'amie, et que, possédant des ressources personnelles, elle n'est, en aucune façon, sous sa *dépendance* » (1).

Religieuses. Service intérieur d'un hospice. — C'est pour la même raison — absence de lien de dépendance — que le tribunal civil du Mans a jugé que, c'était à tort qu'une décision du juge de paix de Ballon avait considéré comme des salariées, et, à ce titre, maintenu sur la liste des assurés obligatoires, des religieuses qui, d'après la convention intervenue entre leur congrégation et la commission administrative d'un hospice étaient chargées, non pas comme « mercenaires », mais en qualité de « filles de la maison », du service intérieur de cet hospice, — alors que, en dehors du logement, de la nourriture et du chauffage, elles ne recevaient qu'une modique indemnité pour leur habillement et leur entretien, indemnité qui, d'ailleurs, n'était pas versée entre leurs mains, mais entre celles de la supérieure, et ne pouvait être regardée comme un traitement. Le jugement déclare que ces religieuses « ne sont les salariées ni de la congrégation, qui les désigne et les remplace, ni de l'admi-

(1) V. Trib. civ. de Montmédy, 13 juill. 1911 (*Gaz. Pal.*, 1911, 2, 450).

nistration de l'hospice qui, sans contrat avec elles personnellement, n'est pas assurément leur patron; ... que leur mission, par son origine, son esprit et son but, n'a rien de commun avec le travail d'une salariée » (1).

Greffiers de justice de paix. — De même, c'est, — entre autres raisons, — parce qu'ils ne sont pas, vis-à-vis de l'État qui les nomme, dans l'état de subordination qui caractérise la situation de l'employé à l'égard de l'employeur, que le tribunal civil de Versailles a confirmé, le 1er décembre 1911, un jugement du tribunal de paix du canton nord de cette ville, duquel il résultait que les *greffiers de justice de paix* ne doivent point figurer sur la liste des assurés obligatoires dressée en exécution de la loi du 5 avril 1910 (2).

---

(1) V. Trib. civ. du Mans, 28 sept. 1911 (*Gaz. Pal.*, 1911, 2, 540). — Comp., un jugement du tribunal civil d'Orléans (ch. des vacations), du 22 sept. 1911, d'après lequel, encore bien qu'il reçoive une rétribution mensuelle, un *clerc d'avoué-amateur* ne saurait être considéré comme un salarié, dans le sens de l'art. 1er de la loi du 5 avril 1910, et comme tel, maintenu sur la liste des assurés obligatoires, dès lors qu'il est certain que la fonction qu'il exerce dans l'étude où il travaille n'est pas, pour lui, un métier destiné à lui permettre de gagner sa vie, mais un stage préparatoire à une profession libérale, et que la rémunération modique qu'il reçoit ne constitue pas un salaire, mais une gratification propre à encourager son assiduité. V. *Gaz. Pal.*, 1911, 2, 527. — V. égal., Trib. civ. de Lorient, 14 nov. 1911 (*Gaz. Pal.*, 1911, 2, 512), et la note.

Mon attention a été appelée sur ces précédentes décisions par M. Marcel Gerbert, docteur en droit, avocat à la Cour d'appel de Paris, mon collègue et ami à la Refonte du Recueil *Sirey*. Je me fais un plaisir de lui dire ici toute ma gratitude.

(2) « Attendu, porte le jugement du tribunal civil de Versailles, en date du 1er décembre 1911, que la question à trancher est celle de savoir si Joly, greffier de justice de paix, est à considérer comme un salarié, bénéficiant obligatoirement d'une retraite de vieillesse dans les termes de la loi du 5 avril 1910 — Or, attendu que les greffiers

C'est, enfin, la même notion du contrat de travail que proclame un récent jugement du tribunal civil de Saint-Etienne, rendu également à propos de l'application de la loi du 5 avril 1910.

---

de justice de paix ne sont pas des salariés de l'Etat, au sens précis de la disposition susvisée, laquelle implique nécessairement l'existence d'un contrat de louage de travail ou de services, qui fait ici complètement défaut ; qu'ils exercent une profession libérale ; qu'en effet, ces greffiers sont de véritables officiers ministériels ayant une charge transmissible ; qu'ils sont, comme tous les autres officiers ministériels d'ailleurs, soumis à certaines règles de discipline et placés à ce point de vue sous la surveillance des parquets et de l'autorité judiciaire ; ils ne sont pas pour cela dans l'état de subordination qui caractérise la situation de l'employé vis-à-vis de l'employeur et qui est le critérium permettant de distinguer le salarié des autres personnes exerçant des professions libérales ; qu'aussi bien l'élément essentiel et principal de la rémunération du greffier de la justice de paix est le gain qu'il tire des actes qu'il dresse ou reçoit des expéditions qu'il délivre ; que le traitement minime payé par l'Etat au greffier de justice de paix ne lui est alloué que pour le rémunérer d'une manière forfaitaire du travail et des déboursés faits par lui dans les hypothèses nombreuses dans lesquelles, par des considérations d'humanité ou d'intérêt général, aucun émolument ne lui est accordé à l'encontre des parties ; que cette allocation qui, dans la terminologie de la comptabilité, a pris le nom de traitement, ne représente, en réalité, que des frais et honoraires, c'est-à-dire l'une des sources de revenu normal et habituel du greffe, l'accessoire des autres et d'ailleurs très généralement l'une des moindres ; que le montant de ce traitement se confond donc de façon indivisible avec les autres catégories de produits de l'office ; il est par suite impossible de distinguer des autres natures de ressources du greffe le traitement du titulaire, pour inférer que ce traitement, considéré isolément, constitue le greffier à l'état de fonctionnaire public, salarié exclusivement par ledit traitement ; que, par application de cette idée, le Conseil d'État a déclaré par son arrêt du 10 nov. 1893, *Ebert* (S. 1895. 3, 85), que si les greffiers de justice de paix sont nommés par le Gouvernement et reçoivent un traitement fixe de l'Etat, ils sont en même temps rangés parmi les officiers ministériels, ont une charge transmissible et des émoluments distincts de leur traitement fixe, et qu'ils n'ont, en conséquence, pas

Passementiers, tisseurs à façon de la région stéphanoise. — Ce jugement déclare, en effet, que le *passementier*, tisseur à façon de la région stéphanoise, qui participe manuellement un travail qui s'exécute chez lui et qu'il fait pour plusieurs maisons en même temps, *peut ne pas être considéré comme un salarié, si sa situation est* « *exclusive du lien de subordination, qui constitue l'élément essentiel du contrat de louage de services* » (1).

---

droit à une pension de retraite : qu'en l'espèce, d'ailleurs, ce serait manifestement violer l'esprit de la loi de 1910, que de ranger Joly au nombre des assurés obligatoires, l'ensemble des revenus de la charge, dont on ne peut avec raison scinder les divers éléments, excédant notoirement 3.000 francs... ; — Par ces motifs, etc. » (V. *Gaz. Pal.* 1911, 2, 557, et la note).

Le jugement du tribunal de paix du canton nord de Versailles, en date du 23 octobre 1911, est reproduit dans le même Recueil, année 1911, 2, 470.

La même solution a été donnée, en ce qui concerne les *greffiers des tribunaux civils* (V. Trib. de paix d'Auxerre, 6 oct. 1911, *Gaz. Pal.*, 1911, 2, 473 ; Trib. civ. de Nantes, 27 nov. 1911, *Gaz. Pal.*, 1911, 2, 551), et les *greffiers des tribunaux de commerce*. V. Trib. civ. de Fontainebleau, 20 déc. 1911 (*Gaz. Pal.* des 21-22 janv. 1912). Or, le jugement du tribunal civil de Nantes déclare que les greffiers ne se trouvent pas dans la situation des salariés en *état de subordination* visés par la loi de 1910 ; et on lit, dans le jugement du tribunal civil de Fontainebleau: — « ... Attendu que... si les greffiers sont soumis à la surveillance des parquets et à l'observation des règles de discipline en ce qui concerne les règles de leur profession, ils ne sont pas pour cela dans l'*état de subordination* qui caractérise la situation de l'employé vis-à-vis de l'employeur, qui est de l'essence même du louage d'ouvrage ou de travail... ».

(1) Le jugement du tribunal civil de Saint-Etienne, du 21 décembre 1911, est à la *Gaz. Pal.* du 10 janvier 1912. Nous le reproduirons *infra, in extenso.* Il est conçu en termes essentiellement nets et précis ; il contribue à bien fixer la notion du contrat de travail, mais il la rend plus lumineuse encore par l'analyse qu'il fait du contrat d'entreprise. V. *infra*, p. 58.

Et, en l'espèce, le jugement refuse au tisseur à façon la qualité de salarié, non pas parce qu'il était « rétribué à tant par mètre », mais parce que, précisément, sa situation ne comportait pas un semblable lien et présentait les caractères de celle de l'entrepreneur, — tels qu'ils résultent de la jurisprudence elle-même, et que nous allons avoir l'occasion de préciser bientôt.

V. — De la notion du contrat de travail d'après la jurisprudence relative aux contestations prud'homales.

Application du critérium du lien de dépendance et de subordination. — La jurisprudence relative aux contestations intéressant les conseils de prud'hommes a eu, de son côté, à fixer un critérium lui permettant de distinguer nettement les ouvriers et les employés des entrepreneurs et de leurs maîtres, — les conseils de prud'hommes ne pouvant connaître, aux termes de la loi, que des différends entre les marchands fabricants et leurs ouvriers (1), que des difficultés nées à l'occasion du contrat de travail entre les patrons et ceux qui les emploient (2).

Or, le critérium dont fait application la jurisprudence en cette matière n'est autre que celui que nous avons dégagé des décisions que nous avons précédemment analysées :

---

(1) Cass. civ. 18 avr. 1893 (S. et P. 1896, 1, 511. — S. chrn. — D. P. 1893, 1, 375) ; Cass. req. 13 déc. 1893 (S. et P. 1896, 1, 511. — S. chrn. — D. P. 1894, 1, 63).

(2) Cass. civ. 18 oct. 1910 (S. et P. 1911, 1, 48).

est ouvrier ou employé toute personne qui, dans ses rapports avec le fabricant ou le maître, se trouve dans un état de dépendance et de subordination.

Et c'est, parce que ces rapports de dépendance et de subordination n'existaient point dans les espèces qui suivent que la Cour de cassation a décidé que le conseil des prud'hommes devait se déclarer incompétent.

C'est ainsi qu'elle a jugé que le conseil n'était pas compétent :

1°) A l'égard de celui qui, exécutant pour le compte d'autrui des devis et modèles, exerce son industrie dans un atelier à lui appartenant, fournit les matières nécessaires à ses travaux, et livre ses produits à prix débattus, toutes fournitures comprises (1).

2°) A l'égard du représentant de commerce, qui, étant payé à la commission sur chaque affaire, et représentant plusieurs maisons dans les mêmes conditions, ne peut être considéré comme l'employé de telle maison déterminée, n'étant subordonné à aucune d'elles sous aucun rapport (2).

De même, lorsqu'il s'agit de savoir, en vue des élections prud'homales, sur quelle liste — la liste des électeurs

---

(1) Cass. req. 13 déc. 1893, précité.

(2) V. Cass. civ. 18 octobre 1910, précité. — Ce dernier arrêt est ainsi conçu : — « La Cour ; — Sur le moyen unique du pourvoi : — Attendu qu'aux termes de l'art. 1er de la loi du 27 mars 1907, les conseils de prud'hommes ne sont compétents que pour statuer sur les difficultés qui peuvent s'élever à l'occasion du contrat de louage d'ouvrage entre les patrons et ceux qu'ils emploient ; que leur juridiction exceptionnelle ne peut s'étendre à des cas autres que ceux prévus par la loi ; — Attendu que, des constatations souveraines du jugement attaqué, il résulte que Pigon n'était pas l'employé de

patrons ou la liste des électeurs ouvriers — doivent être inscrits tels ou tels électeurs, c'est à ce même critérium que se réfère la jurisprudence. La Cour de cassation décide, en effet, que ceux qui, remplissant les autres conditions exigées par l'art. 5, alin. 1er, de la loi du 27 mars 1907, occupent pour leur compte un ou plusieurs employés, doivent être classés parmi les électeurs patrons ; ils ne perdent pas leur qualité de patrons, pour rentrer dans la catégorie des électeurs ouvriers, par le fait qu'ils prennent part eux-mêmes à l'exécution du travail manuel. Une telle participation n'a pas pour effet de les transformer en chefs d'atelier de famille, cette qualification n'appartenant qu'aux ouvriers à façon qui, dans leur domicile, soit seuls, soit avec des compagnons, mettent en œuvre des matières à eux confiées par des industriels, vis-à-vis desquels ils sont, pour l'exécution de ce travail, dans *un lien de dépendance* (1).

Il est inutile, nous semble-t-il, de citer d'autres arrêts !

La notion du contrat de travail, telle que nous avons affirmé qu'elle résultait de la jurisprudence, nous paraît reposer sur des décisions, dès à présent, suffisamment nom-

---

la Société française des manchons, et ne lui était subordonné sous aucun rapport ; qu'il était payé à la commission, au taux de 1 fr. 50 pour chaque bec placé par lui chez les clients ; qu'il était aussi payé à la commission par d'autres sociétés, dont il était le représentant ; qu'en décidant, par suite, que la juridiction des prud'hommes n'était pas compétente pour connaître du litige, le jugement a fait une exacte application des règles de la matière et n'a violé aucune loi ; — Rejette le pourvoi contre le jugement rendu le 15 avril 1910 par le tribunal civil de la Seine, etc. ».

1) V. Cass. civ. 29 nov. 1910 (S. et P. 1911, 1, 214).

breuses pour que soit justifiée notre opinion. Elle va, d'ailleurs, se trouver confirmée par la suite. Il est logique, il est fatal, en effet, que le contrat de travail dérive du lien de dépendance et de subordination, puisque le contrat d'entreprise, — d'après la jurisprudence, — ainsi que nous allons le voir, comporte essentiellement le pouvoir de direction et de contrôle. Si l'entrepreneur est celui, — d'après la jurisprudence, — qui, tirant profit du travail à lui confié, a la direction et le contrôle de ce travail, — logiquement, fatalement, ceux qui travaillent sous cette direction et subissent ce contrôle, doivent être liés à lui par un contrat que caractérisent essentiellement et la dépendance et la subordination.

CHAPITRE II

De la notion du contrat d'entreprise.

Nécessité de la définition du contrat d'entreprise. — Intérêt de cette définition. — Le moment est venu maintenant d'examiner, en effet, en quoi consiste exactement — d'après la jurisprudence — le contrat d'entreprise. Ce n'est point là sortir du sujet que nous nous sommes assigné ; car l'étude de la notion jurisprudentielle de l'entreprise va nous permettre :

1°) De contrôler le critérium du contrat de travail, tel que nous l'avons dégagé dans le chapitre qui précède ;

2°) De fixer — ce qui importe essentiellement — la limite précise que le locateur de services, le salarié, ne saurait franchir, sans devenir lui-même un entrepreneur. A quelles conditions, le locateur de services, le salarié doit-il être considéré comme ayant perdu sa qualité pour revêtir celle d'entrepreneur? Tel est, en effet, le second point que nous examinerons dans ce présent chapitre.

Mais voyons, tout d'abord, quels sont, — d'après la jurisprudence, — les traits propres et distinctifs du contrat d'entreprise.

I. — Le critérium du contrat d'entreprise.

Difficulté de fixer un critérium du contrat d'entreprise. — Conceptions différentes. — Lorsqu'il s'agit de déterminer les traits propres et distinctifs du contrat d'entreprise, on peut hésiter entre deux conceptions. L'une et l'autre, — nous le verrons dans la suite de ce travail, — ont leurs partisans dans la doctrine (1). On peut estimer, en effet, — ou bien, que le trait propre, caractéristique de ce contrat doit consister en ce que la rémunération du travail qui en fait l'objet est fixée d'après l'importance de l'ouvrage entrepris; — ou bien, que ce contrat se caractérise par les pouvoirs de surveillance et de direction qu'il comporte, et le bénéfice qui peut en résulter.

Rémunération fixée d'après l'importance de l'ouvrage. — Or, d'après ce qui précède, il est bien certain que ce n'est pas au mode de rémunération, à la façon dont la rémunération est déterminée que s'attache la jurisprudence pour qualifier le contrat d'entreprise, — puisqu'elle considère ceux qui sont rémunérés aux pièces, à la tâche, c'est-à-dire ceux dont la rémunération est, en définitive, fixée d'après l'importance de l'ouvrage confié, non comme des entrepreneurs, mais comme des locateurs de services, des salariés.

Pouvoir de surveillance et de direction? — Bénéfice? — Profit? — La jurisprudence s'attache, pour caractériser

---

(1) V. *infra*, pp. 124 et s.; pp. 128 et s.

l'entreprise, soit au pouvoir de surveillance et de direction appartenant à celui à qui le travail est confié, soit au profit, au bénéfice qui peut en résulter.

Certaines décisions font valoir à la fois les deux idées, — l'idée de surveillance et de direction, et l'idée de profit. D'autres ne visent que l'idée de surveillance et de direction. Dans d'autres jugements ou arrêts enfin, on trouve seulement exprimée l'idée de profit. Il est difficile, dès lors, de bien préciser, dans l'analyse de ces diverses décisions, quel est de ces deux éléments, surveillance et direction, d'une part, profit d'autre part, celui qui domine. La jurisprudence s'est attachée, tantôt à l'un, tantôt à l'autre. Peut-être voit-elle dans le profit le critérium du contrat d'entreprise, et dans la surveillance et la direction le signe extérieur, l'indice du profit, la manifestation la plus sûre de la qualité d'entrepreneur? Mais, il faut être ici extrêmement prudent et circonspect.

L'analyse des décisions qui suivent, et qui intéressent l'application des lois sur les retraites ouvrières et les accidents du travail, ainsi que la responsabilité civile des maîtres et commettants, au nombre desquels la jurisprudence compte les entrepreneurs, — l'action directe des ouvriers contre le propriétaire, telle qu'elle est réglementée par l'art. 1798, C. civ., — et l'action en responsabilité à laquelle sont assujettis les architectes et les entrepreneurs et ceux qui leur sont assimilés aux termes des art. 1792 et 1799, C. civ., révèle quelque hésitation de la jurisprudence à cet égard.

A. **Du contrat d'entreprise d'après les décisions relatives à l'application des lois sur les retraites ouvrières et les accidents du travail.**

Pouvoir de direction et de contrôle. — *Profit.* — De certaines décisions relatives à l'application des lois sur les retraites ouvrières et les accidents du travail, il paraît résulter que l'entreprise comporterait un pouvoir de direction et de surveillance d'une part, et l'obtention d'un profit, d'un bénéfice, d'autre part ; mais d'autres décisions ne se réfèrent qu'à ce pouvoir de direction et de contrôle.

Passementiers, tisseurs à façon de la région stéphanoise. — Si, en effet, le tribunal civil de Saint-Étienne a jugé, le 21 décembre 1911, qu'on ne saurait considérer comme obligatoirement assujetti à la loi sur les retraites ouvrières, un passementier, tisseur à façon de la région stéphanoise, bien qu'il participât manuellement au travail qui s'exécutait chez lui, à l'aide de plusieurs métiers constituant un véritable outillage industriel, c'est, d'une part, parce qu'il occupait, de manière habituelle, en dehors des personnes de sa famille dont il assurait la *surveillance* et la *direction*, un ouvrier ou compagnon, sur le travail duquel il faisait un *bénéfice* ; et, d'autre part, parce qu'il n'était pas soumis lui-même à une surveillance ou direction continue pouvant constituer une sujétion vis-à-vis des fabricants pour lesquels il travaillait (1).

---

(1) Nous donnons ici le texte de ce jugement, dont nous avons déjà parlé. V. *supra*, p. 49. Il mérite d'être cité *in extenso* : — « Le Tribunal ; — Considérant qu'il est exact qu'Aurand, exerçant, à Saint-Etienne, la profession dite de « passementier », est un tisseur à façon, travaillant dans son domicile, sur plusieurs métiers lui appartenant

Greffiers. — On sait que la jurisprudence a également décidé que les greffiers ne doivent point figurer sur la liste

---

pour le compte de fabricants de soies, velours ou rubans qui lui remettent la matière première, et que cette matière est façonnée par lui moyennant une rémunération fixée à l'unité, c'est-à-dire à tant le mètre ; qu'il est constant, en outre, suivant les documents produits au tribunal, que les trois métiers dont Aurand est propriétaire, sont installés à demeure dans un atelier, dont il a la direction, sont mûs par un moteur électrique, et sont conduits l'un par lui-même, l'autre par sa femme, et le troisième par un ouvrier, ou compagnon embauché et payé par lui ; — Considérant qu'en cet état des faits, Aurand soutient à bon droit qu'il est non un salarié du ou des fabricants, pour lesquels il exécute des travaux de tissage, mais bien un entrepreneur d'ouvrage, c'est-à-dire un petit patron travaillant habituellement avec un seul ouvrier, et avec les membres de sa famille, devant par suite être rangé dans la catégorie des assurés facultatifs aux termes de l'art. 36, § 1er de la loi du 5 avril 1910 ; — Considérant que si le fait de travailler à domicile, d'avoir la propriété de ses instruments de travail et de travailler, le cas échéant, pour plusieurs patrons en même temps n'est pas incompatible avec la qualité de salarié, c'est à la condition toutefois que cette situation ne soit pas exclusive du lien de subordination qui constitue l'élément essentiel du contrat de louage de services ; — Considérant que le travail d'Aurand s'effectue dans un atelier, où tout en participant lui-même manuellement au tissage, il assume la surveillance et la direction des personnes qu'il emploie ; que ses trois métiers, dont la valeur totale peut atteindre plusieurs milliers de francs, constituent par leur agencement un véritable outillage industriel qu'on ne saurait assimiler aux simples outils appartenant à un ouvrier ; qu'il occupe lui-même d'une façon habituelle, en dehors des personnes de sa famille, un ouvrier ou compagnon, qui est son propre subordonné, qu'il rémunère suivant une convention à laquelle les fabricants restent étrangers, sur le travail duquel il fait un bénéfice, et vis-à-vis duquel il est incontestablement tenu de toutes les obligations conventionnelles ou légales résultant de la qualité d'employeur ; que le contrat liant Aurand avec le ou les fabricants, est constaté par un écrit dit « feuille de chargement » indiquant la quantité de pièces qui lui sont livrées, le délai dans lequel le travail doit être effectué, et l'obligation de soumettre au fabricant les premiers bouts de chaque pièce, mais que, sous réserves de l'exécution de ces conditions de son marché, Aurand dirige le travail de son atelier, sous sa propre responsabilité, et n'est soumis à aucune surveillance ou direction continue pouvant constituer une sujétion vis-à-vis d'un patron ; — Considérant qu'on invoque vainement en sens contraire l'usage suivant lequel les ateliers des passementiers seraient visités par un employé du fabricant connu sous le nom de « commis de Carré » ; que, suivant les documents produits au tribunal, l'intervention de cet agent n'est pas prévue dans la plus grande partie des feuilles de chargements remises aux passementiers ; que, d'après celles qui la prévoient, elle paraît devoir s'exercer seulement au moment où le chargement va être terminé ou coupé ; que, dans tous les cas, les visites que peuvent être autorisés à faire les « commis de Carré » au cours de l'exécution du travail n'ont rien de régulier, n'ont d'autre but que d'éviter des difficultés au moment de la restitution du chargement, et ne sauraient être assimilées à la surveillance constante d'un contremaître, sur les ouvriers de son patron ; — — Considérant qu'il est vainement encore argué du texte des art. 33 et s., C. trav. du 28 déc. 1910, relatifs au salaire des ouvriers tisseurs à domicile ; que le même Code (art. 52 et s.) conformément à la législation antérieure prévoit en dehors de cette catégorie d'ouvriers celle des chefs d'ateliers faisant travailler plusieurs métiers pour les négociants, manufacturiers, et les soumet à des règles spéciales au point de vue des règlements de compte ; qu'Aurand rentre manifestement dans cette dernière catégorie ; — Considérant, en outre, qu'il importe peu, pour la solution du présent litige, qu'Aurand soit inscrit sur la liste des électeurs prud'hommes ouvriers, et non sur celle des électeurs patrons, cette inscription ayant été opérée en vertu d'une disposition particulière de la loi du 27 mars 1907, visant les « chefs d'ateliers de famille », et, par suite, s'appliquant à Aurand ; — Considérant enfin qu'on ne saurait tirer argument de ce que, sur un grand nombre de feuilles de chargements, le passementier est qualifié d'ouvrier ; que ce terme usité depuis un temps immémorial, en cette matière, par opposition à celui de fabricant s'explique par ce fait que le passementier travaille manuellement comme ses collaborateurs, mais que cette expression n'emporte aucune idée juridique précise pouvant servir à déterminer le contrat qui relie les parties ; — Considérant qu'Aurand doit donc, comme un grand nombre de tisseurs ou passementiers de la région stéphanoise, être considéré comme un véritable artisan, ou petit patron, admis facultativement, et non obligatoirement au bénéfice de la loi sur les retraites ouvrières et paysannes ; — Par ces motifs, etc... ».

Le tribunal de paix du canton Sud-Est de Saint-Etienne, dans la présente espèce, avait statué dans le même sens, par jugement du 26 août 1911 (*Rev. prat. des retraites ouvrières*, 1912, p. 40).

des assurés obligatoires (1). Cette jurisprudence se fonde sur de multiples raisons. L'une d'entre elles est tirée de la qualité de patron du greffier. Le tribunal de paix de Versailles a fait valoir, en effet, dans son jugement du 23 octobre 1911, précité (2), que le greffier est un patron au regard de ses employés, commis ou expéditionnaires. Il a cette qualité vis-à-vis d'eux, dit ce jugement, puisqu'il les *commande* dans leurs travaux et leur paie des salaires (3).

C'est à ce même critérium que se réfère la jurisprudence des accidents du travail pour déterminer si la qualité de patron ou d'entrepreneur ne doit pas être reconnue en réalité à telle personne qui prétend se prévaloir, à titre de salarié, des dispositions de la loi du 9 avril 1898.

Scieurs de long travaillant à leurs pièces, et à leur gré. — C'est ainsi que la jurisprudence a reconnu, par exemple, que des scieurs de long qui travaillent dans une coupe de bois, à leurs pièces, mais *à leur gré, comme ils l'entendent*, sans prendre l'avis de personne et sans recevoir de l'exploitant aucun ordre, n'étaient pas des ouvriers (4).

---

(1) V. *supra*, pp. 47 et s.

(2) V. *supra*, p. 49, note.

(3) Voici, d'ailleurs, le considérant auquel nous faisons allusion : « ... Attendu que, du fait d'être titulaire et propriétaire de sa charge, le greffier est un patron vis-à-vis de ses employés, commis ou expéditionnaires, qu'il commande dans leurs travaux et auxquels il paie leurs salaires ; qu'à ce titre, il verse pour eux l'allocation patronale prévue à l'art. 2 de la loi du 5 avril 1910... ». — Comp., Trib. de Nantes, 27 nov. 1911 (*Gaz. Pal.*, 1911, 2, 551).

(4) V. Cass. civ. 6 août 1902 (S. et P. 1905, 1, 174), et la note. — Comp., Paris, 24 mai 1910 (*Rec. pér. des assur.*, 1910, p. 671).

Individus réglés, après achèvement de leurs travaux, au moyen de traites. — De même, il a été jugé que l'individu dont les travaux sont réglés, après achèvement, au moyen de traites tirées sur son patron et portant un timbre indiquant sa qualité d'entrepreneur de parquets et de rabotage, n'est pas recevable à réclamer une rente viagère au patron pour le compte de qui il exécutait un tel travail, à la suite d'un accident ayant déterminé la mort de son fils, alors qu'il employait également aux travaux entrepris sous sa *responsabilité* des ouvriers étrangers (à sa famille) (1).

Dans la première espèce, la jurisprudence a refusé la qualité d'ouvrier à des individus qui travaillaient sans direction ni surveillance ; dans cette seconde espèce, la jurisprudence reconnaît cette qualité d'entrepreneur (ou de sous-entrepreneur) à un individu qui, ayant la responsabilité d'un travail, en avait nécessairement la surveillance et la direction.

Nombreux sont, d'ailleurs, les arrêts conçus dans le même esprit et qui peuvent être utilement rapprochés de ceux que nous venons d'analyser ici (2).

---

(1) V. Cass. req. 10 déc. 1902 (S. et P. 1903, 1, 334).

(2) V. not., Toulouse, 3 déc. 1900 (S. et P. 1901, 2, 190. — D. P 1901, 2, 156) ; 11 juin 1903 (S. et P. 1904, 2, 236. — D. P. 1904, 2, 172) ; Cass. req. 7 nov. 1904 (S. et P. 1907, 1, 411) ; Cass. civ. 6 mars 1907 (S. et P. 1911, 1, 277) ; Cass. req. 4 janv. 1911 (*Journ. des juges de paix*, 1911, p. 127. — D. P. 1911, 5, 15) ; Cass. civ. 21 févr. 1912, (*Gaz. Pal.* du 24 avr. 1912). — Comp., Cass. req. 9 févr. et 3 août 1909 (S. et P. 1912, 1, 36), et la note. — On lira également avec intérêt les deux jugements du tribunal civil de la Seine (4e ch., 3e section), en date des 9 décembre 1911 et 13 janvier 1912, qui ont trait aussi au caractère de l'entreprise, et qui ont été rendus à propos d'espèces assez particulières :

B. **Du contrat d'entreprise, d'après les décisions intéressant l'article 1384 du Code civil.**

Pouvoir de direction et de contrôle. — Dans les décisions qui intéressent l'art. 1384 C. civ., relatif à la responsabilité

---

a) Trib. de la Seine, 9 *déc.* 1911 (aff. *Louis-Albert c. Lebossé*) : « Le Tribunal ; — Attendu que Louis-Albert, au service de Lebossé, horticulteur-fleuriste, qui l'avait envoyé travailler rue Cortambert n° 27, étant tombé, le 25 mai 1910, d'une échelle sur laquelle il était monté pour tailler du lierre le long d'un mur, demande qu'il lui soit alloué, à la suite de l'accident dont il a été victime, et qui a entraîné une fracture de la jambe droite, à la hauteur de la cheville, une rente annuelle et viagère de 800 francs, son salaire annuel devant être évalué à 1.980 francs ; — Attendu qu'à l'encontre de cette demande, Lebossé prétend, d'une part, que, n'étant point commerçant, il n'est pas assujetti à la loi sur les accidents du travail des 9 avril 1898 — 12 avril 1906 ; et, d'autre part, qu'aucune faute ne lui étant imputable, il ne saurait être condamné par application du droit commun ; — Mais, attendu que, s'il est vrai que l'horticulteur-fleuriste ne peut être considéré comme commerçant lorsqu'il se contente de vendre des fleurs ou arbustes tirés du sol qu'il cultive (V. Cass. req. 13 mars 1878), « le caractère commercial n'appartenant pas aux actes de ceux qui se bornent à mettre en valeur les produits du sol ou de la nature » (Lyon-Caen et Renault, *Tr. de dr. comm.*, 4e éd., t. I, n° 124), il en est autrement, lorsque l'horticulteur-fleuriste achète au dehors une partie des fournitures qu'il fait à sa clientèle ; dans ce cas, il appartient au juge d'apprécier l'importance de ses achats, et de voir s'ils ne constituent pas des actes de commerce, et non pas seulement des opérations accessoires de la susdite profession (Cass. req. 20 mai 1878) ; — Attendu, dans l'espèce, qu'il résulte des explications fournies par Louis-Albert, et non infirmées par Lebossé, que ce dernier, qui possédait dix mille mètres carrés de terrain, ne les cultivait point, mais s'en servait exclusivement pour placer les plantes et arbustes qu'il achetait pour revendre, en sa boutique ; qu'en cet état, il ne saurait être douteux que Lebossé, qui se livrait à de tels achats, dans de telles conditions, et dans le seul but de revendre, doit être déclaré commerçant ; — Attendu qu'il n'est nul besoin, pour lui reconnaître cette qualité, de dire, en outre, que, fournissant ses ouvriers aux particuliers qui s'adres-

des maîtres et commettants, au nombre desquels, ainsi que nous l'avons déjà dit, la jurisprudence compte les

---

saient à lui pour l'entretien de leurs jardins, il spéculait sur leur travail (son bénéfice consistant dans la différence existant entre le salaire payé par lui à ses ouvriers et le prix payé par les particuliers pour la fourniture de ses ouvriers), et dirigeait ainsi une véritable entreprise de fourniture de travail, dont le caractère est nettement commercial, puisque la force de travail, achetée par Lebossé à ses ouvriers, était revendue par lui à ses clients, avec bénéfice ; — Attendu, en effet, que, *s'il est assez généralement admis que le fait de tirer profit du travail d'autrui constitue le trait caractéristique du contrat d'entreprise, celui par lequel ce contrat se différencie notamment du louage de services ou contrat de travail*, on ne peut en conclure que ce seul fait de tirer profit du travail d'autrui constitue une opération commerciale, sous peine de faire de tous les contrats d'entreprise des opérations de commerce ; — que, d'ailleurs, le Code de commerce ne comprend pas, dans l'énumération des actes qu'il répute actes de commerce dans ses articles 632 et 633, l'entreprise de fourniture de travail ; — Mais, attendu que le tribunal n'a pas les éléments d'appréciation suffisants pour statuer définitivement, quant à présent, sur les conséquences de l'accident de Louis-Albert ; qu'il y a lieu de recourir à une expertise ; — Par ces motifs, etc... ».

b) TRIB. DE LA SEINE, 13 *janv.* 1912 (aff. *Borne et Bertin c. Granier, dit Guilton*). — « LE TRIBUNAL ; — Attendu que Borne et Bertin, entrepreneurs de travaux publics, ont interjeté appel d'un jugement du tribunal de paix du 5e arrondissement de Paris, en date du 3 mars 1911, les condamnant à payer à Granier, dit Guilton, ouvrier terrassier, victime d'accident du travail, la somme de 154 fr. 80, pour demi-salaire du 1er janvier au 13 février 1911 ; — Attendu que Borne et Bertin, — qui ont prétendu devant le premier juge que la loi du 9 avril 1898 ne saurait être appliquée à l'espèce, l'application de cette loi étant subordonnée à l'existence d'un louage de services entre la victime de l'accident et l'entrepreneur, et aucun contrat de travail n'ayant été formé entre eux et Granier, l'ouvrier accidenté, seul, un nommé Guilton, ayant été embauché par eux, — soutiennent, aujourd'hui que l'identité de personne entre Guilton et Granier est incontestablement établie, que le contrat de travail ainsi conclu par leur ouvrier sous un faux état civil doit être déclaré nul et de nul effet, la prise d'un faux état civil ayant pour résultat de porter

entrepreneurs (1), — c'est encore le pouvoir de direction et de contrôle qui est mis en lumière.

C'est ainsi que nombre d'arrêts, dont la plupart remontent au début de la seconde moitié du XIXe siècle, qui ont déclaré celui qui s'est chargé d'un travail, responsable, à l'exclusion du maître ou propriétaire, de l'accident survenu par la faute d'un ouvrier, prennent soin d'indiquer que la personne jugée responsable s'était engagée à choisir les ouvriers et à les diriger, et que ceux-ci travaillaient effectivement sous sa seule autorité (2).

---

atteinte au droit du chef d'entreprise de choisir ses ouvriers et de ne point, par exemple, embaucher des ouvriers répondant, comme Granier, à des noms très connus parmi les syndicalistes militants ; — Mais, attendu que, pour indéniable que soit la liberté d'embauchage de l'entrepreneur, on ne saurait déclarer nul le contrat de louage de services du seul fait qu'il a été conclu sous un faux nom, alors que des manœuvres frauduleuses, constitutives du dol, ne sont pas établies, en outre, à l'encontre de l'ouvrier qui, non « dans un but frauduleux », mais pour trouver du travail et gagner son existence, a pris seulement — comme c'est le cas de l'espèce — un état civil différent du sien ; — Attendu, d'ailleurs, qu'en admettant même que le contrat de travail fût annulé pour cause de dol, il n'est nullement certain que l'entrepreneur échapperait à la responsabilité résultant de la loi du 9 avril 1898, — l'annulation d'un tel contrat, successif par sa nature, ne pouvant pas avoir d'effet rétroactif et n'effaçant pas, dès lors, le fait pour l'ouvrier d'avoir été, au moment de l'accident, au service de l'*entrepreneur* qui, *tirant profit de son travail*, doit répondre en échange, du risque professionnel ; — Par ces motifs, et tous autres adoptés, au surplus, par le premier juge, etc... ».

(1) V. *supra*, p. 57.

(2) V. not., Bourges, 23 janv. 1867 (S. 1867, 2, 110. — D. P. 1867, 2, 197) ; Lyon, 25 fév. 1867 (S. 1867, 2, 353. — D. P. 1868, 2, 109) ; Dijon, 7 août 1868 (S. 1868, 2, 315) ; Cass. req. 4 fév. 1880 (S. 1880, 1, 463. — D. P. 1880, 1, 392), les notes et les renvois. — Comp., Cass. crim. 30 oct. 1902 (S. et P. 1902, 1, 544. — D. P. 1904, 5, 592) ; Poitiers, 12 déc. 1904 (S. et P. 1906, 2, 157. — D. P. 1905, 2, 454), les notes et les renvois.

Un jugement du tribunal civil d'Aix, en date du 5 décembre 1864, confirmé, par adoption de motifs, par la Cour d'Aix, le 13 mai 1865, qui déclare l'entrepreneur civilement responsable de fautes commises par les ouvriers qu'il emploie, que ceux-ci soient rémunérés à la journée ou à la tâche, est particulièrement net à cet égard (1). Ce jugement porte, en effet : « ...Attendu qu'une différence essentielle existe entre la position de l'ouvrier à la tâche et celle de l'entrepreneur à forfait ; que ce dernier a en ses mains la direction absolue de l'entreprise suivant un plan déterminé ; qu'il a l'autorité de la surveillance entière sur ses ouvriers, n'ayant plus, vis-à-vis de celui qui lui a confié l'ouvrage à forfait, qu'à répondre des malfaçons et à régler le prix ; que la main-d'œuvre le concerne uniquement ; — Attendu qu'au contraire, l'ouvrier, soit qu'il travaille à la tâche ou à la journée, est placé sous l'autorité et la dépendance de son maître ; que celui-ci peut, à tout instant, lui donner des instructions, des ordres, et même le renvoyer, en réglant, si cet ouvrier travaille à la tâche, le montant du travail qu'il a effectué jusqu'à ce moment ; qu'ainsi, l'ouvrier à la tâche, comme celui à la journée, est placé sous les ordres et sous la surveillance de la personne qui l'emploie ; que c'est précisément cette autorité, d'une part, cette dépendance, de l'autre, qui constituent les qualités du commettant et du préposé... ».

La meilleure preuve, d'ailleurs, que l'entrepreneur n'a vraiment cette qualité qu'à la condition d'avoir la direc-

---

(1) V. Aix, 13 mai 1865 (S. 1866, 2, 285. — D. P. 1866, 2, 238), et la note. *Adde*, dans le même sens, Dijon, 24 juill. 1874 (S. 1875, 2, 73).

tion et la surveillance des travaux, — que, sans cette direction et cette surveillance, il n'y a pas d'entreprise, — résulte encore de décisions contemporaines à celles que nous venons de citer, ou plus récentes, et d'après lesquelles, c'est le maître ou propriétaire qui doit être déclaré responsable, lorsqu'il s'est réservé de tels pouvoirs (1).

Cette conception de l'entreprise, qui se dégage de toutes ces décisions, a été, du reste, sanctionnée, relativement à la responsabilité civile édictée par l'art. 1384, C. civ., par la jurisprudence la plus récente. Ne résulte-t-elle pas notamment d'un arrêt de la Cour de Bourges, du 5 décembre 1910, qui déclare, que le commerçant, pour le compte duquel un chauffeur effectuait des livraisons, ne saurait être retenu comme civilement responsable du dommage occasionné par l'acte délictueux imputé audit chauffeur, dès lors que ce chauffeur avait été choisi par l'entreprise de transport qui avait mis à la disposition du commerçant, moyennant un prix déterminé, une voiture et son conducteur, et avait,

(1) V. à cet égard, Paris, 30 janv. 1864 (S. 1864, 2, 3. — D. P. 1864, 2, 215) ; Angers, 16 mars 1868 (S. 1868, 2, 315. — D. P. 1868, 2, 160) ; Cass. crim. 30 déc. 1875 (S. 1876, 1, 91. — D. P. 1876, 1, 415) ; Toulouse, 3 mars 1883 (S. 1884, 2, 161. — S. chrn.), les notes et les renvois. — La responsabilité civile du propriétaire est également engagée à raison des dommages causés par des ouvriers dans les fonctions auxquelles il les emploie, en dehors de tout entrepreneur, s'il a conservé le droit de les surveiller. V. not., Cass. crim. 13 déc. 1856 (S. 1857, 1, 442. — D. P. 1857, 1, 75) ; Douai, 26 déc. 1865 (S. 1866, 2, 123), les notes et les renvois.

Il en est de même, en ce qui concerne la responsabilité civile des maîtres pour les dommages causés, dans les mêmes conditions, par leurs domestiques. V. not., Cass. req. 3 mars 1884 (S. 1885, 1, 21. — S. chrn.), et la note. — Comp., Caen, 15 mai 1865 (S. 1865, 2, 264), et la note.

seule, qualité pour payer ce dernier, lui donner des instructions sur la marche et la direction du véhicule ? (1).

C. **Du contrat d'entreprise d'après les décisions intéressant les art. 1798, 1792 et 1799, C. civ.**

Profit. — Au contraire, lorsque la jurisprudence refuse aux sous-entrepreneurs le bénéfice de l'action directe, conférée par l'art. 1798, C. civ., aux ouvriers qui ont été employés à des ouvrages faits à l'entreprise, contre le maître de l'ouvrage jusqu'à concurrence de ce que celui-ci doit à l'entrepreneur, — bénéfice accordé aux seuls ouvriers proprement dits (2), — c'est à l'idée de profit que la jurisprudence paraît faire appel pour déterminer si la qualité de sous-entrepreneur ne doit pas être reconnue à ceux qui prétendent avoir le droit d'user de cette action.

La jurisprudence considère, en effet, comme ayant la qualité de sous-entrepreneur celui qui tend à réaliser un bénéfice sur l'exécution des travaux (3); — ou qui, dans une pensée de spéculation, s'est chargé de travaux qu'il fait exécuter pour son propre compte, n'y prenant point

---

(1) V. Bourges, 5 déc. 1910 (S. et P. 1911, 2, 16), et la note.

(2) V. not., Cass. civ. 12 févr. 1866 (S. 1866, 1, 94. — D. P. 1866, 1, 57) ; Paris, 27 juill. 1867 (S. 1868, 2, 280. — D. P. 1867, 2, 167) ; Paris, 22 août 1867 (S. 1868, 2, 175) ; Cass. req. 11 nov. 1867 (S. 1867, 1, 429. — D. P. 1867, 1, 444) ; Dijon, 3 déc. 1868 (S. 1869, 2, 52) ; Grenoble, 24 déc. 1868 (S. 1869, 2, 78) ; Aix, 9 août 1877 (S. 1878, 2, 151. — D. P. 1879, 5, 267) ; Cass. req. 28 janv. 1880 (S. 1880, 1, 416. — D. P. 1880, 1, 254), les notes et les renvois.

(3) V. not., Cass. req. 11 nov. 1867 ; Dijon, 3 déc. 1868 ; Grenoble, 24 déc. 1868, précités.

une part personnelle (1) ; — ou qui, dans le but de faire un bénéfice sur l'exécution des travaux, fait travailler pour son propre compte (2).

Peu importe, au surplus, que le sous-entrepreneur ait travaillé avec ses ouvriers, alors que cette coopération a eu lieu de sa part bien plus à titre de direction que de concours matériel (3).

Pouvoir de direction et de contrôle. — A propos, d'ailleurs, de l'action en responsabilité, à laquelle sont assujettis les architectes et les entrepreneurs, aux termes de l'art. 1792 C. civ., et à laquelle sont soumis, en vertu de l'art. 1799, les maçons, charpentiers, serruriers, qui font directement des marchés à prix fait et sont réputés entrepreneurs dans la partie qu'ils traitent, — la jurisprudence est revenue à l'idée de direction et de contrôle, — marquant bien, par là, son incertitude relativement au critérium du contrat d'entreprise.

Elle a, en effet, décidé que la responsabilité décennale, imposée à raison des vices de construction ou malfaçons, par les art. 1792 et 1799 C. civ., ne pouvait être invoquée à l'encontre d'individus, « qui n'ont fait qu'exécuter des

---

(1) V. not., Cass. civ. 12 fév. 1866 ; Paris, 22 août 1867, précités.

(2) V. not., Paris, 27 juill. 1867, précité. — Comp., Trib. de Termonde, 11 nov. 1875 (*J. du dr. intern. privé.*, 1877, p. 555).

(3) V. Aix, 9 août 1877, précité. — L'art. 1798, C. civ., n'est naturellement pas applicable au fabricant qui a fait des fournitures à un sous-traitant, alors surtout que ces fournitures sont complètement en dehors des besoins de l'entreprise, qui n'a pu en tirer aucun profit. V. Cass. req. 28 janv. 1880, précité. — Comp., Cass. req. 13 juill. 1886 (S. 1887, 1, 177. — S. chrn.), et la note, *in fine.*

travaux à la tâche, sous la *direction*, les *ordres*, la *surveillance* de l'entrepreneur, ou celle de ses agents, le plus souvent avec des matériaux que celui-ci leur fournissait » (1).

II. — Limites extrêmes du contrat de travail et du contrat d'entreprise.

Maintenant que nous connaissons, d'après la jurisprudence, la notion précise du contrat de travail et celle un peu plus indécise de l'entreprise, nous pouvons essayer de déterminer à quelles conditions un salarié devient un entrepreneur, de fixer la limite qu'il ne peut dépasser, à moins de perdre sa qualité.

Étant donné que, d'après la jurisprudence, le salarié est celui qui travaille sous la dépendance et la subordination d'un patron ou d'un entrepreneur, et que le patron ou l'entrepreneur est celui qui, ayant la direction et le contrôle, recueille le profit, court les risques de l'entreprise, il paraît logique de penser que la jurisprudence doit estimer que le salarié va conserver sa qualité, tant que, n'ayant pas en mains les pouvoirs de direction et de contrôle qui font le patron ou l'entrepreneur, il n'aura pas droit au profit, au bénéfice de l'entreprise, les risques de l'opération n'étant pas à sa charge.

(1) V. Cass. civ. 12 fév. 1868 (S. 1868, 1, 208. — D. P. 186 1, 502). *Adde*, dans le même sens, Rennes, 18 juill. 1882 (S. 1883, 2, 248). — Il en résulte que ces ouvriers, travaillant à la tâche, sous la direction de l'entrepreneur, ne sont responsables que, dans les termes du droit commun, c'est-à-dire qu'autant qu'une faute est constate à leur charge dans l'exécution de leur travail. V. Cass. req. 15 févr. 1892 (S. et P. 1892, 1, 143. — S. chrn. — D. P. 1892, 1, 364).

Et, c'est là, en effet, l'opinion de la jurisprudence.

Si, d'une part, elle décide que l'ouvrier payé à la tâche reste un ouvrier, alors qu'elle estime que le sous-entrepreneur est un entrepreneur, juridiquement parlant, — c'est, parce qu'elle a vu nettement que l'un demeure sous la dépendance et la subordination d'autrui, tandis que le second a le commandement et le contrôle.

Et si, d'autre part, elle juge que celui qui fait certaines fournitures qui ne peuvent être considérées que comme l'accessoire du travail, reste un salarié, — c'est, parce qu'elle s'est rendu un compte exact de ce que le gain minime, qui peut de la sorte être réalisé, ne constitue pas, au sens vrai, humain du mot, ce que l'on est convenu d'appeler le profit, le bénéfice de l'entreprise.

Toute cette jurisprudence est suffisamment logique. Les principes mêmes qu'elle a posés lui permettent à présent de fixer de façon assez rigoureuse l'étendue d'application des deux contrats de travail et d'entreprise.

A. **Du salaire à la tâche et de la sous-entreprise.**

Nous avons déjà eu l'occasion de dire que la jurisprudence considère ceux qui sont rémunérés aux pièces, à la tâche, comme des salariés (1), — et cela, par la raison que ce mode de rémunération ne fait pas cesser l'état de dépendance et de subordination dans lequel ils se trouvent vis-à-vis de leurs employeurs.

---

(1) V. *supra*, pp. 27 et s., 31 et s., 42, note 1.

Tâcherons.—Ouvriers-tâcherons.—C'est ainsi, notamment, que les tâcherons que l'on considère assez souvent comme des sortes d'entrepreneurs (1), sont des ouvriers, de simples préposés de l'entrepreneurs. Les ouvriers-tâcherons, en effet, comme on les appelle quelquefois plus exactement, se chargent bien de certains travaux pour le compte de l'entrepreneur, mais ils demeurent soumis à sa direction et à sa surveillance, ils travaillent sous son contrôle. L'entrepreneur est, dès lors, responsable du fait de son tâcheron et du fait des ouvriers de ce dernier (2) ; il est responsable également des accidents de travail pouvant leur survenir (3).

Sous-entrepreneurs, sous-traitants. — Les sous-entrepreneurs, les sous-traitants se chargent, eux aussi, de certains travaux que leur confie l'entrepreneur principal ; mais ils les accomplissent pour leur propre compte, à leurs risques et périls, en dehors de tout contrôle de l'entrepreneur prin-

---

(1) L'expression se rencontre même dans un arrêt de la Cour de Paris, du 6 mars 1843 (S. 1843, 2, 332). — Comp., Orléans, 14 mai 1844 (S. 1845, 2, 213) ; Poitiers, 12 déc. 1904 (S. et P. 1906, 2, 157. — D. P. 1905, 2, 454). — Dans la pratique, d'ailleurs, l'expression « tâcheron » est le plus souvent employée pour désigner le sous-entrepreneur, « l'entrepreneur-tâcheron », plutôt que l'ouvrier à la tâche, « l'ouvrier-tâcheron ».

(2) V. not., Cass. req. 4 mars 1903 (S. et P. 1903, 1, 471), la note avec les renvois.

(3) V. Trib. de Boulogne-sur-Mer, 11 août 1905 (*Journ. des juges de paix*, 1906, p. 151). — Comp., Toulouse, 3 déc. 1900 (S. et P. 1901, 2, 190. — D. P. 1901, 2, 156) ; Toulouse, 11 juin 1903 (S. et P. 1904, 2, 236. — D. P. 1904, 2, 172) ; Cass. req. 7 nov. 1904 (S. et P. 1907, 1, 411) ; Cass. req. 4 janv. 1911 (D. P. 1911, 5, 15. — *Journ. des juges de paix*, 1911, p. 127).

cipal, en toute indépendance (1). Ils sont entrepreneurs dans la partie qu'ils traitent.

Il s'ensuit notamment :

1°) Que le sous-entrepreneur, victime d'un accident de travail, ne peut invoquer la loi du 9 avril 1898 vis-à-vis de l'entrepreneur principal (2) ;

2°) Que les ouvriers du sous-entrepreneur, qui ont été embauchés par lui, pour son propre compte, sous sa responsabilité, sont ses préposés, et n'ont également aucune action contre l'entrepreneur principal, s'ils viennent à être victimes d'accident au cours de leur travail ; ils ne peuvent se prévaloir de la loi du 9 avril 1898 qu'à l'égard du sous-entrepreneur, leur unique patron (3).

Voilà exactement fixée la ligne de démarcation entre le travail à la tâche et la sous-entreprise ! La limite qui sépare ici le contrat de travail du contrat d'entreprise est très nette ; elle résulte fatalement des principes posés par la jurisprudence et précédemment exposés.

B. **Du profit et des fournitures accessoires faites par le salarié.**

Nous avons vu que le profit constitue un des éléments essentiels du contrat d'entreprise, l'élément principal et caractéristique, semble-t-il, de ce contrat. Sans profit, il il n'y a pas d'entrepreneur (4).

---

(1) V. Cass. req. 10 déc. 1902 (S. et P. 1903, 1, 334) ; Cass. civ. 6 mars 1907 (S. et P. 1911, 1, 277), les notes et les renvois.

(2) V. not., Trib. de Melun, 7 fév. 1902 (*Rec. pér. des assur.*, 1902, p. 584) ; Cass. req. 10 déc. 1902, précité, la note et les renvois.

(3) V. not., Chambéry, 31 oct. 1900 (*Rec. pér. des assur.*, 1902, p. 37); Cass. civ. 6 mars 1907, précité, la note et les renvois.

(4) V. *supra*, pp. 56 et s.

En partant de ce principe, la jurisprudence fixe assez aisément la limite que le salarié doit franchir pour être considéré comme un entrepreneur. Il ne suffit pas, pour être réputé tel, d'avoir fait quelques fournitures, accessoires au travail confié par un tiers, il faut, en outre, qu'il résulte des faits et circonstances de la cause que l'ouvrier, à qui ce travail a été confié, ne se soit pas borné à recevoir « le prix ordinaire réclamé par les ouvriers de sa profession », selon l'expression de la Cour de cassation (1), mais ait réalisé sur ce travail, dont il a accepté la charge, un gain, un bénéfice, un profit véritable.

Et, tout d'abord, le seul fait par un ouvrier d'avoir procuré des fournitures, qui peuvent être considérées comme l'accessoire du travail, ne saurait faire de cet ouvrier un entrepreneur. La jurisprudence est constante à cet égard, et il n'est point besoin de l'accompagner ici de longs commentaires. C'est ainsi, en effet, que la jurisprudence reconnaît aux ouvriers, qui ont été employés à des ouvrages faits à l'entreprise, le droit d'intenter contre le maître de ces ouvrages, jusqu'à concurrence de ce qu'il doit à l'entrepreneur, l'action de l'art. 1798, C. civ. (2), — alors même qu'ils se sont chargés des fournitures accessoires de la matière sur laquelle ils travaillent (3) ; — qu'ils font certaines fournitures accessoires et de peu d'importance (4).

---

(1) V. Cass. req. 22 fév. 1911 (S. et P. 1911, 1, 399).

(2) V. *supra*, pp. 68 et s.

(3) V. Cass. civ. 12 févr. 1866 (S. 1866, 1, 94. — D. P. 1866, 1, 57).

(4) V. Grenoble, 24 déc. 1868 (S. 1869, 2, 78) ; Aix, 9 août 1877 (S. 1878, 2, 151. — D. P. 1879, 5, 267). — V. dans le même sens, Nancy, 21 févr. 1861 (S. 1861, 2, 218) ; Bordeaux, 8 juill. 1862 (S. 1863, 2, 13).

C'est ainsi également que la jurisprudence décide, au point de vue de l'application de la loi du 9 avril 1898, que le maçon qui est employé à la journée, moyennant un salaire fixe, doit être considéré comme un ouvrier, et non comme un entrepreneur, même s'il fournit le sable et la chaux (1).

Toute cette jurisprudence, très pratique, très humaine, s'inspire du même sentiment qui anime les décisions, rendues dans un domaine très voisin du nôtre, et qui estiment que si, l'achat des matières premières dont l'artisan a besoin pour exécuter le travail dont il est chargé est bien un acte de commerce, lorsque l'artisan spécule sur la revente de ces matières après les avoir mises en œuvre, — cet achat n'a, au contraire, aucun caractère commercial, et ne peut, en conséquence, conférer la qualité de commerçant à l'artisan, lorsque ce dernier se borne à rechercher un gain sur son travail plutôt que sur ses fournitures, la matière qu'il achète et revend n'étant plus alors que l'accessoire de la profession (2).

---

(1) V. Bordeaux, 19 févr. 1901 (S. et P. 1904, 2, 145). — L'arrêt constate, d'ailleurs, que le maçon dont s'agissait se faisait rembourser sur prix de facture, sans aucun bénéfice. — Comp., Cass. civ. 25 juin 1902 (S. et P. 1903, 1, 268. — D. P. 1902, 1, 341).

(2) V. not., Cass. req. 24 juill. 1883 (S. 1885, 1, 72. — S. chrn.) ; Cass. req. 22 avr. 1909 (S. et P. 1909, 1, 382), les notes et les renvois. Est-il besoin d'ajouter que le fait de travailler avec ses propres outils est insuffisant, à lui seul, pour conférer la qualité d'entrepreneur ? V. à cet égard, Toulouse, 3 déc. 1900 (S. et P. 1901, 2, 190. — D. P. 1901, 2, 156) ; Bordeaux, 19 févr. 1901, précité ; Douai, 15 mars 1902 (*Rec. pér. des assur.*, 1902, p. 273) ; Cass. req. 4 janv. 1911 (D. P. 1911, 5, 15. — *Journ. des juges de paix*, 1911, p. 127).

C. Forfaits passés par l'ouvrier. — Emploi d'autres ouvriers.

L'ouvrier sera considéré, au contraire, comme un entrepreneur, lorsqu'il aura traité et exécuté le travail dont il a accepté la charge, de façon à ne pas recevoir seulement, à l'occasion de ce travail, le prix ordinaire, le salaire réclamé par les ouvriers de sa profession.

C'est ainsi, semble-t-il, d'après la jurisprudence, que l'ouvrier doit pouvoir être considéré comme un entrepreneur, lorsqu'il a passé avec le maître de l'ouvrage un forfait ou qu'il a employé d'autres ouvriers à l'exécution du travail entrepris. L'idée de profit, de bénéfice, est, en effet, inséparable de l'idée de forfait ; le forfait la présuppose ; — et, d'autre part, l'emploi d'autres ouvriers implique l'existence d'un profit tiré de leur propre travail.

C'est, d'ailleurs, parce que ces conditions ne se trouvaient pas réalisées, que la Cours d'Amiens a jugé, le 27 octobre 1886, que, lorsque des travaux consistant en journées et fournitures ont été effectués par un charron pour le compte d'un tiers, au fur et à mesure des besoins de celui-ci, et en dehors de tout marché, la prescription de six mois peut être opposée à la demande en paiement de ces travaux. Les gens de travail, dit cet arrêt, n'ont la qualité d'entrepreneurs, qui les soustrait à l'application de la prescription de six mois, établie par l'art. 2271, C. civ., qu'autant que les travaux dont ils réclament le paiement ont été exécutés en vertu d'un marché ou à forfait (1).

(1) V. Amiens, 27 oct. 1886 (S. 1888, 2, 133. — S. chrn.). — « Considérant, porte l'arrêt, que l'appelant soutient que la créance

C'est la même doctrine, qui résulte d'un arrêt de la Cour de cassation du 22 février 1911, d'après lequel les juges du fond, qui constatent qu'un peintre en bâtiment a exécuté *seul*, sans ouvriers, des travaux de son état, dans une maison, consistant en réfection des peintures, pose et fourniture de papiers peints, vernissage de meubles, ont pu apprécier que ce peintre ne devait pas être considéré comme un entrepreneur, mais comme un simple ouvrier, et, dès lors, en déduire, *en l'absence de tout forfait et de prix convenu*

---

de l'intimée a pour cause des journées, fournitures et salaires, que le mari de l'intimée rentre dans la catégorie des ouvriers et gens de travail, et que ces fournitures ont été faites plus de six mois avant qu'aucun acte interruptif de prescription n'ait été fait par l'intimée; qu'il ne saurait être dénié que les travaux de maréchalerie et de serrurerie, à raison desquels l'appelant à été cité en justice, constituent une réclamation de journées, fournitures et salaires ; que l'intimée prétend, il est vrai, que son mari n'était pas un ouvrier, mais un entrepreneur dans ses rapports avec l'appelant ; mais qu'il est impossible d'attribuer à Caron cette qualité ; qu'en effet, il n'est pas allégué qu'il est intervenu, soit un forfait, soit même un marché quelconque, entre lui et l'appelant ; qu'en fait, il a travaillé pour l'appelant, pendant quelques années, à mesure des besoins de celui-ci, sans que l'appelant se fût interdit de recourir, si bon lui semblait, pour ces mêmes travaux, aux services d'un tiers, sans que Caron ait contracté l'engagement de faire tous les travaux de sa profession que lui demanderait l'appelant ; que, dans leurs rapports entre eux, les seuls qu'il y ait à envisager, Caron ne pouvait prétendre à la qualité d'entrepreneur ; qu'en l'absence d'un marché, il n'y a même pas lieu d'examiner si l'importance des travaux faits leur donne le caractère d'une entreprise plutôt que celui du travail exécuté par un ouvrier ; qu'il n'est pas contesté qu'un délai plus long que six mois s'est écoulé entre les derniers travaux exécutés et le premier acte interruptif de prescription ; qu'il n'est intervenu entre les parties ni compte arrêté, ni cédule, ni obligation ; — Par ces motifs, etc... ».

Comp., Douai, 15 mars 1902 (*Rec. pér. des assur.*, 1902, p. 273).

entre les parties, qu'il était soumis à la prescription de l'art. 2271, C. civ. (1).

On peut observer, du reste, que la Cour de cassation, qui estime que l'entrepreneur de profession ne perd pas sa qualité, par cela seul que le travail, dont il s'est chargé, consiste en menus ouvrages (2), paraît tenir compte, dans

---

(1) V. Cass. req. 22 fév. 1911 (S. et P. 1911, 1, 399). — Le jugement du tribunal civil de Foix, déféré à la Cour suprême, était ainsi conçu : — « Le Tribunal ; — ... Attendu que la demoiselle Jauze ayant à faire faire des travaux de peinture, de reconstitution de papiers peints, vernissage de meubles, s'est adressée à Teynier (peintre en bâtiments) ; que celui-ci a fait lui-même et seul, sans ouvrier, les travaux qui ont été d'une certaine importance, puisqu'il n'est pas contesté qu'ils se sont élevés à 420 francs environ ; — Attendu que Teynier ne saurait être considéré comme un entrepreneur ; qu'il n'y a pas eu de forfait ni de prix fait convenus entre les parties au procès ; que Teynier a porté seulement le prix ordinaire réclamé par les ouvriers de sa profession, et doit être considéré comme ayant été, dans l'exécution de son travail pour Mlle Jauze, l'ouvrier dont parle l'art. 2271 C. civ., et non un entrepreneur auquel ne seraient pas applicables les art. 2271 et 2274 C. civ. ; — Par ces motifs ; — Dit la demoiselle Jauze recevable et bien fondée dans son exception de prescription ».

D'ailleurs, cet ouvrier n'aurait pu se prévaloir, au cas d'accident survenu au cours d'un tel travail, des dispositions de la loi du 9 avril 1898. Il n'était pas occupé dans l'entreprise, comme le demande l'art. 1er de la loi. Il lui appartient de prendre lui-même toutes les précautions nécessaires pour éviter les accidents. V. à cet égard, la note sous Toulouse, 3 déc. 1900, (S. et P. 1901, 2, 190).

(2) La Cour de cassation décide, en effet, que la prescription de six mois contre les ouvriers ou gens de travail, et celle d'un an (aujourd'hui de deux ans, depuis la loi du 26 février 1911) contre les marchands, sont inapplicables aux entrepreneurs, même en cette hypothèse. V. Cass. civ. 19 juill. 1882 (S. 1883, 1, 156) ; Cass. req. 13 juill. 1885 (S. 1885, 1, 431. — S. chrn. — D. P. 1886, 1, 308) ; Cass. civ. 27 déc. 1897 (S. et P. 1901, 1, 502. — D. P. 1901, 1, 111), les notes et les renvois.

une certaine mesure, de l'importance des travaux confiés à l'ouvrier, lorsqu'il s'agit de savoir s'il est, ou non, devenu entrepreneur. Ce n'est, semble-t-il, aux termes de la jurisprudence que nous venons de citer, que si les travaux ont une certaine importance que la question pourra être utilement discutée. C'est là un point qui vaut d'être mis en lumière, et qu'il convient de ne pas négliger, lorsqu'on examine les conditions auxquelles un ouvrier peut être considéré comme ayant fait une entreprise, lorsqu'on s'efforce de déterminer les limites qu'il ne peut dépasser sans être tenu pour un entrepreneur.

CHAPITRE III

Des arts libéraux et du Contrat de Travail.

Ainsi, cette étude de la notion du contrat d'entreprise que nous venons de faire, avec la jurisprudence, nous confirme dans l'opinion que nous avons précédemment exposée au sujet du critérium du contrat de travail. Si le pouvoir de direction et de contrôle, et si le profit constituent les éléments essentiels du contrat d'entreprise, de par la force des choses, la dépendance et la subordination doivent être le trait caractéristique de notre contrat. Nous avions donc raison de dire que ce n'est pas au mode de rémunération que s'attache la jurisprudence pour déterminer le critérium du contrat de travail, qu'il ne lui importe nullement que cette rémunération soit proportionnelle au temps, ou à la tâche, à la qualité de l'ouvrage accompli.

La jurisprudence décide que les œuvres de l'intelligence, les artes liberales, *ne peuvent donner lieu à un contrat de travail.* — Étant donné un tel critérium, la jurisprudence devrait également se montrer indifférente à la *nature* des travaux. Dès que cet état de dépendance et de subordination existe, la jurisprudence devrait reconnaître, semble-t-il, qu'elle se trouve en présence d'un contrat de travail. Et, cependant, si telle a été, dans le passé, la solution qu'elle a parfois adoptée, il faut savoir qu'aujourd'hui la jurisprudence très dominante fait un départ très net entre les travaux manuels et les œuvres de l'intelligence, entre les travaux serviles et les arts libéraux.

Dans ce troisième chapitre, nous allons voir, en effet, que, très généralement, pour la jurisprudence, les arts libéraux ne peuvent faire l'objet d'un contrat de travail, que les individus qui exercent une profession libérale ne sauraient être considérés comme des locateurs de services. Seuls, les ouvriers et les employés, ceux qui reçoivent un salaire, au sens strict du mot, ont cette qualité ; les autres, ceux qui exercent une profession libérale, sont leurs propres entrepreneurs ou des mandataires.

Il y a là une jurisprudence, qui intéresse notamment les artistes dramatiques, les notaires, les avocats, les médecins, qu'il faut, à présent, analyser, si l'on veut avoir une idée exacte de la notion jurisprudentielle du contrat de travail.

I. — Artistes dramatiques

Certaines décisions, au début de la seconde moitié du XIXe *siècle, ont reconnu la qualité de commis ou d'employé aux artistes dramatiques.* — Quelques arrêts ont bien décidé, au début de la seconde moitié du XIXe siècle, que la qualité de commis ou d'employé devait être reconnue aux artistes dramatiques.

Un arrêt de la Cour de Montpellier, du 25 mars 1862, a expressément déclaré que « l'engagement des artistes envers les directeurs d'une entreprise théâtrale répond exactement aux conditions indiquées par l'art. 1780, C. Nap., et par l'article 2101, même Code... » (1), et que « si, pour obéir aux exigences de nos mœurs, et pour ménager de justes susceptibilités, on ne donne pas aux artistes, dans le langage usuel, la qualification qui leur appartient dans le langage du droit, on ne peut s'arrêter devant de pareils scrupules quand, dans l'intérêt d'une existence trop souvent précaire, les artistes revendiquent eux-mêmes les avantages attachés à cette qualification » (2).

La Cour de Toulouse, de son côté, le 22 décembre 1866 (3), reconnaissait que « l'acteur, en échange du traitement qu'il reçoit de son directeur, lui engage ses services, et met à sa disposition son temps et son talent ; qu'il devient son employé », et elle ajoutait : « Si l'on apprécie la véritable position du directeur d'un théâtre et de ses pensionnaires, on doit reconnaître que des artistes qui doivent obéir aux ordres de leur directeur, paraître sur la scène quand il l'ordonne, coopérer à ses travaux, devenir les instruments de son industrie et ses indispensables agents, rentrent dans la

(1) V. Montpellier, 25 mars 1862 (S. 1862, 2, 270. — D. P. 1862, 5, 260).

(2) L'arrêt décide, en conséquence, que les acteurs, en cas de faillite du directeur de théâtre auquel ils sont attachés, ont droit, pour le paiement de leurs appointements, au privilège établi par les art. 2101-4°, C. civ., et 549, C. comm.

(3) V. Toulouse, 22 déc. 1866 (S. 1867, 2, 107).

catégorie des employés désignés par l'art. 634, C. comm. » (1).

C'était là, croyons-nous, la vraie doctrine, — celle que la Cour de Paris avait proclamée le 19 août 1834 (2), lorsque, — décidant que les commis d'un négociant sont compris dans la catégorie des gens de service auxquels l'art. 2101, C. civ. accorde un privilège pour le paiement de leurs salaires, — elle disait, en excellents termes, ce privilège s'étend *indistinctement* à tous ceux qui engagent leurs services, *quelle qu'en soit la nature*, à l'*année*, au *mois* ou à la *journée*.

C'est là, d'ailleurs, la seule doctrine qui cadre avec la notion du contrat de travail, telle que nous l'avons vue se dégager de la jurisprudence.

La jurisprudence reconnaît aujourd'hui la qualité d'entrepreneurs aux artistes dramatiques. — Malheureusement, ce n'était pas cette doctrine qui devait prévaloir.

Dès 1864, le 24 février, la Cour de cassation, — devant laquelle il fut très nettement plaidé que la qualification de gens de service devait appartenir aux artistes dramatiques qui contractent avec leur directeur des engagements aux termes desquels ils se trouvent dans sa *dépendance* et qui *profite* de leur travail et de leurs services, — répondit :

---

(1) D'où l'arrêt conclut que les contestations qui s'élèvent entre un directeur de théâtre et un artiste dramatique, relativement à l'exécution de l'engagement de celui-ci, sont de la compétence des tribunaux de commerce. — *Sic*, Montpellier, 20 déc. 1874 (S. 1875, 2, 83). — V. dans le même sens, en ce qui concerne l'artiste-musicien, Pau, 29 juill. 1865 (S. 1866, 2, 195).

2 V. Paris, 19 août 1834 (S. 1834, 2, 622).

« que les termes et l'esprit de l'art. 2101-4°, C. Nap., concernant toujours des gens placés dans une condition d'infériorité et de dépendance, ne peuvent comprendre les artistes dramatiques dont la profession exclut toute idée de domesticité envers le directeur de spectacle qui les a engagés, non pour lui rendre des services personnels, mais pour l'*exercice de leur art*, moyennant une rétribution déterminée... » (1). L'arrêt ajoute que l'exercice de cet art constitue un louage d'industrie (un contrat d'entreprise).

Les artistes s'engagent « *pour l'exercice de leur art* » ! Le mot devait faire fortune. Il a été très souvent répété ; et, c'est, en l'amplifiant, que l'on soutient toujours devantles tribunaux que l'artiste n'est pas lié au directeur de théâtre par un contrat de travail. L'artiste n'est pas un locateur de services, mais, dit-on, son propre entrepreneur, parce qu'il exerce une profession libérale, qu'il exploite son propre fonds, en ne suivant que ses aspirations et ses goûts personnels ! Et, le fait est que l'arrêt de la chambre des requêtes du 24 février 1864, précité, a fixé la jurisprudence. Non seulement de nombreuses décisions de tribunaux et de Cours d'appel ont statué dans le même sens (2), mais encore la chambre civile elle-même s'est ralliée à cette

---

(1) V. Cass. req. 24 févr. 1864 (S. 1864, 1, 59. — D. P. 1864, 1, 135).

(2) V. not., Paris, 25 févr. 1865 (S. 1865, 2, 325, et la note de M. Am. Boullanger. — D. P. 1866, 2, 229) ; Bordeaux, 1er avril 1867 (S. 1867, 2, 327. — D. P. 1868, 2, 8) ; Trib. de Toulouse, 17 fév. 1870 (S. 1870, 2, 171, *ad notam*) ; Trib. de Tunis, 27 janv. 1898 (S. et P. 1898, 2, 285. — D. P. 1899, 2, 135) ; Trib. comm. de Saint-Quentin, 26 nov. 1907 (S. et P. 1908, 2, 52. — D. P. 1908, 5, 29) ; Rouen, 2 déc. 1908 (S. et P. 1909, 2, 40) ; Trib. de Lyon, 25 janv. 1910 (*Rec. des accid. du travail*, de Villetard de Prunières, 1911, p. 144). — Anté-

manière de voir (1), que la chambre des requêtes a, de nouveau, sanctionnée le 7 décembre 1909 (2). A la façon dont ce dernier arrêt est rédigé, on sent bien, d'ailleurs, que la question paraît définitivement réglée à la Cour suprême : « Attendu, dit cet arrêt, que les privilèges sont de droit étroit, et ne sauraient être étendus d'un cas à un autre par analogie, assimilation ou interprétation ; qu'ils doivent être restreints aux cas précisés par la loi ; — Attendu que les artistes dramatiques ou lyriques n'ont droit, au cas de faillite ou de liquidation judiciaire du directeur de théâtre auquel ils sont attachés, ni au privilège établi par l'art. 2101, C. civ., en faveur des gens de service, ni à celui attribué par l'art. 549, C. comm., le contrat intervenu entre eux et le directeur constituant un louage d'industrie qui n'a pas pour effet de les obliger à des services personnels, dans le sens du premier de ces articles, ni de leur imprimer la qualité de préposé aux affaires d'une maison de commerce, dans le sens du second ; — Attendu que les juges du fait, ayant constaté que le traité passé entre le demandeur et la direction du Théâtre des Arts de Rouen constituait un louage d'industrie, qui ne rentrait dans aucune exception de la

---

rieurement à l'arrêt de la chambre des requêtes du 24 févr. 1864, précité, la Cour d'Aix, par arrêt du 10 mars 1861 (S. 1862, 2, 9), et la Cour de Paris, par arrêt du 20 juin 1863 (S. 1863, 2, 254. — D. P. 1863, 2, 169), s'étaient prononcées en faveur de la non-assimilation des acteurs aux gens de service, commis ou ouvriers.

(1) V. Cass. civ. 8 déc. 1875 (S. 1876, 1, 25. — D. P. 1876, 1, 359).

(2) V. Cass. req. 7 déc. 1909 (S. et P. 1910, 1, 32. — D. P. 1910, 1, 28). — Comp., en ce qui concerne les artistes mécaniciens, Bruxelles, 19 janv. 1809 (S. chrn.) ; les correcteurs d'imprimerie, Pau, 17 févr. 1866 (S. 1866, 2, 289. — D. P. 1867, 2, 150).

loi, et ne permettait pas de considérer Rougier, dit Richemont, comme un commis ou un préposé du directeur, lui ont refusé le bénéfice du privilège réservé exclusivement aux catégories de personnes dénommées aux articles précités ; — Attendu qu'en statuant ainsi, l'arrêt attaqué, qui est régulièrement motivé, n'a violé ni l'un ni l'autre des articles de la loi visés au pourvoi ; — Rejette, etc. ».

Critique de cette jurisprudence. — Réaction du tribunal de la Seine (4e chambre) : affaires Max Eugène et Réthoré. — Et, cependant, nous ne pouvons nous empêcher de penser que cette jurisprudence qui refuse ainsi la qualité de locateurs de services aux artistes dramatiques, soit parce qu'ils exercent leur art, soit « parce qu'ils ne sont pas placés, par rapport à leur directeur dans une dépendance analogue à celle où se trouvent les gens de service, les ouvriers et les commis par rapport à leurs maîtres ou à leurs patrons (1) », — est contraire à la réalité des choses ; car, il est de toute évidence que les artistes dramatiques ou autres sont, en dernière analyse, sous la dépendance de leur directeur. La lecture de quelques-uns des engagements signés par eux est édifiante à cet égard !

Aussi, comprenons-nous aisément que le tribunal civil de la Seine, dans des hypothèses, où ce lien de dépendance et de subordination se manifestait de façon éclatante, n'ait pas hésité à considérer ceux qui s'adressaient à lui, à la suite d'accidents dont ils avaient été victimes par le fait ou à l'occasion de leur travail, comme liés au directeur

(1) Ce sont les expressions mêmes de l'arrêt de Rouen, 2 déc. 1908, précité.

qui les avait engagés par un véritable contrat de travail. C'est ainsi que ce tribunal a reconnu l'existence d'un tel contrat au profit de l'artiste-acrobate, qui fut victime d'un accident de travail au moment où il figurait dans une scène de cinématographe, et au profit également de cette charmeuse de serpents du Moulin-Rouge, mordue alors qu'elle se disposait à paraître dans la *Revue Amoureuse* pour mimer une scène antique. Ces deux jugements, dont nous avons déjà parlé (1), en date des 20 mai 1911 et 24 février 1912, rendus dans des circonstances assez particulières, méritent d'être reproduits ici.

Le tribunal de la Seine a su, d'ailleurs, dans ces deux jugements, ne pas heurter de front toute cette imposante jurisprudence qui fait des artistes de véritables entrepreneurs, mais ces deux décisions n'en sont pas moins intéressantes, puisque, en définitive, elles ne se sont pas laissées impressionner par la *nature* des travaux qui constituaient l'objet du contrat conclu entre les entrepreneurs de spectacles et les artistes dont s'agissait (2).

---

(1) V. *supra*, pp. 39 et s.

(2) Voici, d'ailleurs, le texte de ces deux jugements, rendus par la 4e chambre, 3e section, du tribunal civil de la Seine :

a) TRIB. DE LA SEINE, 20 *mai* 1911 (aff. *Bonnet dit Max-Eugène c. Gaumont et Cie*) : — « Attendu que Bonnet, dit Max-Eugène, artiste-acrobate, alors qu'il figurait dans une scène de cinématographe, s'étant fracturé, le 7 février 1910, le péroné et le tibia gauche, en tombant d'un balcon, demande que Gaumont et Cie soient condamnés, avec exécution provisoire, à lui payer une rente annuelle et viagère de 525 francs, payable par trimestre et d'avance, à dater du jour de l'accident ; — Attendu qu'à l'encontre de cette demande, Gaumont et Cie prétendent que Bonnet ne saurait se prévaloir de la loi du 9 avril 1898, le contrat intervenu entre eux et Bonnet n'étant

II. — Notaires, avocats, médecins.

La jurisprudence, qui décide donc le plus généralement que les artistes dramatiques ne sont pas des locateurs de services, estime également que la qualité de locateur de

point un contrat de travail, le demandeur n'étant ni un ouvrier, ni un employé, ni un préposé, mais un artiste-acrobate exécutant ses exercices suivant son originalité propre, en dehors de tout contrôle et de toute surveillance ; — Attendu qu'il est hors de doute que la loi du 9 avril 1898 ne peut être invoquée par la victime d'un accident qu'autant qu'elle se trouve liée envers la personne responsable par un louage de services ou contrat de travail ; — Mais attendu, qu'en l'espèce, l'existence du louage de services ou contrat de travail auquel se trouve ainsi subordonnée l'application du risque professionnel, étant suffisamment établie, la prétention de Gaumont et Cie doit être rejetée ; — Attendu, en effet, que Bonnet ne peut être considéré, d'après les faits et circonstances de la cause, que comme un locateur de services, et non comme un entrepreneur ; qu'il résulte des explications fournies par les parties, et notamment d'une lettre, en date du 15 mai 1911, de Gaumont et Cie à leur assureur, la Compagnie « La Foncière », que Bonnet n'était pas le maître du programme qu'il devait exécuter, — ainsi qu'il l'eût été s'il avait fait œuvre d'entreprise ; — que ce programme était déterminé bien au contraire, à l'avance, par le metteur en scène des Établissements Gaumont, qui donnait lui-même des indications auxquelles l'artiste devait se soumettre ; qu'ainsi, il n'est pas douteux que la scène de cinématographe, au cours de laquelle Bonnet fut victime de l'accident dont il demande aujourd'hui réparation, avait été ordonnée, commandée par Gaumont frères, et non entreprise, *proprio motu*, délibérément, par ledit Bonnet ; que, travaillant comme artiste-acrobate, dans cette scène qui représentait une panne d'aéroplane, et où il s'est blessé en sautant du balcon d'où il venait de laisser tomber l'appareil, il exécutait un ordre, un commandement, celui, par exemple, de faire une chute d'une hauteur déterminée ; qu'il se trouvait, par conséquent, dans ce lien de dépendance et de subordination qui constitue, en dernière analyse, aux termes d'une jurisprudence constante et de la manière de voir qui a généralement prévalu dans la doctrine,

services ne saurait être reconnue aux notaires, avocats et médecins.

---

le trait propre et caractéristique du louage de services ou contrat de travail, le critérium, auquel il faut s'attacher, quelle que soit la nature des services rendus, pour le distinguer des contrats similaires, et notamment du contrat d'entreprise ; que Gaumont et Cie ne sauraient, donc, non plus, valablement exciper de ce que Bonnet exécutait ses exercices « par les procédés qui lui semblaient utiles », suivant « son originalité propre » ; — Attendu, dans ces conditions, que Gaumont et Cie ne peuvent se prévaloir utilement de décisions qui ont déclaré que les artistes lyriques et dramatiques ne pouvaient être assimilés à des ouvriers ou à des commis, en ce qui concerne les privilèges accordés par les art. 2101, § 4, C. civ., et 549, C. comm. ; — que ces décisions, d'ailleurs, qui intéressent « une matière où aucune extension des termes de la loi ne saurait être admise », ainsi que le déclare expressément l'une d'entre elles (Rouen, 2 décembre 1908, *Sirey*, 1909, 2, 40), peuvent ne pas être suivies dans la matière des accidents du travail où une interprétation aussi littérale n'est pas de rigueur, — d'autant, qu'en l'espèce, l'artiste lyrique ou dramatique étant en réalité un acrobate, se livrant à des exercices, à des scènes mimées devant un cinématographe, c'est-à-dire devant un appareil industriel, qui devait ensuite les reproduire, il n'est nullement contraire à la raison de faire l'assimilation que les décisions invoquées par les défendeurs ont pu estimer ne pas devoir établir ; — Attendu qu'il résulte de l'enquête faite, le 25 avril 1910, par le juge de paix du 19e arrondissement de Paris, que Bonnet a touché, en sautant du balcon, l'aéroplane qu'on venait de laisser tomber ; — que, de ce fait, Gaumont et Cie doivent être déclarés responsables, dans les termes de la loi du 9 avril 1898 ; car si maître absolu fût-il de ses gestes et de ses mouvements, Bonnet, blessé par un instrument du travail, a été victime d'un accident dû au travail lui-même ; — Attendu que Gaumont et Cie ne peuvent également pas, pour se soustraire à la responsabilité résultant de cette loi, prétendre qu'elle ne saurait être appliquée, aucun contrôle, aucune surveillance ne pouvant être exercés sur Bonnet ; — la responsabilité forfaitaire, édicté par la loi du 9 avril 1898 repose, en effet, non pas sur un défaut de surveillance ou de contrôle de la part du patron, mais bien sur la notion même du risque créé par son industrie ; — Attendu qu'il importe peu, enfin, que Bonnet fût payé au cachet ; que les ouvriers et employés, payés à la tâche ou au cachet ne sont pas, de ce fait, des entrepre-

Comment pourrait-on les considérer comme des ouvriers, des commis ou des employés ? Eux aussi exercent leur art,

---

neurs ou des sous-entrepreneurs ; qu'ils ont le droit, d'après une jurisprudence fermement établie, d'invoquer les dispositions de la loi sur les accidents du travail ; — Attendu qu'il résulte du procès-verbal d'enquête du juge de paix du 19e arrondissement de Paris, en date du 25 avril 1910, et du rapport du docteur Dumoulin, déposé au greffe du tribunal civil, le 27 juin 1910, et dressé en exécution d'une ordonnance du 9 juin de M. le juge des conciliations, que Bonnet gagnait un salaire annuel de 3.500 francs, et qu'il est atteint d'une incapacité permanente partielle de 20 p. 100, à dater de la fin du mois de juin 1910. — Par ces motifs ; — Condamne Gaumont et Cie, auxquels est substituée la Compagnie d'assurances « La Foncière », à payer à Bonnet, dit Max-Eugène, une rente annuelle et viagère de 350 francs, payable par trimestre et d'avance, à dater du 1er juillet 1910, sous déduction de toutes sommes en deniers ou quittances que ledit Bonnet pourrait avoir reçues à titre de demi-salaire ou de provision ; — Dit qu'il n'y a pas lieu à exécution provisoire ; — Condamne Gaumont et Cie aux dépens. »

b) TRIB. DE LA SEINE : 24 *févr.* 1912 (aff. *Réthoré c. Société du Moulin Rouge et Caisse nationale des retraites pour la vieillesse*) : — « Attendu que la demoiselle Réthoré ayant été mordue à la main gauche par un serpent, alors qu'elle se disposait à paraître dans la *Revue Amoureuse*, le 9 mars 1910, pour mimer une scène antique, demande que la Société du Moulin-Rouge soit condamnée, — par application de la loi du 12 avril 1906, qui a étendu, aux exploitations commerciales, la loi du 9 avril 1898 sur les accidents du travail, — à lui payer une rente annuelle et viagère de 975 francs, payable par trimestre et d'avance, à dater du 9 novembre 1910 ; — Attendu que la Société du Moulin-Rouge, représentée aujourd'hui par son liquidateur, et la Caisse nationale des retraites pour la vieillesse, — qui intervient à l'instance en se prévalant des obligations auxquelles elle peut être soumise, en vertu de l'art. 24 de la loi du 9 avril 1898, — font valoir, à l'encontre de la demande formée par la demoiselle Réthoré, qu'il ne saurait y avoir lieu, en l'espèce, à l'application de la loi sur les accidents du travail : 1°) la demoiselle Réthoré n'étant pas liée à la Société du Moulin-Rouge par un contrat de travail proprement dit, mais bien par un contrat de louage d'industrie ou d'entreprise, puisqu'elle était « la propre créatrice de l'attraction qu'elle donnait en spectacle ; que toute initiative lui était laissée pour le règlement

exploitent leur propre fonds. Leur profession est essentiellement libérale.

---

de ses danses et la présentation du serpent »; — 2°) l'accident dont s'agit n'ayant pas le caractère d'accident du travail, « c'est-à-dire d'événement imprévu, puisqu'il était prévu, au contraire, et puisque c'est, précisément la possibilité de cet accident, qui, inhérent à l'exercice, en constitue l'attrait et la raison d'être pour justifier le bénéfice qu'en retire celui qui l'exécute » ;

« 1°) *Sur le premier moyen opposé par les défendeurs :* — Attendu que le contrat de travail étant, — aux termes notamment de la jurisprudence relative aux accidents du travail, — tout contrat par lequel une personne s'engage à travailler pour une autre, sous la dépendance et la subordination de cette dernière, qui s'oblige à lui payer un salaire calculé, soit à raison de la durée du travail (salaire au temps), soit à proportion de la quantité ou de la qualité de l'ouvrage accompli (salaire aux pièces), il ne saurait être douteux que c'est bien en vertu d'un contrat de travail que la demoiselle Réthoré était liée à la Société du Moulin-Rouge ; — Attendu, en effet, que tous les éléments d'un tel contrat se trouvent réunis dans les engagements signés, par la demoiselle Réthoré et la Société du Moulin-Rouge, les 11 octobre et 10 décembre 1909 ; puisque, d'une part, la demoiselle Réthoré, par ces engagements, s'obligeait à consacrer, moyennant d'abord 300 francs par mois, puis moyennant 450 francs, ses talents, exclusivement et sans réserve, *au service* du Moulin-Rouge, soit pour la durée de la pièce *Messalinette*, soit pour la durée de la *Revue Amoureuse ;* et, puisque, d'autre part, elle se soumettait ainsi aux pouvoirs de direction et de contrôle de la Société du Moulin-Rouge, sous la dépendance et, la subordination de laquelle elle se plaçait, aux termes mêmes des conditions générales et imprimées par avance de son double engagement, — le directeur se réservant notamment la distribution des rôles, et l'artiste ne pouvant, en aucun cas, se refuser de paraître en scène, de jouer ou chanter les rôles ou morceaux qui lui sont indiqués (art. 7), et ne pouvant, en aucun cas également, apporter en scène aucune addition ou modification à l'œuvre dont l'interprétation lui est confiée (art. 8) ; — Attendu, d'ailleurs, qu'en ce qui concerne plus spécialement la scène que devait mimer la demoiselle Réthoré, dans la *Revue Amoureuse,* — et dont son engagement ne contient aucune mention, — il est inexact de dire qu'elle était la propre créatrice de cette attraction, puisque cette scène ne constituait pas une attraction proprement

La jurisprudence déclare que la qualité de mandataire doit être reconnue aux notaires, avocats et médecins. — Cri-

---

dite, mais un tableau, « Les Jardins de Babylone », le 24e de la revue, tableau dans lequel la demoiselle Réthoré jouait un rôle déterminé, la charmeuse de serpents, imaginé et réglé par la direction même du Moulin-Rouge, et auquel l'artiste était obligée de se soumettre ; — Attendu, en outre, qu'il importe peu que toute initiative fût laissée à la demoiselle Réthoré pour le règlement de ses danses et la présentation du serpent ; — Attendu qu'il n'en demeure pas moins établi, en effet, que la demoiselle Réthoré, dont le serpent-boa, qui lui appartenait en propre, était mort les premiers jours du mois de mars 1910, et qui avait demandé à Ruez, directeur du Moulin-Rouge, un serpent en caoutchouc pour le remplacer, a été blessée par un serpent, imposé par le directeur lui-même, livré par le fournisseur du Jardin des Plantes, et payé par moitié par la demanderesse et la Société du Moulin-Rouge, et cela, avant toutes danses et toute présentation, puisque l'accident est survenu durant les quelques minutes qui précédaient la première représentation, au cours de laquelle la demoiselle Réthoré s'apprêtait à travailler avec ce nouveau serpent ;

« 2°) *Sur le second moyen opposé par les défendeurs :* — Attendu qu'on ne saurait nier, d'après ce qui précède, que la demoiselle Réthoré ait été victime d'un accident survenu à l'occasion du travail, ce serpent constituant, d'ailleurs, pour elle, incontestablement, un instrument de travail, et qu'on ne peut, dès lors, valablement soutenir que l'accident dont elle a été victime n'a pas le caractère d'accident du travail, sous le prétexte que l'accident était prévu, et que c'est précisément la possibilité de cet accident qui justifiait le bénéfice retiré par la demoiselle Réthoré ; — Attendu, en effet, que c'est malheureusement le propre des accidents du travail d'être, dans une mesure plus ou moins certaine, prévus et possibles ; que l'accident dont s'agit n'était pas, d'ailleurs, davantage prévu et susceptible de se produire que nombre d'accidents qui arrivent par le fait ou à l'occasion de travaux aussi périlleux ; — Attendu qu'il n'y a point lieu de s'arrêter également au chiffre des appointements de la demoiselle Réthoré, au « bénéfice » touché par elle ; — car, le chiffre plus ou moins élevé des appointements n'est pas une objection qui puisse être faite à l'application de la loi sur les accidents, depuis que les employés supérieurs des maisons de commerce peuvent se prévaloir des dispositions de cette loi ; — et qu'il ne saurait être parlé ici de « bénéfice », le bénéfice, le profit ayant été touché, non par la demoi-

tique. — Seulement, alors que la jurisprudence est d'avis que la qualité d'entrepreneur doit être reconnue aux artistes,

---

selle Réthoré qui ne recevait qu'une rémunération, mais par la Société du Moulin-Rouge elle-même, qui, dans ses rapports avec la demoiselle Réthoré, — ainsi qu'à l'égard de tous ceux qui sont liés à ladite Société par un contrat de travail, — joue seule le rôle de l'entrepreneur, et doit, en conséquence, répondre vis-à-vis de ses ouvriers et employés, du risque professionnel auquel ceux-ci sont soumis ;

« Attendu qu'étant ainsi établi l'existence d'un contrat de travail « proprement dit » entre la Société du Moulin-Rouge et la demoiselle Réthoré, — et reconnu les caractères d'un accident de travail à l'accident dont cette dernière a été victime, — c'est à tort, qu'on tente, enfin, de se prévaloir contre elle de la jurisprudence, d'après laquelle ceux qui exercent une profession libérale, qui exploitent, pour ainsi dire, leur propre fonds, en ne suivant que leurs aspirations et leurs goûts personnels, ne sauraient être considérés comme liés, envers ceux qui les emploient, par un véritable contrat de travail ; — Attendu, en effet, qu'il est hors de doute, d'après les faits et circonstances de la cause précédemment analysés, que la demoiselle Réthoré ne suivait pas seulement ses aspirations et ses goûts personnels, mais se soumettait, au contraire, à un moment déterminé, à des exercices imposés par la Société avec laquelle elle avait contracté ; — Attendu d'ailleurs, que la qualité de la demoiselle Réthoré n'a pas été nettement précisée dans la procédure, et au cours des débats où elle a été désignée successivement comme artiste, danseuse, mime, acrobate ; — Mais, attendu que le tribunal n'a pas les éléments suffisants d'appréciation pour fixer la réduction de l'incapacité professionnelle et déterminer la date de la consolidation de la blessure dont s'agit ; qu'il y a lieu de recourir à une expertise ; — Par ces motifs; — Dit que la demoiselle Réthoré a été victime d'un accident du travail ; — Déclare la Caisse nationale des retraites pour la vieillesse fondée en son intervention ; — Donne acte à la demoiselle Réthoré de ce qu'elle a déclaré s'en rapporter à justice, sur le mérite de cette intervention ; — Et statuant, quant à présent, avant faire droit, commet le docteur Thoinot, expert unique, dispensé du serment si les parties y consentent, à l'effet de déterminer les conséquences exactes de l'accident de travail dont a été victime, le 9 mars 1910, la demoiselle Réthoré, et de fixer la date de la consolidation de la blessure ; — Dit que l'expert susnommé s'entourera, pour l'accomplissement de sa mission, de tous renseignements utiles, entendra

c'est la qualité de *mandataire* qu'elle déclare appartenir aux notaires, avocats et médecins. Le contrat qui les lie à leurs clients n'est pas un contrat de travail ; mais ce n'est pas non plus un contrat d'entreprise ; le contrat qui intervient entre un notaire, un avocat, un médecin et leur client est un mandat (1). C'est un mandat, bien que l'essence du mandat soit la représentation d'une personne par une autre (C. civ., 1984; C. comm., 94) (2), et que ni le notaire, ni l'avocat, ni le médecin ne représentent leur client, comme nous le dirons plus longuement par la suite, après les jurisconsultes les plus autorisés (3). Pour le moment, nous ne voulons que mettre en tout son jour la différence établie par la jurisprudence entre ceux qui exercent des professions libérales. Les uns et les autres ne sont pas des locateurs de services; mais les uns sont des entrepreneurs, les autres des mandataires. Il y a là quelque chose d'un peu divinatoire! La jurisprudence a cru devoir tenir compte de la *nature* des travaux accomplis pour savoir si, dans telle ou telle espèce, les

---

les parties dans leurs dires respectifs, déposera au greffe son rapport, pour être ensuite par les parties conclu, et par le tribunal statué ce qu'il appartiendra, etc... ». (V. *Gaz. Pal.* du 6 mars 1912).

Comp., Trib. de la Seine (7e ch.), 7 févr. 1912, *Beaugé*, ex-souffleur au théâtre Sarah-Bernhardt (*Le Journal*, du 8 févr. 1912). — *Adde*, la chronique des tribunaux du *Journal* du 30 mars 1912.

(1) V. not., en ce qui concerne le notaire, Cass. req. 1er déc. 1891 (S. et P. 1893, 1, 497. — S. chrn. — D. P. 1892, 1, 209) ; l'avocat, Agen, 4 mars 1889 (S. 1889, 2, 139. — S. chrn. — D. P. 1890, 2, 281) ; et le médecin, la note sous Trib. fédér. suisse, 10 juin 1892 (S. 1892, 4, 38). V. cep., cet arrêt.

(2) V. not., Cass. civ. 14 avril 1886 (S. 1887, 1, 76. — S. chrn. — D. P. 1886, 1, 220).

(3) V. *infra*, pp. 141 et s.

parties étaient liées, ou non, par un contrat de travail, alors que le critérium posé par elle — y a-t-il, ou non, lien de dépendance ou de subordination ? — lui interdisait, ainsi que nous l'avons dèjà dit, d'en faire le moindre cas. Il n'y a rien d'étonnant, dès lors, que ses décisions relatives à la nature du contrat qui intervient entre leurs clients et les notaires, avocats et médecins, aient fait l'objet de si vives discussions.

Des engagements pris par les médecins de soigner les ouvriers ou employés d'une entreprise déterminée. — Il est vrai qu'il y a lieu de reconnaître que, en ce qui concerne les médecins du moins, la jurisprudence, faisant, en la circonstance, une saine application de son critérium, décide qu'ils doivent être considérés comme des locateurs de services, lorsqu'ils se sont engagés, moyennant une rétribution déterminée et d'autres avantages, à soigner les ouvriers d'une société industrielle, et à donner des consultations au siège de la société (1). La convention ainsi conclue entre la société et le médecin soumettant ce dernier à l'égard de la compagnie avec laquelle il a traité à des rapports de dépendance, cette convention est, sans nul doute, un contrat de travail (2).

(1) V. Amiens, 3 févr. 1906 (*Rec. d'Amiens*, 1906, p. 204. — Phily, Pétel et Izoard, *Jurispr. gén. et législ. de la médecine-pharmacie*, n° 326). V. dans le même sens, Trib. comm. du Havre, 27 oct. 1896 (*Rec. du Havre*, 1896, 1, 199. — Phily, Pétel et Izoard, *op. cit.*, n° 324).

(2) Comp., en ce qui concerne l'élève en pharmacie et l'individu employé dans une pharmacie en la double qualité de garçon de laboratoire et d'apprenti-élève, dans leurs rapports avec leur patron, Trib. comm. du Havre, 16 oct. 1901 (*Rec. de Marseille*, 1902, 2, 40. — Phily, Pétel et Izoard, *op. cit.*, n° 1062 *ter*) ; et Trib. comm. d'Alger, 18 juin 1898 (Journ. *La Loi* du 12 nov. 1898. — Phily, Pétel et Izoard, *op. cit.*, n° 1062 *bis*).

Mais, quel que soit le mérite d'une semblable solution, il n'en demeure pas moins que, dans son ensemble, la jurisprudence traite différemment ceux qui exercent des professions libérales et ceux qui se livrent à des travaux manuels, ceux qui perçoivent des honoraires, une rémunération, et ceux qui reçoivent un salaire. Seuls, les seconds, les salariés, font des contrats de travail.

Résumé. — De telle sorte que, parvenu à la fin de cette première partie de notre étude consacrée à l'analyse de la notion jurisprudentielle du contrat de travail, il faut bien nous garder de dire : « Le contrat de travail est le contrat par lequel une personne s'engage à travailler sous la dépendance et la subordination d'une autre qui s'oblige à lui payer une *rémunération* calculée, soit à raison de la durée du travail (salaire au temps), soit à proportion de la qualité ou de la quantité de l'ouvrage accompli (salaire aux pièces) ». Cette définition serait conçue en termes beaucoup trop larges. Elle doit être, croyons-nous, ainsi corrigée : « Le contrat de travail est le contrat par lequel toute personne, *qui n'exerce pas une profession libérale*, s'engage à travailler sous la dépendance et la subordination d'une autre qui s'oblige à lui payer un *salaire*, calculé soit à raison de la durée du travail (salaire au temps), soit à proportion de la qualité ou de la qnantité de l'ouvrage accompli (salaire aux pièces) ».

Cette définition traduit assez bien, semble-t-il, la notion du contrat de travail, telle qu'elle se dégage de la jurisprudence.

DEUXIÈME PARTIE

DOCTRINE

Voyons maintenant, dans la seconde partie de notre étude, quelle est — d'après la doctrine — la notion du contrat de travail.

Deux courants d'opinion. — Parmi les auteurs qui se sont efforcés de préciser cette notion, les uns, fondant leur opinion sur la jurisprudence, enseignent que le trait caractéristique du contrat qui nous intéresse consiste effectivement dans cet état de dépendance et de subordination dans lequel se trouvent les ouvriers, commis et employés à l'égard de leurs maîtres et patrons. Mais, d'autres auteurs, adoptant un critérium, qui ne nous a pas paru se dégager de l'examen des arrêts, estiment que le contrat de travail — le louage de travail, comme ils préfèrent le dénommer, — est tout simplement le contrat par lequel une personne s'engage à travailler, pendant un temps pour une autre, moyennant un prix proportionnel au temps.

Deux opinions existent donc, dans la doctrine, sur notre sujet. La seconde restreint considérablement le cadre du contrat de travail, puisque, pour elle, le simple ouvrier qui traite avec un patron, pour exécuter un travail à forfait, fait déjà un contrat d'entreprise.

Nous allons exposer successivement les deux doctrines en présence. — Nous verrons ensuite quel est l'état de la doctrine sur la question que nous avons examinée en dernier lieu dans la partie de notre étude consacrée à la jurisprudence, à savoir si les arts libéraux peuvent être l'objet d'un contrat de travail.

CHAPITRE PREMIER

Exposé de la doctrine conforme à la jurisprudence.

Dans ce chapitre, consacré à l'étude de la doctrine des auteurs qui ont suivi la jurisprudence dans la détermination du critérium du contrat de travail, nous ne citerons que les travaux de ceux qui, à notre connaissance, ont le plus contribué à préciser la notion que nous nous sommes efforcé d'étayer sur les nombreuses décisions que nous avons tâché de coordonner dans la première partie de cet ouvrage.

Dans ces dernières années, MM. Baudry-Lacantinerie et Wahl (1), Beudant (2), Pic (3), et Capitant (4), notamment, ont nettement vu que le contrat de travail se distingue par le caractère de subordination qu'il attribue à l'ouvrier ou à l'employé (5).

---

(1) Baudry-Lacantinerie et Wahl, *Du contrat de louage*, 3e éd., t. II, nos 1632 et s.

(2) Beudant, *Cours de dr. civ. fr. : La vente et le louage*, nos 642 et s.

(3) Pic, *Tr. élém. de législ. industr.*, 3e éd., nos 873 et s.

(4) Capitant, *Cours de législ. industr.*, 1912, pp. 125 et s.

(5) « Le contrat de louage de services, disent MM. Baudry-Lacantinerie et Wahl (*op. cit.*, t. II, no 1638, *in fine*), se distingue par le

Opinion de MM. Baudry-Lacantinerie et Wahl. — MM. Baudry-Lacantinerie et Wahl disent, en termes exprès : « Pourvu qu'il y ait un lien de subordination entre deux personnes dont l'une fournit son travail pour l'autre, il y a louage de services » (1). Et, c'est, en partant de ce principe, qu'ils rangent dans la classe des ouvriers « tous ceux qui font un travail manuel dans un commerce ou une industrie, quels que soient leurs appointements et le mode de paiement de ces appointements, et alors même que, dans leur travail, l'intelligence jouerait un rôle considérable » (2), — et dans la classe des employés « les aumôniers, médecins ou précepteurs attachés d'une manière permanente à une maison » (3).

Ces auteurs disent également (4) : « Les mots « domestiques et ouvriers », employés par l'art. 1779, ne sont pas assez larges ; car la loi règle ici tous les services qui peuvent être loués... Il faut donc appliquer les règles de ce titre : au gérant d'une maison de commerce ou d'une succursale ; au musicien faisant partie d'un orchestre ou au chef d'orchestre ; au jardinier ; au concierge ; au garçon d'hôtel ; à l'employé de chemin de fer, sans distinguer entre les

---

caractère de subordination qu'il attribue à l'ouvrier et à l'employé, non pas seulement du louage d'entrepreneur d'ouvrage dont parle l'art. 1779-3°, mais de tous les autres louages d'ouvrage ou d'industrie ». Comp., Baudry-Lacantinerie et Wahl, *op. cit.*, t. II, n° 1649, p. 13.

(1) V. Baudry-Lacantinerie et Wahl, *op. cit.*, t. II, n° 1641 *bis*.

(2) V. Baudry-Lacantinerie et Wahl, *op. cit.*, t. II, n° 1648, p. 12, *in fine*-13. — Comp., Aubry et Rau, 4e éd., t. VIII, p. 445, § 774.

(3) V. Baudry-Lacantinerie et Wahl, *op. cit.*, t. II, n° 1648, p. 12.

(4) V. Baudry-Lacantinerie et Wahl, *op. cit.*, t. II, n° 1640 et s.

agents commissionnés et ceux qui ne le sont pas ; aux régisseurs de propriété ; aux gardes champêtres et gardes-chasse ; au clerc d'un officier ministériel. — Les agents et inspecteurs d'assurance sont des locateurs de services. Au contraire, le courtier d'assurances peut être regardé comme un mandataire. — Les matelots d'un navire de commerce sont des locateurs d'ouvrage ; il en est de même du commissaire de bord. — Les directeurs, gérants ou administrateurs de sociétés sont tantôt des locateurs de service et tantôt des mandataires. — Les employés de commerce ou commis sont des locateurs de services. Cependant, on y voit quelquefois en même temps des locateurs de services et des mandataires, parce que le louage de services suppose des actes sans caractère juridique et que l'employé de commerce, tout en faisant des actes de ce genre, se met aussi en rapport avec les tiers. On admet encore, dans cette opinion, que le fondé de pouvoirs d'une maison de commerce n'est qu'un mandataire. Ces opinions ne nous paraissent pas justes : l'employé de commerce ne représente qu'accessoirement et souvent ne représente pas du tout son patron. Son rôle est de fournir son activité et ses services à ce dernier. — Ainsi, le commis-voyageur est un locateur de services, et non un mandataire. Il en est de même du caissier, du garçon de recettes. Les représentants de commerce sont également des locateurs de services. — *Les ouvriers, même payés à la tâche, sont des locateurs de services, s'ils sont subordonnés à un patron;* mais, au contraire, les ouvriers sont des entrepreneurs, s'ils ne sont pas soumis à cette subordination... — Le directeur et les rédacteurs permanents d'un journal sont des locateurs de services. — Les rédacteurs de journaux sont également des locateurs de services, si, au lieu d'être payés suivant le nombre des jours de travail, ils sont payés suivant le nombre d'articles fournis, dès lors que le nombre des articles périodiquement imposés au journaliste est fixé à l'avance ou dépend de l'arbitraire du directeur ou rédacteur en chef. Il n'y a entre ces deux hypothèses que la différence existant entre l'ouvrier payé au temps et l'ouvrier payé à la tâche. Mais si le contrat ne détermine pas le nombre total des articles fournis, il y a louage d'industrie et non louage de services. — On peut citer encore comme locateurs de services les reporters attachés à un journal, les correspondants d'un journal, les secrétaires de la rédaction d'un journal. — Un médecin est également un locateur de services, lorsque, pour un traitement périodique, il fournit ses soins à une personne ou aux salariés d'une entreprise, même s'il exerce, d'autre part, sa profession vis-à-vis d'autres clients. — Il y a louage de services entre l'entrepreneur de voitures et le cocher qui, moyennant un salaire fixe, conduit les voyageurs dans les voitures de l'entrepreneur. Il en est de même si le cocher est engagé à la *moyenne* (1)... — L'employé rémunéré au moyen d'une part

(1) Les raisons données par MM. Baudry-Lacantinerie et Wahl, en ce qui concerne le cocher engagé à la moyenne, sont les suivantes : « ... On ne peut dire qu'en pareil cas le cocher prenne à bail la voiture de l'entrepreneur, moyennant une somme fixe ; en effet, le fait que le cocher a été choisi par l'entrepreneur pour conduire sa voiture, prouve que le premier est le préposé du second, et le mode de paiement du salaire du cocher ne saurait changer la nature du contrat ; la fixation de la moyenne revient à donner au cocher un salaire variable, consistant dans la différence entre la somme perçue et la moyenne. — L'opinion contraire conduirait à décider que l'entre-

dans les bénéfices ou d'une somme calculée sur les affaires réalisées par son entremise, est un locateur de services, et non pas un associé... ».

De même, ajoutent MM. Baudry-Lacantinerie et Wahl, « l'acte par lequel l'État ou une commune confère une fonction ou un emploi est un louage de services ; on y trouve, en effet, tous les traits caractéristiques de ce contrat ; et la seule différence qui sépare cet acte des autres louages de services, c'est que les services sont rendus à l'État ou à la commune au lieu d'être rendus à un simple particulier » (1).

---

preneur n'est pas responsable en fait du cocher, ce qui serait inique, et que le cocher est tenu à faire à la voiture les réparations d'entretien, ce qui ne le serait pas moins. — Enfin, le fait qu'en général le nom de la compagnie de transports est indiqué sur la voiture, manifeste chez cette compagnie l'intention de faire admettre par les tiers, le cocher comme son préposé ». (V. Baudry-Lacantinerie et Wahl, *op. cit.*, t. II, n° 1642). — *Adde*, Thaller, *Tr. élém. de dr. comm.*, 4e éd., n° 29, p. 25 ; et Cézar-Bru, note au *Dalloz*, 1911, 1, 297.

En ce qui concerne les gardes particuliers, V. égal., Baudoin, Jaffeux et Radot, *Dict. de la jurispr. en mat. de chasse*, v° *Garde-particulier*, nos 10, 20, 21, 22 ; et Carême, *Rép. des dr. et oblig. des chasseurs*, v° *Garde-particulier*, n° 1754.

En ce qui concerne les représentants de commerce, V. égal., la note au *Sirey*, 1909, 2, 204.

(1) V. Baudry-Lacantinerie et Wahl, *op. cit.*, t. II, n° 1644, où on lit encore : « L'opinion générale est contraire. On dit que l'acte de nomination d'un fonctionnaire est un acte de la puissance publique, ce qui est évident, mais ce qui n'empêche pas l'acte de constituer, de la part de l'Etat ou de la commune, la manifestation de la volonté de prendre à bail les services d'un tiers.

« On dit aussi que notre opinion tend à désorganiser les services en restreignant le droit de révocation. — Cet argument dévoile la véritable raison d'être de l'opinion de nos adversaires, laquelle a pour but d'autoriser la révocation arbitraire des fonctionnaires administratifs. Mais encore faudrait-il un texte pour soustraire à ce

Cette notion du contrat de travail, fondée sur l'existence du lien de dépendance et de subordination entre les parties au contrat, résulte également de façon très claire des pages que les savants auteurs ont consacrées, à propos du commentaire des lois sur les accidents du travail, à la question de savoir quels sont les salariés qui ont droit à une indemnité en vertu de ces lois.

« L'application de ces lois, disent MM. Baudry-Lacantinerie et Wahl (1), est subordonnée à l'existence d'un louage de services entre la victime de l'accident et l'entrepreneur. Mais il n'est pas nécessaire que le contrat soit

---

point de vue l'État au droit commun et si ce texte est jugé nécessaire (ce qui n'est pas notre avis, les fonctionnaires ayant tout autant besoin que les employés privés d'être protégés contre l'arbitraire de leurs chefs), rien n'est plus facile que de le voter.

On objecte, en troisième lieu, que les relations d'un fonctionnaire avec l'emploi occupé sont celles d'un possesseur avec la chose possédée et que la nomination d'un fonctionnaire se rapproche ainsi d'une concession sur le domaine public, l'emploi étant dans le domaine public. — Nous ne voyons pas pourquoi un fonctionnaire est, plutôt que tout autre employé, réputé possesseur de ses fonctions ; les fonctions, insusceptibles de propriété (puisque le fonctionnaire ne peut en disposer), le sont, par là même, de possession.

« D'autre part, il est singulier de ranger dans le domaine public, qui comprend les biens de la collectivité, les fonctions publiques, qui n'ont pour l'Etat aucune valeur pécuniaire.

« Ce qui achève de condamner la doctrine que nous combattons, c'est que,... elle admet que l'acte de nomination cesse d'être un acte de puissance publique, pour devenir un contrat de louage d'ouvrage, si une convention formelle a été passée entre l'Etat et l'employé. Or, en dehors d'une convention formelle, n'y a-t-il pas, ainsi que nous l'avons montré, un accord de volonté, non moins certain ?

« La question a une très grande importance, non pas seulement au point de vue du droit de révocation de l'Etat, mais encore au point de vue de la juridiction compétente pour apprécier la révocation. »

(1) V. Baudry-Lacantinerie et Wahl, *op. cit.*, t. II, nº 1858.

passé directement entre le patron et l'ouvrier, pourvu que le second soit sous les ordres du premier...

« Il peut y avoir louage de services sans que les employés soient rémunérés par le chef d'entreprise : de même que dans le salaire rentrent les pourboires sur lesquels l'employé peut normalement compter, de même on doit considérer comme un salarié du chef d'entreprise l'employé dont la rémunération consiste uniquement soit dans les pourboires du client soit, à plus forte raison, dans un véritable salaire dont le chef d'entreprise impose le paiement au client. *L'employé est locateur de services, dès lors qu'il est embauché par le chef d'entreprise et lui est subordonné.*

« L'ouvrier qui vient travailler dans une industrie *de sa propre autorité*, sans être engagé, ne bénéficie pas de la loi de 1898. Il en est de même de celui qui donne une aide gratuite à un entrepreneur, ou de celui qui aide un ouvrier même avec le consentement de l'entrepreneur » (1).

« Peu importe, disent encore MM. Baudry-Lacantinerie et Wahl, que le louage de services ne soit que temporaire. Les personnes auxquelles on promet un salaire pour fournir une aide de quelques instants à un travail bénéficient de la loi » (2).

« *Le mode de paiement du salaire importe peu.* Ainsi, les cochers de fiacre, payés à la moyenne, bénéficient de la loi de 1898, puisqu'ils sont des locateurs de services.— Peu importe aussi que le salaire soit payé à l'heure » (3).

---

(1) V. Baudry-Lacantinerie et Wahl, *op. cit.*, t. II, n° 1859-1860. — Comp., Baudry-Lacantinerie et Wahl, *op. cit.*, t. II, n° 1868.

(2) V. Baudry-Lacantinerie et Wahl, *op. cit.*, t. II, n° 1870.

(3) V. Baudry-Lacantinerie et Wahl, *op. cit.*, t. II, n° 1875.

Plus loin, MM. Baudry-Lacantinerie et Wahl ajoutent : « *Les ouvriers payés à la tâche peuvent invoquer la loi de* 1898. *Ce ne sont pas des sous-entrepreneurs. — Pour déterminer si la victime est ouvrier ou sous-entrepreneur, il faut rechercher si elle était, vis-à-vis de la personne contre laquelle l'action est exercée, dans un état de dépendance ou non* » (1).

Ils disent encore : « Le patron reste responsable, bien que son ouvrier coopère au travail d'une autre entreprise, si cet ouvrier est resté sous les *ordres* de son patron. Si, par exemple, le patron prête gratuitement son ouvrier à un tiers, car c'est lui qui paie son salaire à l'ouvrier qui lui reste *subordonné*. Ainsi, les ouvriers d'un entrepreneur gardent cet entrepreneur pour chef d'entreprise, alors même que le maître pour lequel travaille l'entrepreneur se réserve un droit de surveillance sur les chantiers, si l'ouvrier reste *subordonné* à l'entrepreneur et payé par lui » (2).

Opinion de M. Beudant. — M. Beudant, de son côté, se réfère de façon très expresse au critérium que nous avons dégagé des décisions de la jurisprudence, et qu'enseignent MM. Baudry-Lacantinerie et Wahl.

---

(1) V. Baudry-Lacantinerie et Wahl, *op. cit.*, t. 2, n° 1881. — Comp., n° 3867.

(2) V. Baudry-Lacantinerie et Wahl, *op. cit.*, t. II, 1909. Tel est bien, d'ailleurs, le critérium qu'ont précisé les auteurs qui ont écrit sur les accidents du travail. V. not., Sachet, *Tr. de la législ. sur les accid. du trav.*, 5e éd., nos 156, 170, 184, 307 ; Loubat, *Tr. sur le risque professionnel*, 3e éd., nos 382 et s. ; Capitant, *op. cit.*, p. 129, note 1. — Comp. Aubry et Rau, 5e éd., t. V, p. 455, p. 459, § 372 *bis*; H.-E. Barrault et Mihura (*Bulletin de la Société de protection des apprentis*, 1912, 1er fascicule, pp. 62 et s. et 2e fascicule, sous presse). *Adde*, le « Juris-Classeur » des accidents du travail. Loi du 9 avril 1898, sous l'art 1er, §§ IV et V.

« Pour savoir, dit M. Beudant, dans quels cas on se trouve en présence d'un louage de services, il faut prendre les mots *domestiques* et *ouvriers* dans leur sens usuel.

« Le mot *ouvrier* a un sens bien défini. Il désigne tout artisan exerçant une profession manuelle ou mécanique, et qui traite, pour les ouvrages de sa profession, avec la personne qui le paie, tout en conservant son indépendance.

« Le mot *domestique* est plus vague. Les mœurs modernes lui ont donné une signification étroite. Il désigne quiconque est attaché au service d'autrui, — service de la personne, service de la maison, service de la ferme, — en un mot, les gens de service. Ce qui caractérise la situation des domestiques et la distingue de celle des ouvriers, c'est que le service des domestiques est permanent, général, et implique, comme conséquence du contrat conclu, une certaine dépendance, une subordination continue.

« Étant donné ce caractère de la fonction, où commence-t-elle et où finit-elle ? Cela est important à savoir pour l'application des règles spéciales au louage de services, — et aussi pour l'application de l'art. 2401-4°, qui accorde aux gens de service un privilège sur les meubles du débiteur pour l'année échue et ce qui est dû sur l'année courante. Tels qui se redressent et déclinent la qualification de gens de service en temps ordinaire, la revendiquent quand il s'agit de se prévaloir du privilège.

« En général, on applique les articles dont nous venons de parler à tous les subordonnés qui font partie de la maison et qui reçoivent à ce titre un salaire, un traitement ou des gages, sans tenir compte du degré très variable de dépendance contractuelle qu'impose la fonction. Les différences relatives à ce degré de dépendance sont des différences de fait, non de droit. Aussi la jurisprudence applique-t-elle les articles dont il s'agit non seulement aux domestiques proprement dits, à ceux que l'on qualifie de la sorte dans l'usage, aux serviteurs, mais à tous les subordonnés, même à ceux dont la fonction est plus relevée, s'ils font partie de la maison et y sont employés d'une façon permanente, tels qu'intendants, gérants, commis, gardes, et, dans un ordre d'idées différent, aux bibliothécaires, secrétaires, précepteurs, etc. Ce sont là toutes personnes qui engagent leurs services dans la maison d'autrui moyennant un salaire, des gages ou un traitement : au sens étymologique du mot, ce sont des domestiques, des personnes qui font partie de la maison, qui constituent la *domus*.

« Il ne faut pas tenir compte ici des distinctions artificielles admises par le langage moderne. La loi ne les connaît pas. Elle voit, dans la domesticité, prenant ce mot dans son sens large, une fonction qui a ses lois propres ; de là les règles qu'elle consacre, et qui sont applicables à quiconque s'engage au service permanent et régulier d'autrui, à quelque titre que ce soit. Il faut considérer comme louant ses services quiconque se met sous la dépendance d'autrui, d'une façon générale et permanente, depuis le serviteur proprement dit jusqu'au commis, au préposé, à l'employé, etc. » (1).

Opinion de M. Pic. — C'est de la même façon que M. Pic considère le contrat de travail.

---

(1) V. Beudant, *op. cit.*, n° 645.

« Le louage d'ouvrage, dit-il, est un contrat par lequel une personne s'engage vis-à-vis d'une autre à exécuter un travail ou une entreprise déterminée ; le louage de services est un contrat par lequel une personne met son activité ou ses talents professionnels au service d'une autre personne pour un temps déterminé ou indéterminé (mais toujours temporairement).

« Ces deux formes de louage se différentient donc nettement par leur objet, puisque l'objet principal du louage d'ouvrage consiste dans l'exécution d'une œuvre déterminée, tandis que le domestique, ouvrier ou employé qui engage ses services à temps s'oblige d'une façon générale à prester tous les services rentrant dans sa spécialité, sans que son contrat détermine *in specie* les travaux qu'il aura à exécuter.

« Les deux contrats diffèrent également par le caractère du lien de droit qu'ils établissent entre les parties : le louage de services impliquant le plus fréquemment, de la part du locateur de services, une certaine subordination au regard du maître qui ne se rencontre point, au même degré tout au moins, dans le louage d'ouvrage.

« Il est facile de mettre en relief ces différences spécifiques par quelques exemples :

« Je confie à un menuisier du bois brut avec lequel il devra me construire certains meubles ; le contrat qui intervient entre l'artisan et moi est un contrat de *louage d'ouvrage*.

« Cet artisan occupe chez lui, dans son atelier, un certain nombre d'ouvriers engagés au mois, ou des auxiliaires travaillant à la journée ; le contrat intervenu entre le patron de l'atelier et ses ouvriers est un *louage de services*.

« De même, il y a louage d'ouvrage dans les rapports du fabricant de soieries et du maître-tisseur ou chef d'atelier, qui s'engage à exécuter chez lui, à ses risques, les commandes qui lui sont transmises ; — il y a, au contraire, louage de services entre le chef d'atelier et les ouvriers ou compagnons qu'il emploie, du moins si ceux-ci travaillent dans son atelier; il y aurait, au contraire, louage d'ouvrage, même dans les rapports du maître (-tisseur) et des ouvriers tisseurs, s'ils travaillaient chez eux *à façon* ou *aux pièces*, sur des métiers à eux appartenant » (1).

La pensée de M. Pic s'affirme, d'ailleurs, très nettement encore lorsqu'il définit l'ouvrier par rapport à l'artisan, et le commis ou employé.

« L'on désigne parfois, dit M. Pic, sous le terme générique d'ouvrier tout individu exerçant une profession manuelle ; le qualicatif d'ouvrier s'appliquerait donc à la fois à l'artisan, c'est-à-dire à celui qui travaille pour son propre compte, et à l'ouvrier qui travaille pour un patron, autrement dit pour un tiers qui spécule sur son travail.

« C'est à cette catégorie de travailleurs que l'on applique plus spécialement la qualification d'ouvriers : eux seuls, en effet, louent leurs services moyennant salaire.

« L'artisan, au contraire, joue vis-à-vis des particuliers qui lui remettent des commandes, le rôle de *locator operis*, ou de vendeur, lorsqu'il fournit la matière, *mais il conserve son indépendance;* il n'engage ses services envers personne.

« Est ouvrier, en d'autres termes, au sens juridique du mot, quiconque exécute un travail *manuel* (vieux français

(1) V. Pic, *op. cit.*, n° 873.

manouvrier) pour le compte et sous la *direction* d'un patron ou de ses préposés, quelle que soit :

— la nature de l'établissement dans lequel ce travail s'exécute (usine, atelier, magasin ou chantier) ;

— quel que soit également le taux ou le mode de paiement du salaire.

« Sont donc ouvriers ceux qui exercent un *métier*, c'est-à-dire un art mécanique ou manuel, pour le compte d'autrui, ainsi que les individus embauchés comme auxiliaires pour un travail manuel simple ne comportant point d'apprentissage (homme de peine, terrassiers, manœuvres et autres gens de travail) ».

« ...Doivent... être qualifiés de *commis* ou *employés* tous les auxiliaires du commerce ou de l'industrie, qui, bien que placés par leur contrat sous la *dépendance* du patron, sont préposés à des travaux présentant un caractère d'ordre plutôt intellectuel que matériel.

« Ils n'exécutent pas de travail mécanique, comme les ouvriers, ils ne sont point au service de la personne comme les domestiques; leur rôle, à quelque degré de la hiérarchie qu'ils soient placés, consiste à seconder le patron dans son commerce, et, à ce titre, le contrat qui les unit à l'employeur, *bien que constituant un véritable louage de services*, se nuance, en quelque sorte, d'une idée de mandat.

« Cette différence s'accuse nettement dans l'organisation intérieure de la fabrique :

« Le fabricant a auprès de lui, dans ses bureaux, toute une hiérarchie de commis et d'employés, qui reçoivent les ouvriers, chefs d'atelier et autres, et leur distribuent le travail.

« Ces employés, qui participent à la direction intellectuelle de la fabrique, fût-ce pour une part infinitésimale, ne sauraient être confondus avec des ouvriers.

« Cette différence, du reste, n'est pas, en un certain sens, à l'avantage des commis ou employés, lesquels ne peuvent, *actuellement du moins*, invoquer à leur profit toutes les lois ouvrières » (1).

Opinion de M. Capitant. — C'est cette même notion du contrat de travail qu'enseigne, en son *Cours de législation industrielle*, M. Capitant.

« Le contrat de travail, dit M. Capitant, est un contrat par lequel une personne, employé, ouvrier, domestique, s'engage à travailler pour une autre, pendant un temps déterminé, ou, le plus souvent, sans fixation de délai, moyennant une rémunération en argent, fixée soit par jour, par semaine ou par mois, soit d'après le travail accompli.

« Le trait caractéristique de ce contrat réside dans ce fait qu'une personne met sa capacité de travail d'une façon continue à la disposition d'une autre, moyennant une rémunération.

« La définition que nous venons de donner appelle deux observations, l'une relative à la nature du travail fourni, l'autre au mode de détermination du salaire.

« *Première observation.* — La nature du travail qui doit être accompli importe peu...

« *Deuxième observation.* — Le mode de détermination du salaire ne modifie pas la nature du contrat. Que le

(1) V. Pic, *op. cit.*, nos 891 et 892.

salaire soit fixé d'après la durée du travail, c'est-à-dire à l'heure, à la journée, au mois, ou qu'il soit calculé d'après la productivité du travail, à la tâche, aux pièces, cela importe peu. Dans les deux cas, les rapports juridiques des parties sont les mêmes ; il y a toujours contrat de travail » (1).

D'autres auteurs, qui ont commenté les lois sur les justices de paix et les conseils de prud'hommes, emploient des expressions analogues pour définir le contrat de travail.

Opinion de M. Pabon. — Nous ne désirons certes pas multiplier les citations ! Si intéressantes soient-elles, elles risqueraient de lasser les meilleures volontés ; mais il nous est difficile de résister au plaisir de souligner les passages suivants de l'ouvrage de M. Pabon, sur les justices de paix. Ils apportent une utile contribution au sujet que nous étudions.

« Le n° 3 de l'art. 5 de la loi du 25 mai 1838 attribue compétence illimitée au juge de paix pour connaître des contestations relatives aux engagements respectifs des gens de travail au jour, au mois et à l'année et de ceux qui les emploient, des maîtres et des domestiques, ou gens de

---

(1) V. Capitant, *op. cit.*, pp. 126 et s. — *Adde*, Capitant, *op. cit.*, p. 347 et s. — V. dans le même sens, Bry, *Cours élém. de législ. industr.*, 5e éd., nos 89 et s. ; Duthoit, *Vers l'organisation professionnelle*, p. 129. — Comp., Aubry et Rau, 5e éd., t. V, p. 387, § 371 *bis* ; 4e éd., t. VIII, p. 445, § 774 ; Baudry-Lacantinerie et de Loynes, *Nant., priv. et hyp.*, 3e éd., t. Ier, nos 332 et s. ; Huc, *Comm. du C. civ.*, t. XIII, nos 38 et s. ; Lyon-Caen et Renault, *Tr. de dr. comm.*, 4e éd., t. 5, n° 356 ; 3e éd., t. 8, n° 825 et s. ; Thaller, *op. cit.*, nos 29 et s. ; Ruben de Couder, *Dict. de dr. comm.*, v° *Ouvrier*, nos 7 et s., 106, 135 et s.

service à gage, des maîtres ou de leurs ouvriers ou apprentis, sans, néanmoins, qu'il soit dérogé aux lois et règlements relatifs à la juridiction des prud'hommes...

« Il s'agit ici du contrat de louage de services prévu par les art. 1779 et 1780, C. civ.

« ... Le louage de services fait partie du contrat de louage d'ouvrage dont la définition est donnée par l'art. 1710, C. civ., d'après lequel *le louage d'ouvrage est un contrat par lequel l'une des parties s'engage à faire quelque chose pour l'autre moyennant un prix convenu entre elles;* cette définition, dans sa généralité, embrasse deux sortes de contrats bien distincts : l'un ayant pour objet le louage d'industrie, c'est-à-dire le louage du travail d'un individu qui exécute ce travail non point sous la dépendance et en suivant les ordres de celui qui a commandé le travail, mais sous sa propre direction et sous son exclusive responsabilité; tels sont, par exemple, les entrepreneurs, les artisans qui travaillent chez eux à façon, etc.; l'autre ayant pour objet le louage de services, c'est-à-dire le louage du travail d'un individu fait sous la direction et la dépendance d'un maître. L'art. 5 de la loi du 25 mai 1838 ne place sous la juridiction illimitée du juge de paix que ce dernier contrat de louage, c'est-à-dire le louage de services; il en résulte que ce magistrat n'est compétent que dans les limites de sa compétence ordinaire pour connaître des contestations relatives à des engagements entre une personne et un entrepreneur, un maître-menuisier, un maître-charpentier, un maître-maçon, un maître-serrurier, un tailleur, un maître briquetier qui fabrique des briques, une couturière à façon, un jardinier, un moissonneur, un faucheur, un vendangeur, etc., lorsque l'ouvrage est fait à l'entreprise sous la direction de celui qui l'exécute, et non sous la dépendance d'un maître » (1).

M. Pabon et le maître-valetage. — Les quelques lignes que cet auteur a consacrées au contrat de maître-valetage méritent encore d'être reproduites : elles jettent un jour très vif sur notre étude.

« Dans certains pays, tels que la Haute-Garonne, il existe un contrat particulier connu sous le nom de contrat de *maître-valetage;* d'après ce contrat, le maître et le maître-valet conviennent que ce dernier doit cultiver la métairie ou le domaine sous la direction du maître moyennant un salaire en argent, des prestations en nature et un certain bénéfice sur tout ou partie des produits de la métairie ou du domaine ; un jugement du tribunal civil de Moissac, en date du 13 juillet 1900, a décidé qu'un contrat de ce genre ne constitue pas un louage de service, et que, dès lors, le juge de paix n'est pas compétent pour en connaître, alors que l'objet de la contestation s'élève à plus de 200 francs ; il est vrai que, dans l'espèce soumise au tribunal, outre les clauses indiquées ci-dessus, le contrat contenait les stipulations suivantes : « le maître-valet devait participer dans la même proportion que le maître à l'achat de volailles dont les produits devaient être partagés entre le maître et le valet ; si, dans l'année, un des membres de la famille du valet ne pouvait prendre part aux travaux de la métairie, pour cause de maladie ou toute autre, il serait

(1) V. Pabon, *Tr. des just. de paix*, t. IV, nos 4195 et s.

remplacé à ses frais ; le maître-valet aurait 1/10e des bénéfices sur la vente des animaux, à la condition qu'il garderait à sa charge la réparation des outils servant à l'exploitation » ; nous pensons que la solution du tribunal de Moissac est inexacte, et que le contrat de maître-valetage, même avec les stipulations accessoires dont il vient d'être parlé, constitue purement et simplement un contrat de louage de services ; dès l'instant, en effet, que le maître-valet travaille sous la surveillance et la direction du maître et qu'il reçoit un salaire, il est au service du maître ; qu'importe qu'outre le salaire fixe, il touche un bénéfice sur les produits de l'exploitation ? Cette participation aux bénéfices et même à l'achat des bestiaux n'enlève pas au contremaître le caractère de salarié subordonné à un maître et, par conséquent, il rentre dans la catégorie des gens de travail prévue par l'art. 5 de la loi du 25 mai 1838 ; les commis intéressés dans les maisons de commerce participent bien aux bénéfices de la maison et, cependant, ils sont considérés comme étant les préposés du chef de la maison ; il doit, évidemment, en être de même des maîtres-valets intéressés dans les exploitations rurales. Le contrat de maître-valetage ne doit pas être, d'ailleurs, confondu avec le bail à colonat partiaire dont il se distingue essentiellement par l'état de subordination du valet aux ordres de son maître et par ce fait qu'à la différence du colon partiaire, le maître-valet reçoit des gages fixes et fait les labours et autres travaux dans certaines parties du domaine dont il n'a pas la jouissance » (1).

---

(1) V. Pabon, *op. cit.*, t. IV, n° 4196, p. 775, *in medio*-776. — On rapprochera avec profit de ce passage du livre de M. Pabon, certaines

Opinion d'autres auteurs récents. — MM. Hudelot, Lancien et Cornilliat, dans leurs ouvrages sur les justices de paix, se font une idée semblable du contrat de travail à celle que l'on rencontre dans l'ouvrage de M. Pabon (1), et que l'on retrouve, d'ailleurs, dans les commentaires de la loi sur les conseils de prud'hommes (2).

---

parties de l'ouvrage de M. Louis Milliot, *L'association agricole chez les Musulmans du Maghreb* (*Maroc*, *Algérie*, *Tunisie*). V. not., pp. 93, 147, et s., et 180. — « Toute une gamme de contrats, dit M. Milliot, s'étage de la société au louage d'ouvrage, se rapprochant de ce dernier, mais sans jamais l'atteindre, sans jamais perdre le caractère essentiel et distinctif de la société : la communauté des pertes et des gains » (p. 148). Et l'auteur indique, dans quelques sociétés agricoles, une inégalité de fait entre les associés, tenant précisément au lien de dépendance et de subordination auquel est assujetti, dans une certaine mesure, l'un des associés à l'égard de l'autre.

(1) V. Hudelot, *Compét. des juges de paix*, lois du 12 juill. 1905 et du 25 mai 1838 (art. 11-12), 2e éd., sous l'art. 5 de la loi du 12 juill. 1905, nos 5 et s., 15 et s., 34; Lancien, *La loi du* 12 *juill.* 1905, no 162 ; Cornilliat, *Tr. de compét. civ. jud. des juges de paix*, *vis Louage d'ouvrage et d'industrie; Louage des domestiques et ouvriers ; Maîtres* (*des*) *domestiques et gens de service à gages ; Maîtres ou patrons* (*des*), *et de leurs ouvriers ou apprentis.* — Comp., Garsonnet et Cézar-Bru, *Tr. de proc.*, 2e éd., t. II, p. 58, § 425, notes 29, 30, 31 ; Glasson et Tissier, *Précis de proc.*, 2e éd., t. Ier, no 213, p. 207 ; no 795, p. 851, *in fine*-852.

(2) V. Malnoury, *Manuel pratique du conseiller prud'homme*, p. 65 : « Il faut voir un ouvrier et non un tâcheron dans l'individu qui exécute les travaux commandés sur le chantier même de la personne qui a demandé ses services, et cela sous les ordres et sous la surveillance de celle-ci, moyennant un salaire à l'heure ou à forfait, *mais sans que le mode de rémunération convenu ait jamais soustrait le travailleur à ces ordres et cette surveillance* ». — V. Popineau, *La loi du* 27 *mars* 1907, no 4, p. 10 : « Il n'y a pas à distinguer... entre l'ouvrier travaillant aux pièces ou à la journée : c'est, en effet, au mode de travail qu'il convient de s'attacher pour déterminer la qualité d'ouvrier, non au mode de rémunération ». — V. égal., Cluzel, *Tr. des conseils de prud'hommes*, nos 249, 615 et s.

Les formes diverses de rémunération n'ont pas pour effet de transformer ouvriers et employés en entrepreneurs. — Pour tous ces auteurs donc le mode de rémunération ne joue aucun rôle dans la fixation du critérium du contrat de travail. Rétribué au temps où à la tâche, l'ouvrier ou l'employé demeure un salarié. MM. Pic (1) et Rist (2) ont bien mis en évidence, d'ailleurs, cette idée que les diverses formes de rémunération plus complexes qui sont venues, par la suite, se greffer sur ces deux formes-types (salaire au temps; salaire aux pièces) ne modifient nullement la qualité de salarié.

Ces diverses formes de rémunération, dont les principales consistent en un salaire progressif ou sursalaire (3), et en

---

(1) V. Pic, *op cit.*, nos 928 et s.

(2) V. Rist, Préface aux *Modes de rémunération du travail*, de Schloss, pp. V et s., XXIX et s.

(3) « L'on a vu, dit M. Pic, se développer la pratique du salaire *progressif* ou *sursalaire*, c'est-à-dire des majorations de salaires accordées aux ouvriers dont la production dépasse une certaine quantité déterminée.

« Le salarié fixe, soit au temps, soit à la pièce, est ainsi majoré, soit d'une prime proportionnelle à la production dépassant la quantité normale, soit d'un tant pour cent, 5, 10 pour 100, par exemple, du salaire, non proportionnel à la production.

« Parfois également, la prime est attribuée, non pas à la quantité, mais à la qualité, au fini du travail exécuté, quelquefois à l'économie réalisée sur la matière première.

« Le caractère commun de ces primes, sursalaires, etc., est d'être indépendant du bénéfice net réalisé dans l'industrie, et de n'impliquer par conséquent aucune atteinte, si faible soit-elle, à l'indépendance patronale, tandis que la participation oblige nécessairement le chef d'industrie, sinon à subir un contrôle direct, du moins à fournir des comptes à son personnel... » (Pic, *op. cit.*, no 929).

un salaire collectif (1), et qui « tendent à proportionner, aussi rigoureusement que possible, la rémunération à l'effort ou à rémunérer également les efforts identiques » (2), n'ont pas pour effet de transformer les ouvriers ou employés en des entrepreneurs. Demeurant sous la dépendance et la subordination de ceux qui les emploient, ils restent des ouvriers ou des employés.

---

(1) « L'on entend par salaire collectif, le salaire payé globalement, à toute une équipe d'ouvriers.

« La répartition entre tous les ouvriers de l'équipe peut s'effectuer de diverses manières : tantôt, c'est le patron qui détermine lui-même la quote-part revenant à chacun dans la somme totale allouée pour le travail exécuté en commun ; cette quote-part comprenant fréquemment un salaire au temps pour les membres *subordonnés*, et un salaire aux pièces pour les chefs et les principaux ouvriers de l'équipe. — Tantôt, le patron laisse aux ouvriers le soin de répartir à leur gré entre eux la somme globale, suivant le mode qu'il leur plaît de choisir : l'on est alors en présence du *travail coopératif*, qu'il ne faut d'ailleurs pas confondre avec la coopération de production proprement dite, dans laquelle il n'y a plus ni chef d'industrie, ni salaire, mais association pure et simple. » (Pic, *op. cit.*, n° 930).

— Le salaire peut être à la fois collectif et *progressif* (filatures du Lancashire; docks de Londres; tuiliers de Marseille; employés d'un même rayon dans certains grands magasins, etc.). V. Schloss-Rist, pp. 119 et s.).

(2) « Sur ces formes-types, en quelque sorte (travail au temps, aux pièces, à la tâche) sont venues peu à peu, surtout dans la seconde moitié du XIXe siècle, se greffer des formes de rémunération plus complexes.

« D'une manière générale, cette évolution du simple au complexe a eu pour but et pour résultat de diminuer sensiblement l'arbitraire patronal et d'obliger les chefs d'industrie à se rapprocher de plus en plus de la formule « *à travail égal, salaire égal* », qui est celle des *trade-unions* anglaises et de la majorité des syndicats français.

« La forme simpliste du travail *à la journée* ou du travail *aux pièces* a, dans la majorité des industries, complètement disparu, pour faire place à des combinaisons plus étudiées, tendant à propor-

De la fourniture par l'ouvrier de ses outils, des matières premières. — De même, l'ouvrier ne devient pas entrepreneur, s'il fournit ses instruments de travail, ses outils, ou s'il avance seulement le prix des matières premières (1). Ce n'est que s'il spécule sur l'emploi de la matière première, sur sa vente sous forme de produit fabriqué, en un mot sur la production, qu'il pourra être considéré comme un entrepreneur, un commerçant (2).

Critérium du contrat d'entreprise. — *Pouvoir de direction et de contrôle? — Profit?* — Le profit, qui implique le pouvoir de direction et de contrôle, constitue, en effet, le critérium adopté dans cette opinion, pour déterminer le contrat d'entreprise.

Opinion d'Aubry et Rau. — « Celui qui se charge, disent Aubry et Rau, de faire exécuter par des ouvriers, sous sa

---

tionner, aussi rigoureusement que possible, la *rémunération à l'effort*, ou à rémunérer également les efforts identiques.

« La mesure de cet effort est fournie par l'appréciation de trois éléments :

— la *productivité* (élément principal, puisque l'industriel a toujours en vue, tout d'abord, le rendement espéré);

— la *durée*, et enfin la *difficulté* du travail (élément dont il faut tenir compte pour obtenir, non seulement la quantité, mais la qualité).

« Aussi voit-on fréquemment aujourd'hui le salaire à temps accompagné d'un minimum de travail, ou le salaire aux pièces accompagné d'un minimum de salaire journalier ou d'un maximum de travail. » (Pic, *op. cit.*, n° 928). — Comp., Baudry-Lacantinerie et Wahl, *op. cit.*, t. II, n°s 2786, 3865.

(1) V. Baudry-Lacantinerie et Wahl, *op. cit.*, t. II, n°s 1880, 1881. Comp., Aubry et Rau, 5e éd., t. V, § 374 ; Gide, *Cours d'économie politique*, p. 599, note 1.

(2) V. Lyon-Caen et Renault, *op. cit.*, 4e éd., t. Ier, n° 118; Ruben de Couder, *op. cit.*, t. V, *v° Ouvrier*, n° 107 ; Gide, *ubi supra*.

direction et sous sa responsabilité, un travail déterminé est un entrepreneur » (1).

Opinion de MM. Baudry-Lacantinerie et Wahl. — « Le critérium suivant, disent, de leur côté, MM. Baudry-Lacantinerie et Wahl, sert à distinguer le louage de gens de travail du louage d'entrepreneurs d'ouvrages. Dans le premier, comme le supposent la définition du Code et les textes, le maître a la direction du travail; le domestique, l'ouvrier ou l'employé a engagé son activité et se trouve vis-à-vis du maître dans un lien de subordination. Dans le second, au contraire, le maître a simplement commandé un travail déterminé que l'entrepreneur fait sans aucune direction et qu'il remet une fois terminé » (2).

Opinion de M. Sachet. — L'entrepreneur, ou le patron, est « celui, d'après M. Sachet, qui profite des bénéfices, défalcation faite des frais généraux, et qui, par voie de conséquence, supporte les pertes... Sa responsabilité implique deux droits : 1°) la direction et la surveillance; 2°) l'indépendance. C'est à ces deux caractères qu'on reconnaît un patron » (3).

Opinion de M. Boissard. — Ce sont là, en définitive, les idées que nous avons rencontrées dans l'examen de la jurisprudence consacré à l'étude de la notion du contrat de travail et de la notion du contrat d'entreprise (4). M. Bois-

---

(1) V. Aubry et Rau, 4e éd., t. VIII, p. 445, § 774.

(2) V. Baudry-Lacantinerie et Wahl, *op. cit.*, t. II, n° 3865.

(3) V. Sachet, *op. cit.*, n° 229. — Comp., Loubat, *op. cit.*, n° 329 et s.; Capitant, *op. cit.*, p. 128, *in fine*-129; Beudant, *op. cit.*, nos 646, 709.

(4) V. *supra*, pp. 13 et s., pp. 56 et s.

sard les a exprimées, de façon très saisissante, dans son *Contrat de travail et salariat:* — « Qu'est-ce au juste, dit-il, que l'employeur ? Qu'est-ce au juste que le salarié ?

« Il est, parfois, difficile de les distinguer l'un de l'autre, d'un premier coup d'œil superficiel. Il est des employeurs, comme aussi des salariés, de tous les degrés, de toutes les espèces, de toutes les surfaces.

« Tel salarié est un très gros seigneur et, par contre, un très mince travailleur: tel le directeur général, à traitement fixe, — honoraire plus qu'actif, — de quelque grande compagnie.

« A l'inverse, tel employeur est, quelquefois, un bien pauvre hère, en même temps qu'un travailleur acharné. Ainsi en est-il du petit artisan qui travaille avec un aide, un compagnon; qui travaille, souvent, beaucoup plus activement que ce compagnon, tout en étant beaucoup moins assuré de tirer une rémunération suffisante de son travail.

« Mais, s'il est — dans certaines circonstances — difficile de discerner *à l'écorce*, par l'extérieur, l'employeur du salarié, en revanche il est très aisé de mettre en relief ce qui les distingue foncièrement l'un de l'autre.

« L'employeur, quels que soient son importance et son relief individuel ; quel que soit aussi son apport personnel dans l'entreprise, — apport-capital, apport-intelligence, apport-travail, — l'employeur est celui qui, dans une entreprise donnée, seul ou concurremment avec quelques autres, s'est réservé *la propriété* même de cette entreprise, c'est-à-dire d'une part, les prérogatives d'organisation et de direction, et d'autre part, les profits éventuels de l'affaire.

« Le salarié est celui qui, dans une entreprise donnée, —

et quelle que soit également sa situation, modeste ou lucrative, très étroitement subordonnée ou, au contraire, relativement indépendante, — reçoit, en contre-partie de son apport-travail, — une rémunération forfaitaire, périodique et soustraite, au moins partiellement, aux aléas de l'affaire » (1).

(1) V. Boissard, *Le contrat de travail et le salariat*, pp. 88-89. — Comp., Brugeilles, Essai sur la nature juridique de l'entreprise (*Rev. trim. de dr. civ.*, 1912, pp. 111 et s.).

— On voit encore étroitement unies, l'idée de risque et de direction de l'entreprise, dans l'*Économie sociale* de M. Gide, 1907, (3e éd.). On lit, en effet, dans cet ouvrage, à propos de la participation aux bénéfices : — « Pour les réaliser (ces vues généreuses), il faudrait que la participation aux bénéfices associât réellement l'ouvrier à la copropriété, *aux risques et à la direction de l'entreprise...* » (p. 123).

CHAPITRE II

Exposé de la doctrine contraire à la jurisprudence.

C'est la rémunération proportionnelle au temps qui constitue le trait propre du contrat de travail. — C'est la rémunération calculée d'après l'importance de l'ouvrage qui constitue le trait propre du contrat d'entreprise. — C'est à un critérium tout différent qu'on fait appel dans une seconde opinion, partagée, d'ailleurs, par d'excellents auteurs, et notamment par M. Planiol, pour fixer là notion du contrat de travail, pour distinguer ce contrat du contrat d'entreprise.

Dans cette opinion, on estime, en effet, que le contrat de travail, qu'on préfère appeler, — nous l'avons dit, — louage de travail (1), « est le contrat par lequel une personne s'engage à travailler pendant un temps pour une autre,

(1) « L'expression « contrat de travail », dit, en effet, M. Planiol (*Tr. élém. de dr. civ.*, 5e éd., t. II, no 1826), est vide de sens et injustifiable. Le travail pouvant faire l'objet de plusieurs contrats très différents (louage, entreprise, société, prestation gratuite), le plus simple bon sens exige qu'on prenne au moins la peine de dire duquel on parle, mais c'est une chose qu'on n'obtiendra jamais, je le crains... ». — Comp., Gide, *Cours d'économie politique*, p. 598, note.

moyennant un prix proportionnel au temps, appelé salaire (1), — tandis que « le contrat d'entreprise est celui par lequel une personne se charge d'accomplir pour une autre un travail déterminé, *moyennant un prix calculé d'après l'importance de l'ouvrage* » (2).

C'est, — on le voit, — d'après cette opinion, — au mode de rémunération qu'il faut s'attacher pour déterminer la notion juridique du louage de travail (3).

Opinion de M. Planiol. — C'est une « erreur manifeste », pour M. Planiol, de dire que « le mode de rémunération importe peu ; qu'il ne saurait changer la nature du contrat ». — « C'est du mode de rétribution des services ou des choses échangées, dit M. Planiol, que dépend la variété des contrats : la vente, l'échange, le bail à rente, le bail à nourriture diffèrent entre eux uniquement par le mode adopté pour la contre-prestation demandée à celui qui devient acquéreur d'une chose. Il en est de même pour les contrats qui ont pour objet le travail : ils sont des *louages*, des *entreprises*, selon la forme sous laquelle celui qui travaille recevra sa rémunération... » (4).

En d'autres termes, veut-on savoir si l'on est en présence d'un louage de travail ou d'une entreprise ? Il suffit d'examiner si la rémunération est proportionnelle au temps, ou

(1) V. Planiol, *op. cit.*, t. II, n° 1824.

(2) V. Planiol, *op. cit.*, t. II, n° 1897.

(3) « Le prix du louage, dit ailleurs M. Planiol, est *proportionnel au temps*. Plus la durée est longue, plus le total du prix s'accroît ; on le calcule *par unité de temps* : à l'heure, au jour, au mois, à l'année. » (*op. cit.*, t. II, n° 1664, *in fine*).

4) V. Planiol, *op. cit.*, t. II, n° 1827, p. 598, note 1.

si elle est indépendante de la durée du travail. Au premier cas, il y a louage de travail ; au second, il y a entreprise (1).

La conséquence d'une semblable doctrine s'impose : le simple ouvrier qui traite avec un patron, pour exécuter un *travail à forfait* (salaire à la tâche ou aux pièces), fait un contrat d'entreprise. Cet ouvrier est, en effet, rémunéré indépendamment de la durée du travail.

M. Planiol, d'ailleurs, prend soin de le bien indiquer : « Je veux faire creuser un fossé, dit-il, dans ma propriété. Je puis prendre un journalier, que je paierai à tant par heure ou par jour : s'il lui faut vingt jours pour creuser ce fossé, je lui devrai vingt fois le prix d'une journée. Ce sera du *travail en location*, et le contrat sera un *louage*. Je puis m'y prendre autrement et lui demander combien il me prendrait pour exécuter ce travail ; nous convenons d'un prix : ce sera du *travail à forfait* et le contrat sera une *entreprise*. Le *travail à la tâche* n'est pas d'une autre nature, quoique l'ouvrier travaille dans l'atelier du patron. Celui qui travaille à la tâche court un risque : s'il s'est trompé sur la durée du travail, il ne produira qu'une moindre quantité d'objets par jour ou par semaine, et son gain se trouvera diminué d'autant ; en revanche, s'il est actif, il pourra terminer sa tâche plus rapidement et grossir son gain ; *le contrat présente donc pour le travailleur un caractère aléatoire qui ne se rencontre pas dans le louage de travail, où le même nombre de jours apporte toujours le même salaire;* dans le cas du travail en location, le risque est déplacé : il est pour

(1) V. Planiol, *op. cit.*, t. II, n° 1352 *bis*, p. 458, n° 1899, *in fine*. — *Adde*, Planiol (*Rev. crit.*, 1904, pp. 473 et s.).

celui qui paie le salaire et qui risque d'avoir, pour la même somme d'argent, une quantité de travail variable selon l'énergie ou la paresse de l'ouvrier » (1).

Et c'est, aussi, parce que le *cocher* travaillant *à la moyenne* est également rémunéré indépendamment de la durée du travail que M. Planiol le considère comme « un petit entrepreneur, qui spécule sur l'exploitation d'une chose (la voiture louée par la compagnie), et qui ne reçoit aucun salaire fixe ; la rémunération de son travail est un *bénéfice aléatoire...* Il y là un contrat complexe, mêlé de *louage de choses* et d'*entreprise* » (2).

Opinion de MM. Surville et Vigié. — Cette notion du contrat ou louage de travail se retrouve dans les *Éléments d'un cours de droit civil français* de M. Surville (3), dans le *Cours élémentaire de droit civil français* de M. Vigié (4), et dans des traités plus anciens.

Opinion de Toullier. — On lit notamment dans Toullier :

« La qualification *gens de travail* s'applique à ceux qui louent leurs services au jour ou pour un temps déterminé, mais qui ne sont pas logés et nourris dans la maison de celui pour qui ils travaillent. Tels sont les terrassiers, moissonneurs, vendangeurs, jardiniers, batteurs en grange, vignerons, et en général tous les *journaliers*, c'est-à-dire ceux

---

(1) V. Planiol, *op. cit.*, t. II, n° 1899, p. 625, note 1.

(2) V. Planiol, *op. cit.*, t. II, n° 1827, p. 598, note 1. — Comp., Troplong, *Commentaire des titres de l'Échange et du Louage*, 3e éd., t. II, n° 887, p. 317.

(3) V. Surville, *Élém. d'un cours de dr. civ.*, 2e éd., t. II, n° 1112.

(4) V. Vigié, *Cours élém. de dr. civ.*, t. II, n° 2104.

dont l'engagement peut commencer et finir dans la même journée.

« Si, au lieu de se louer au jour ou à l'année, ils stipulent un prix proportionné à la quantité de travail qu'ils exécutent, le contrat change de caractère : ce n'est plus un louage de services, c'est un louage d'industrie » (1).

Opinion de Taulier. — Taulier dit aussi : « Il faut remarquer qu'il s'agit dans cette section des ouvriers louant leurs services à tant par jour, et non de ceux qui prennent un ouvrage à prix fait ; dans ce dernier cas, il n'y a plus de louage de services, mais louage d'industrie et marché » (2).

Opinion de Duranton. — Duranton exprime la même idée : « C'est aussi un contrat de louage de services, celui que l'on fait avec les ouvriers pour travailler à tant par jour, et que, pour cette raison, on appelle *journaliers* ou *gens de journée :* tels sont les moissonneurs, les vendangeurs, les terrassiers, les maçons ou autres personnes de même qualité, qu'on emploie à la journée. La plupart des ouvriers des villes et des fabriques travaillent même de cette manière » (3). — « Dans un louage d'ouvrage à prix fait, d'après un marché convenu, le prix n'est point en raison du temps qui sera employé à faire l'ouvrage... » (4).

« Si je conviens, dit encore Duranton, avec un maçon qu'il me construira un mur, moyennant telle somme, si je donne

(1) V. Toullier, t. XIX, éd. 1837, n° 280.

(2) V. Taulier, t. VI, éd. 1847, p. 298.

(3) V. Duranton, t. XVII, éd. 1844, n° 227.— Comp., Duranton, t. XIX, n° 59.

(4) V. Duranton, t. XVII, n° 248.

à un ouvrier un terrain à défricher, une vigne à travailler pour l'année, une moisson à faire, à raison de tel prix pour tout l'ouvrage, ce n'est plus, à proprement parler, un louage de services, c'est un marché, un prix fait, qui a ses règles particulières » (1).

Opinion de Marcadé et Troplong. — On rapprochera avec intérêt de ces divers passages ceux que Marcadé et Troplong ont consacrés au sujet qui nous préoccupe. C'est la même pensée qui se dégage de leurs œuvres.

Marcadé n'écrit-il pas : « Tous ceux qui, bien que simples ouvriers (parce qu'il ne font que des travaux manuels ou n'exercent que des arts mécaniques), travaillent *à leurs pièces*, c'est-à-dire moyennant un prix fait pour chaque ouvrage, ne rentrent plus dans notre première section, mais dans la section troisième, puisque le contrat qu'ils forment n'est plus un louage de services, mais un marché ou louage à prix fait? » (2). « ... Dans ce dernier cas (lorsque l'ouvrier se loue à tant par jour, par mois ou par an), l'ouvrier doit être payé à raison du temps qu'il a travaillé... » (3).

Et ne lit-on pas dans Troplong: « (Dans les travaux à temps), le résultat général demeure au compte du maître. (Dans les devis ou marchés), ce qui fait l'objet du contrat, c'est un résultat préfix, défini, convenu, dont le maître a remis l'issue à l'ouvrier, et que celui-ci a promis de réaliser

---

(1) V. Duranton, t. XVII, n° 227.

(2) V. Marcadé, t. VI, éd. 1852, sous les art. 1780 et s., n° 1.

(3) V. Marcadé, t. VI, sous les art. 1787 et s., n° 1.

par son industrie moyennant un prix fait, et abstraction faite du temps qu'il emploiera. » ? (1).

CRITIQUE DE LA DOCTRINE CONTRAIRE A LA JURISPRUDENCE. — Quelle que soit l'autorité qui s'attache aux noms de ceux qui professent l'opinion que nous venons d'exposer, nous ne croyons pas que cette opinion doive être suivie, et qu'elle soit appelée à triompher demain.

Elle nous paraît, tout d'abord, être en contradiction avec la jurisprudence que nous avons relevée et analysée, dans la première partie de cette étude ; — et, en second lieu, elle nous paraît contraire à la réalité des faits.

C'est, d'ailleurs, sans doute, parce qu'elle est contraire à la réalité des faits qu'elle n'a pas été sanctionnée par la jurisprudence.

Cette théorie qui arrive à faire de l'ouvrier payé à la tâche ou aux pièces, — du seul fait qu'il est ainsi rémunéré, — un entrepreneur, nous inspire les doutes les plus graves.

Voilà un ouvrier qui se transforme en entrepreneur, qui devient un entrepreneur comme son patron, parce qu'il est rétribué aux pièces, — alors que son camarade, qui travaille à ses côtés, dans la même usine ou dans le même atelier, est et demeure un ouvrier, parce qu'il est rémunéré au temps ! Cela est assez difficile à bien saisir. Est-ce que l'un et l'autre, qui sont et demeurent sous la dépendance et la subordination de leur patron, ne mettent pas également leur force de travail à la disposition de celui-ci ? Lorsque le travailleur a été mis à ses pièces, le patron n'a nulle-

---

(1) V. Troplong, *op. cit.*, t. II, n° 959.

ment eu l'intention de faire de lui un entrepreneur; le patron a été préoccupé surtout de diminuer le prix de revient, en obtenant de l'ouvrier un plus grand rendement (1). Pourquoi, dès lors, raisonnablement, logiquement, l'ouvrier à la tâche devrait-il être autrement traité que l'ouvrier au temps? (2). Les classifications juridiques doivent concorder avec les classifications économiques, si elles ne veulent pas rester lettre morte, si nous ne voulons pas faire œuvre vaine et stérile.

D'ailleurs, comment peut-on faire ainsi de la rémunération proportionnelle au temps le critérium du contrat de travail, et de la rémunération calculée d'après l'importance du travail le critérium du contrat d'entreprise? Les deux contrats s'opposent l'un à l'autre; mais ces deux modes de rémunération ne sont pas à tel point contraires qu'ils puissent ainsi donner naissance à des contrats si différents! Lorsque la rémunération est fixée d'après l'importance de l'ouvrage, on tient compte, pour la déterminer, du temps moyen nécessaire pour exécuter l'ouvrage. Lorsque la rémunération est fixée au temps, lorsqu'elle est proportionnelle au temps pendant lequel une personne s'engage à travailler pour une autre, on tient compte, dans une certaine mesure, pour sa détermination, de l'impor-

(1) V. Rist, *op. cit.*, pp. XVIII-XIX.

(2) « Dans un même atelier, dit M. Capitant, il y a des ouvriers qui sont payés à la journée, d'autres aux pièces. Souvent même, les deux modes de rémunération s'ajoutent l'un à l'autre et se combinent. Or, n'est-il pas évident que tous ces ouvriers, quel que soit le procédé de détermination de leur salaire, sont, vis-à-vis du chef d'entreprise. dans la même situation juridique » (*op. cit.*, p. 130).

tance de l'ouvrage, de sa difficulté, du fini qu'il nécessite (1).

Il n'y a pas, d'un côté, un louage de travail rémunéré proportionnellement au temps, — et, de l'autre, un contrat d'entreprise (comprenant le louage de travail rétribué à la tâche ou aux pièces), rémunéré d'après l'importance du travail. La vérité, croyons-nous est tout autre. C'est à des données d'ordre économique, — au lien de dépendance et de subordination, d'une part, au pouvoir de direction et de contrôle, à l'idée de profit, d'autre part, — qu'il faut recourir, pour caractériser des contrats qui sont eux-mêmes d'ordre essentiellement économique.

Observation de M. C. Perreau. — D'ailleurs, l'argument de M. Planiol relativement au caractère aléatoire du salaire à la tâche est plus spécieux que réel. On s'en rend bien compte,

(1) « Dans le salaire *au temps*, l'ouvrier vend à l'employeur son travail (ou son droit sur le produit fabriqué, suivant la doctrine adoptée) pour une période de temps déterminée (journée, semaine ou mois), sans que la quantité de travail entre en ligne de compte, au moins en apparence. (En fait, il est bien évident que le patron a en vue une moyenne de travail utile, et que l'ouvrier qui ne fournirait point cette moyenne courrait le risque de n'être pas embauché à nouveau à l'expiration du temps convenu).

« Dans le salaire *aux pièces*,... c'est une quantité de travail déterminée, quantité incorporée en quelque sorte dans le produit fabriqué, que l'ouvrier vend au patron, sans qu'il soit tenu compte du temps mis par l'ouvrier à l'exécuter. Mais ici encore, et en admettant même qu'un délai maximum n'ait pas été fixé pour l'achèvement de chaque pièce à exécuter, la considération de temps n'est, au fond, nullement indifférente.

« Les deux contractants ont dû, en effet, tenir compte, dans la détermination du salaire, du temps moyen nécessaire à un ouvrier connaissant son métier pour exécuter le travail » (Pic, *op. cit.*, n° 927). — Comp., Rist, *op. cit.*, pp. VI et s.

lorsqu'on a entendu M. Perreau montrer très nettement la différence qui existe entre le risque résultant pour l'ouvrier de cette *forme de salaire* et le risque couru par l'entrepreneur.

M. Perreau part de cette idée que, dans le salaire au temps, le risque tenant à la productivité du travail reste à l'employeur qui paiera, par exemple, cinq francs, lors même que l'ouvrier, dans sa journée, n'en produirait que quatre. Il observe ensuite, que, dans le salaire à la tâche, le risque de productivité du travail passe à l'ouvrier : si l'ouvrier a droit à un franc par tâche, il ne touchera cinq francs que s'il fait cinq tâches ; s'il en fait quatre, le patron ne lui paiera que quatre francs. — Mais M. Perreau ajoute aussitôt : « *N'empêche que*, dans les deux cas, il y a *salaire* et non profit. Dans les deux cas, la rémunération de l'ouvrier est, *d'avance*, déterminée (salaire au temps) ou susceptible de détermination (salaire à la tâche). Le profit, au contraire, est indéterminé, et indéterminable d'avance dans son montant, car il dépend essentiellement des circonstances, de l'écart possible, avantageux ou désavantageux, entre le prix de revient et *le prix de vente du produit.* L'ouvrier n'est pas un entrepreneur, parce qu'il ne court pas *les risques de la production*, c'est-à-dire ceux qui résultent du calcul du prix de revient et du prix de vente. Le seul risque que peut courir le salarié, dans le cas du salaire à la tâche, c'est le risque de la productivité de son travail, et non le risque de la production qui, seul, légitime le profit. Il y a, en d'autres termes, dans l'entreprise, risque industriel résultant de la plus ou moins grande productivité du travail, et risque de la production, risque commercial, portant sur le calcul du prix de revient et du prix de vente. C'est ce risque-là, à vrai dire, qui fait l'entrepreneur ; or, c'est celui-là que ne court pas l'ouvrier à la tâche ; le patron ne s'est déchargé sur lui que du risque industriel. L'ouvrier ne peut donc pas, dans de telles conditions, être qualifié d'entrepreneur».

Observation de M. Cézar-Bru. — Nous nous rencontrons, en outre, ici, avec M. Cézar-Bru, qui, — examinant naguère la définition du contrat de travail, du louage de travail, telle qu'elle résulte de l'enseignement de M. Planiol notamment, — concluait, en disant : — « M. Planiol reproche aux économistes de parler une mauvaise langue juridique, lorsqu'ils veulent introduire dans le vocabulaire du droit les mots *contrat de travail;* les économistes ne lui reprocheront-ils pas de s'en tenir trop exclusivement aux données du pur droit civil, données étroites et insuffisantes à caractériser un contrat d'ordre essentiellement économique ? Tous les domestiques ne sont pas, pour le mois ou pour l'année, payés un prix uniforme pour des services identiques : le prix augmente avec leur capacité professionnelle. Dans l'industrie, les patrons paient volontiers plus cher, pour un même nombre d'heures, un ouvrier plus habile, et, dans tous les cas, ils savent éliminer les malhabiles ou les paresseux. Le prix de la vie, plus élevé à la ville qu'à la campagne, dans telle ville que dans telle autre, n'influence-t-il pas encore le prix de la même journée de travail? Sans doute, l'unité de temps sert de base au calcul du salaire, mais le prix de l'unité de temps n'est pas déterminé seulement par la durée » (1).

(1) V. Cézar-Bru, note au *Dalloz*, 1911, 1, 297.— Comp., Capitant, *op. cit.*, pp. 128 et s.

CHAPITRE III

Les travaux dépendant des arts libéraux peuvent-ils faire l'objet d'un contrat de travail?

La doctrine moderne estime très généralement que les professions libérales peuvent donner lieu aux mêmes contrats civils que le travail manuel. — Il nous reste maintenant à nous demander quel est le sentiment de la doctrine sur le point de savoir si les travaux dépendant des arts libéraux peuvent faire l'objet d'un contrat de travail.

On se souvient que la jurisprudence se prononce très généralement en faveur de la négative (1).

La doctrine moderne estime, au contraire, que « les professions libérales peuvent donner lieu aux mêmes contrats civils que le travail manuel (2) ». « Sont des locateurs d'ouvrage, disent MM. Baudry-Lacantinerie et Wahl : l'avocat, le médecin, le peintre, le professeur... » (3).

---

(1) V. *supra*, pp. 81 et s.

(2) V. Planiol, *Tr. élém. de dr. civ.*, t. II, n° 1841.

(3) V. Baudry-Lacantinerie et Wahl, *Des contrats aléatoires, du mandat, du caut.*, etc., 3e éd., n° 379. — *Adde*, dans le même sens, Huc, *Comm. du C. civ.*, t. X, nos 379 et s. ; Laurent, *Princ. de dr. civ.*,

Il semble même que, pour les auteurs modernes, la question ne devrait faire l'objet d'aucune difficulté. M. Planiol va jusqu'à dire : « qu'il y a de l'*enfantillage* à s'en tenir à la distinction des arts serviles et des professions libérales » (1). Et cependant ces auteurs traitent, d'ordinaire, cette même question avec une certaine ampleur. La persévérance qu'apporte la jurisprudence dans l'adoption de la solution contraire, et le caractère spécieux des arguments fournis par un jurisconsulte de marque, le président Troplong, les obligent à toute une réfutation en bonne forme.

La jurisprudence, et son défenseur, le président Troplong, font valoir notamment :

1°) Que les fonctions libérales, d'un ordre élevé, qui s'adressent aux besoins moraux de l'homme, n'ont pas le lucre pour but ;

2°) Que les services rendus par ceux qui les exercent sont inestimables ;

3°) Que ces services étaient l'objet à Rome et dans l'ancien droit, non d'un contrat de louage de services, mais bien d'un mandat.

Ces arguments sont nettement réfutés par les auteurs modernes, dont nous venons de citer les noms.

---

t. XXVII, nos 333 et s. ; Beudant, *Cours de dr. civ.* : *La vente et le louage*, n° 647 ; Vigié, *Cours élém. de dr. civ.*, t. II, n° 2103 ; E.-H. Perreau, *Élém. de jurispr. médic.*, pp. 200 et s. ; Labbé, note sous Cass. req. 1er déc. 1891 (S. et P. 1893, 1, 497. — S. chrn.) ; Glasson, note sous Agen, 4 mars 1889 (D. P. 1890, 2, 281) ; Langlois, *Le contrat de travail*, p. 21 ; Boissard, *Le contrat de travail et le salariat*, p. 89. — Comp., Aubry et Rau, 5e éd., t. V, § 371 *bis* ; Louis Suret, *Les honoraires des notaires*, Jouve, 1910.

(1) V. Planiol, *op. cit.*, t. II, n° 1841.

MM. Baudry-Lacantinerie et Wahl, notamment, répondent sans détours :

1°) « Prétendre que la profession d'avocat ou celle de médecin est gratuite n'est, au fond, autre chose qu'une absurdité, car l'intention du client n'est pas de se faire faire une libéralité, et l'intention de l'avocat ou du médecin n'est pas de rendre un service gratuit... Cette idée (qu'à la différence de celui qui exerce un travail manuel l'auteur d'un travail intellectuel ne cherche pas à augmenter sa fortune) est des plus contestables ; mais, fût-elle vraie, qu'elle n'entamerait pas notre raisonnement, car la loi ne réserve pas la qualification de locateurs d'ouvrage à ceux qui, par leur travail, essayent d'augmenter leur fortune ; elle l'accorde à tous ceux qui font payer leur travail » (1) ;

2°) Il est douteux qu'il s'agisse de « *res inestimabiles* » : un tableau a la valeur que lui fait attribuer la talent du peintre ; le livre se vendra plus ou moins selon le mérite ou le talent de l'auteur (2) ;

3°) De plus, la représentation étant le trait caractéristique du mandat (3), on ne saurait, sous prétexte de faire honneur de la sorte à certaines professions, de rehausser la dignité de tels ou tels services, donner la qualité de mandataires à des personnes qui n'ont reçu aucun pouvoir de représentation. — D'ailleurs, à Rome même, le paiement des honoraires pouvait être poursuivi par une *persecutio extra ordinem;* et, dans l'ancien droit, Cujas pensait que le contrat relatif à l'exercice d'une profession libérale n'était autre

(1) V. Baudry-Lacantinerie et Wahl, *op. cit.*, n° 378, p. 188.

(2) V. Baudry-Lacantinerie et Wahl, *op. cit.*, n° 378, p. 187.

(3) V. *supra*, p. 95.

chose qu'un louage d'ouvrage et faisait l'application de cette théorie au professeur de droit et à l'avocat (1).

Bien d'autres raisons ont été, d'ailleurs, invoquées. Toutes concourent à établir, avec une force sensiblement égale, « qu'il est *puéril* de regarder le louage comme un contrat moins noble que le mandat, et d'appeler mandat salarié ce qui n'est, en réalité, qu'un louage d'ouvrage; qu'il y a ouvrage et ouvrage, mais que cela ne change pas la nature du contrat. » (2) — Mais nous ne voulons pas insister, pour notre propre compte, par le menu, sur toutes ces raisons ; elles sont trop connues (3).

---

(1) V. Baudry-Lacantinerie et Wahl, *op. cit.*, n° 378, pp. 185-186. — Cujas, d'ailleurs, s'expliquait, à cet égard, avec quelque sévérité : « J'ai été souvent consulté, dit-il, par des avocats du barreau, peu ou point versés dans la science du droit, mais bavards, et donnant un bruyant essor à leurs déclamations gagées. Ces hommes me consultaient par mépris et avec le dessein formé d'avance de rejeter et condamner toutes mes réponses sur le droit. Pour y parvenir, ils m'opposaient un déluge de consultations, d'opinions, de décisions des docteurs que je connais aussi bien qu'eux ; car j'ai passé ma jeunesse à les étudier avec une diligence trop grande peut-être pour le fruit qu'on en retire ! Et certes, je sais mieux que ces hommes ce qu'il y a de bon et de mauvais dans ces décisions. Or donc, il est rarement arrivé que lorsqu'ils citaient l'opinion d'un docteur, prenant le livre dans ma bibliothèque, je ne les aie convaincus ou de n'en pas comprendre le sens ou de l'altérer » (V. Troplong, *Commentaire des titres de l'Échange et du Louage*, t. II, n° 793).

(2) V. Beudant, *op. cit.*, n° 647, *in fine*.

(3) « Certains auteurs traitent avec humour certaines affirmations que l'on va répétant sans grande réflexion. On entend dire parfois : « L'intelligence humaine n'étant pas dans le commerce, les productions de cette intelligence ne peuvent être la matière d'un contrat de louage. » — « Que répondre à cela, dit Huc. L'étrangeté de certaines propositions en rend parfois la réfutation... pénible. Il n'a jamais été question de mettre l'intelligence humaine dans le commerce. Qu'est-ce que d'ailleurs cela pourrait vouloir dire ?... » (Huc, *op. cit.*

La controverse classique entre Duvergier et Troplong. — Il nous paraît plus intéressant d'observer que la plupart d'entre elles ont été présentées, dès 1837, par Duvergier, en des termes que nous regretterions de ne point citer ici. Ces quelques pages paraissent écrites d'hier. Lorsqu'on les a lues, la réfutation, d'un style si littéraire, si classique, de Troplong séduit encore; elle n'entame plus notre conviction. On demeure même un peu surpris que la question n'ait pas été, dès ce moment, définitivement tranchée, et qu'elle soit encore aujourd'hui si vivement discutée.

Opinion de Duvergier. — « Tout ce qui est susceptible de procurer par son usage quelque utilité, disait Duvergier, peut être l'objet du louage. Cette expression générale et complexe embrasse toutes les choses corporelles ou incorporelles, mobilières ou immobilières, et même les facultés physiques et intellectuelles des hommes » (1).

« ... L'espèce particulière de travaux ou de soins que le locateur s'oblige à faire ou à donner, ne modifie point la nature du contrat; il y a louage d'ouvrage, soit qu'il s'agisse d'opérations qu'exécutent les forces physiques de l'homme, soit que les actes qui forment l'objet du contrat, exigent le concours des facultés les plus élevées de l'esprit. J'ai repoussé la doctrine qui voit deux contrats distincts dans deux conventions qui, ayant les mêmes éléments essentiels, ne diffèrent qu'en ce que l'une impose l'obligation d'exé-

---

t. X, n° 381). — Quelques lignes plus loin, on peut lire également : « ... Il est *puéril* de prétendre que le service rendu par le médecin, l'avocat, le professeur, etc., est en soi une chose inappréciable. En fait, on l'apprécie et, au besoin, on le taxe ».

(1) V. Duvergier (continuation de Toullier), t. XVIII, n° 63.

cuter un travail mécanique, et l'autre, d'accomplir une œuvre intellectuelle. Ma raison n'a pu se plier à l'idée que dans un cas il y a louage d'ouvrage, et dans l'autre mandat. En cela, il est vrai, mon sentiment s'écarte de l'opinion depuis longtemps accréditée parmi les jurisconsultes les plus illustres; je le sais, on adopte le système que je combats; j'espère montrer que la lettre et l'intention de la loi, l'expérience des faits et les notions d'économie sociale repoussent également la théorie qui, jusqu'à ce jour, a été tenue pour vraie, et qu'elles justifient celle que je veux lui substituer » (1).

« ... Qu'on me permette de montrer à quel point est inexacte et déraisonnable la distinction entre les arts mécaniques et les arts libéraux.

« ...Il ne suffisait pas de dire : on trouve dans le mandat et le louage un élément commun, l'obligation de faire une chose pour autrui; et leur caractère distinctif consiste en ce que le mandat a pour objet les œuvres de l'intelligence, et le louage, les travaux de la main. Il fallait trouver des motifs pour justifier cette assertion. Je l'ai déjà montré, on a été réduit à prétendre que les productions des arts libéraux sont des choses inestimables; que les sommes données à celui qui en est l'auteur ne sont jamais l'équivalent de ses travaux ; que le contrat, malgré la rétribution offerte et reçue, n'en est pas moins gratuit ; qu'ainsi, il est un véritable mandat, puisque le mandat consiste précisément à faire une chose pour autrui, gratuitement. Eh bien ! sans contester, en réclamant, au contraire, de toutes mes

---

(1) V. Duvergier (continuation de Toullier), t. XIX, n° 267.

forces pour les œuvres de l'esprit un rang plus élevé que pour les opérations mécaniques, j'affirme que le travail intellectuel est susceptible d'être apprécié comme le travail physique ; que, de tout temps et dans nos mœurs actuelles surtout, on paie par un véritable prix les travaux les plus sublimes de l'intelligence. D'abord, je suis assuré que, quelles que soient les préventions qui existent encore chez quelques personnes ou dans certaines professions, les saines idées économiques ont fait assez de progrès pour que ma proposition rencontre en général plus de sympathie que d'éloignement. Mais, c'est par des notions qu'aucun jurisconsulte ne sera tenté de désavouer que je veux établir ma doctrine.

« Il est universellement reconnu, en droit, que la propriété des œuvres de l'esprit se transmet à prix d'argent. Quand Victor Hugo ou Lamartine, Ingres ou Delaroche ont terminé un poème ou un tableau, ils le vendent ; c'est l'expression que tout le monde emploie et que les jurisconsultes trouvent juste et légale. La somme qu'ils reçoivent est un véritable prix. Pourquoi donc les leçons de littérature ou de peinture que donnerait un grand poète ou un grand peintre, moyennant une rétribution convenable, ne seraient-elles pas un louage ? Pourquoi cette rétribution ne serait-elle pas un prix ? Chercherait-on une différence dans ce que le poème et le tableau, une fois achevés, ont une forme matérielle, dont ne sont pas revêtus les conseils donnés, les inspirations transmises, dans un enseignement quotidien ? A coup sûr, ce serait un misérable subterfuge ; car ce qui se vend et se vend à très haut prix, ce n'est pas le papier et l'écriture de Victor Hugo, ce n'est pas la toile et les couleurs de Ingres, c'est leur pensée, c'est leur génie.

« Quelquefois, il est vrai, de grands services sont rendus dans l'exercice de certaines professions; le médecin arrache le malade à la mort; l'avocat sauve l'honneur ou la fortune de son client. Mais cela n'empêche point que l'on ne puisse estimer et payer les soins de l'un et de l'autre à leur juste valeur. L'expérience démontre qu'on ne doit pas les apprécier par les résultats qu'ils produisent; car lorsque le malade succombe ou que le procès est perdu, le médecin et l'avocat n'en ont pas moins droit à des honoraires. Évidemment, il n'y a plus alors de prétexte pour dire que le service, considéré dans ses effets, reste toujours au-dessus de la récompense.

« D'ailleurs, la distinction entre les arts mécaniques et les arts libéraux n'est pas aussi nette qu'on le croirait au premier aperçu. Souvent l'intelligence joue un plus grand rôle dans la fabrication d'une machine que dans la confection d'un livre; et le travail de tel mécanicien l'emporte de beaucoup, comme œuvre de l'esprit, sur les productions de tel artiste. Cependant, si l'on s'attache aux mots employés pour qualifier leurs travaux, le contrat fait avec le mécanicien sera un humble louage d'ouvrage; la convention conclue avec l'artiste aura toute la noblesse du mandat » (1).

« Voici mon système, continue Duvergier :

« Le louage d'ouvrage consiste dans l'obligation de faire une chose moyennant un prix. Il y a cela aussi dans un mandat salarié. Mais celui qui loue son travail, agit en son nom; les actes qu'il fait émanent de sa volonté et de

(1) V. Duvergier (continuation de Toullier), t. XIX, n° 270.

sa capacité personnelle. Au contraire, le mandataire agit au nom du mandant; c'est la capacité et la volonté du mandant qui donnent force et effet à ses actes. Voilà ce qui distingue les deux contrats; et la distinction est, je crois, trop nettement tranchée pour qu'on puisse jamais se méprendre et les confondre. Une chose est faite par une personne pour une autre; on doute si c'est en exécution d'un louage ou en vertu d'un mandat. Pour le savoir, il n'y a qu'à se demander si celui par qui la chose a été faite, a agi en son nom, a usé de sa capacité personnelle, ou bien s'il a agi au nom de l'autre et avec le pouvoir que celui-ci lui a conféré. Selon la réponse, on déclare qu'il y a louage d'ouvrage ou mandat...

« Maintenant peu de mots suffiront pour montrer à quel point d'habiles jurisconsultes se sont fait illusion lorsqu'ils ont cru que c'était la nature des actes qui donnait au contrat son caractère, et qu'il y avait mandat, par cela seul que la chose à faire était une œuvre de l'esprit. Choisissons les exemples dans les travaux les plus élevés de l'intelligence; supposons qu'il faille qualifier la convention faite avec un médecin, un grand peintre, un avocat, un professeur de la plus sublime de toutes les sciences. Ils m'ont promis, moyennant un certain prix, de me donner des soins, d'orner ma galerie de tableaux, de rédiger un mémoire dans mon intérêt, de s'occuper assidument de mon instruction. Évidemment ce n'est pas un mandat que je leur ai donné et qu'ils ont accepté. Peut-on dire que je leur ai conféré un pouvoir qu'ils n'avaient pas, que je leur ai transmis une capacité ; qu'ils agissent en mon nom, qu'ils représentent ma personne ? Ont-ils reçu une mission telle qu'ils puissent m'obliger envers les tiers, ou obliger les tiers envers moi? Non, sans doute. Donc ils ne sont pas mes mandataires... C'est un louage d'ouvrage qui est intervenu entre nous. Au contraire, l'agent d'affaires à qui je confie l'administration de mes biens, la perception de mes revenus, la vente de mes denrées; l'avoué que je constitue dans un procès, sont mes mandataires, parce qu'ils sont chargés de mes pouvoirs, que ma capacité leur est transmise, que leurs actes me lient et lient les autres envers moi. Le notaire chargé par des cohéritiers de faire la liquidation d'une succession, ne reçoit point un véritable mandat... On lui confie un travail, on ne lui donne aucun pouvoir; il fait une chose utile pour les héritiers, il n'agit pas en leur nom, il n'est point leur représentant... (1).

« Quelques amours-propres se trouveraient-ils blessés par cette théorie? Quelques cœurs élevés craindraient-ils qu'elle n'eût pour résultat d'avilir les travaux de l'intelligence, d'ôter aux lettres et aux arts leurs plus nobles encouragements, d'enlever à certaines professions leur dignité et le rang qu'elles occupent dans notre organisation sociale? Si cela était, on devrait laisser les émotions de la vanité s'apaiser d'elles-mêmes. Qui voudrait qu'on leur sacrifiât une vérité utile? Mais on ne saurait trop s'empresser de rassurer les esprits préoccupés d'honorables inquiétudes, et cette tâche ne serait pas difficile. Qu'importe, en effet, le nom donné au contrat? Le mandat est-il donc plus estimable, en soi, que le louage? Les effets de l'un sont-ils plus que ceux de l'autre propres à attirer sur les contractants

(1) V. Duvergier (continuation de Toullier), t. XIX, nº 272.

la considération publique? Faut-il, dans l'exécution, employer des moyens judiciaires plus rigoureux pour celui-ci que pour celui-là? En aucune façon; sous tous ces rapports l'assimilation est parfaite. Lorsque le mandat est gratuit, sans doute le sentiment généreux qui inspire le mandataire relève et sa personne et son action. Mais la même générosité donnerait le même relief à l'acte par lequel une personne se chargerait d'exécuter gratuitement pour une autre personne, un travail quelconque. Dès que le mandat est salarié, il n'y a rien qui le classe à un rang plus élevé que le louage d'ouvrage.

« Donner la même qualification aux contrats qui déterminent un prix pour des travaux de l'intelligence, et aux conventions qui fixent le salaire des efforts de la puissance physique de l'homme, ce n'est point confondre les deux facultés et assimiler leurs résultats. On désigne de la même manière le contrat qui transmet la propriété d'une pierre précieuse, et celui par lequel on aliène la matière la plus commune, et personne ne craint que l'identité de la dénomination donnée aux actes puisse induire en erreur sur la valeur intrinsèque des choses. Or, à plus forte raison, l'œuvre de l'esprit et celle de la main resteront distinctes et séparées, quoique les conventions, dont elles sont l'objet, aient le même nom dans la langue du droit. Ce serait enfin une erreur de croire qu'il faut s'attacher à prévenir la confusion avec un soin extrême, parce que les tendances de notre époque semblent la favoriser. Je ne crois pas que les idées de notre temps présentent, sous ce rapport, un véritable danger. Elles me paraissent, au contraire, fort rassurantes. Aujourd'hui on reconnaît que le travail est une fonction sociale, que la richesse, les dignités et les honneurs doivent être distribués en proportion de la difficulté et de l'utilité des travaux ; que, sous ce double rapport, les productions de l'esprit ont droit à une part plus considérable que les productions de la force musculaire. Cette théorie gouvernait à leur insu les sociétés humaines, avant qu'elle eût été aperçue et proclamée ; l'ordre hiérarchique attaché depuis longtemps à certaines professions libérales, est un de ses effets incontestables. Elle n'a pas encore acquis toute l'autorité qu'elle doit obtenir, elle n'a pas produit tous les effets qu'il faut en attendre, mais chaque jour elle fait des progrès. Ce n'est pas sous l'influence de pareilles idées que l'on peut sérieusement craindre de voir confondre les arts mécaniques et les arts libéraux, les opérations manuelles et les œuvres de l'esprit, parce que les jurisconsultes nommeront également louages d'ouvrage, des contrats composés des mêmes éléments et différant seulement par la nature des travaux qui en sont l'objet » (1).

« En résumé, concluait Duvergier, ce n'est point l'absence de prix qui distingue le mandat du louage d'ouvrage.

« Une personne peut s'obliger à faire gratuitement une chose pour une autre personne, sans que pour cela il y ait mandat.

« Réciproquement, un mandat peut être salarié sans devenir louage.

« Le louage d'ouvrage peut consister à faire une œuvre de l'esprit.

« Ce qui caractérise le mandat et le distingue du louage,

---

(1) V. Duvergier (continuation de Toullier), t. XIX, n° 273.

c'est le pouvoir donné, par celui pour qui la chose doit se faire, à celui qui doit l'accomplir; c'est la capacité transmise par le premier au second; c'est le droit donné au mandataire d'agir au nom du mandant, de le représenter, de l'obliger envers les tiers et d'obliger les tiers envers lui » (1).

Opinion de Troplong. — A ces développements, qu'il a heureusement condensés en quelques phrases, Troplong a répondu de la façon suivante :

« Suivant M. Duvergier, tout le monde s'est trompé jusqu'à ce jour... Le caractère distinctif du louage d'ouvrage et du mandat n'est ni dans le prix, ni dans la nature du travail. Un mandat peut stipuler un prix mercenaire sans pour cela devenir contrat de louage. Le portefaix que j'envoie à la malle-poste, moyennant trois francs pour porter mes effets et les faire inscrire sur la feuille en mon nom, est un mandataire aussi bien que l'avoué qui me représente dans la difficile direction d'un procès. De son côté, le louage peut embrasser dans son étendue les œuvres les plus basses de la main de l'homme, comme les productions les plus élevées de son génie. Michelet, dans ses éloquentes leçons d'histoire; Broussais, dans sa savante pratique médicale, louent leur travail comme l'employé misérable de Montfaucon. La seule chose qui sépare le mandat du louage c'est que le mandat n'est qu'un pouvoir de représenter le mandant, une transmission de la capacité de ce dernier, afin de l'obliger envers les tiers et de parler et d'agir en son nom, tandis que dans le louage il n'en est pas ainsi. Le locateur

(1) V. Duvergier (continuation de Toullier), t. XIX, n° 274. — Comp., Taulier, t. 6, éd. 1847, pp. 284 et s.

d'ouvrage agit en son nom; il use de sa capacité personnelle, il ne représente personne que lui-même.

M. Duvergier fortifie ce système par des considérations tirées de la fausseté des préjugés qui ont fait admettre jusqu'à ce jour que le travail mécanique est seul susceptible d'évaluation. Il se prévaut enfin des contradictions qui existent entre les jurisconsultes, sur la qualification à donner à tel ou tel contrat, qui a pour objet des travaux à faire. Celui-ci voit un louage d'ouvrage dans la profession d'avocat, tandis que celui-là n'y voit qu'un mandat. Coquille voulait que le *procureur ad lites* fût un locateur d'ouvrage; Pothier en fait un mandataire. Cujas ramène au louage d'ouvrage les leçons du professeur de droit; le plus grand nombre n'y voit que l'exercice d'un mandat. Pourquoi ces divergences? C'est que la boussole qui dirige et Cujas, et Pothier, et tous les autres, est mauvaise. Mais qu'on adopte la nouvelle doctrine sur le mandat et le louage, et l'unanimité renaîtra parmi les jurisconsultes! » (1).

« Voyons... s'il est vrai que l'ancienne jurisprudence se soit trompée en voulant que les œuvres des arts libéraux soient inestimables.

« Ici notre question s'élève à une grande hauteur; elle touche aux principes les plus essentiels de la philosophie sociale.

« Le matérialisme vaincu de bien des côtés, et chancelant dans les convictions, cherche à faire sa rentrée dans la société par l'industrialisme.

. . . .

(1) V. Troplong, *op. cit.*, t. II, n° 805.

« (Dans l'industrialisme),... *Athalie* n'est qu'une sécrétion du cerveau ...L'artiste est un spéculateur, le poète un commerçant. Le génie littéraire doit prendre patente, et passer après la banque, car il rapporte moins.

« ...Quand (cette donnée philosophique) aura conquis la société, il faudra placer le cuisinier, le parfumeur et tous ceux qui, par l'appât du gain, ont mis leur art au service de nos plaisirs physiques, *et cæteros voluptatibus nostris ingenia accommodantes*, sur la même ligne que le philosophe qui se dévoue en silence, et au risque de mourir pauvre, à la recherche de la vérité.

« ...Le système que je défends aujourd'hui... est un fruit de la philosophie spiritualiste à laquelle crurent les jurisconsultes romains et leurs successeurs dans le droit français; l'autre (l'industrialisme) est un triste rejeton du matérialisme!

« Si je devais traduire en style moderne la pensée de nos maîtres en jurisprudence, je dirais :

« L'homme ne travaille pas seulement pour l'argent, il travaille aussi pour la gloire, pour la patrie, pour l'humanité. C'est ce qui fait qu'il y a entre les professions des inégalités nécessaires comme dans les conditions. Les unes sont subalternes, ce sont en général celles qui spéculent sur les besoins physiques de l'homme; elles ont le lucre pour but, et c'est avec de l'argent qu'on les paye. Les autres, plus relevées, s'adressent aux besoins moraux de l'homme, tantôt elles lui tendent la main dans ses revers, tantôt elles aspirent à le perfectionner et à le civiliser...

« Il y a donc dans chaque profession un esprit dominant qu'il faut considérer..., (et qui est) quelque chose de trop puissant par sa généralité même, pour être affecté de quelques exceptions.

« On dit que le prêtre vit de l'autel; oui, mais il vit plus encore de foi et de piété... ; il remplit un apostolat.

« La chaire du professeur est aussi une tribune...

« Je conviens avec vous que lorsqu'une affaire vient trouver l'avocat, il n'est peut-être pas indifférent à l'espoir de l'honoraire qui récompensera son travail. Mais suivez-le dans son cabinet quand il étudie sa cause ; allez surtout l'entendre à l'audience quand il plaide. Voyez-le s'identifier avec l'idée de son client, s'enflammer et s'irriter pour elle ; glorieux, s'il est vainqueur, triste et découragé, s'il est vaincu. Ah ! est-ce donc l'amour du gain qui cause ces émotions. Non, c'est la sympathie ; vous aviez deviné l'homme avant l'audience ; depuis, vous avez trouvé l'avocat, c'est-à-dire l'homme élevé, ennobli par l'esprit de sa profession...

« Or donc, au fond de tous ces travaux dont la société s'honore et sans lesquels elle se dissoudrait, qu'avons-nous aperçu ?

« Tour à tour, le zèle pour faire progresser l'homme, la sympathie pour ses misères, un but humanitaire.

« Direz-vous maintenant que ces choses se payent avec de l'argent ?... *Ces choses-là se donnent, elles ne se vendent pas.*

« Il y a un lot pour chaque profession, disait Montesquieu. Le lot de ceux qui lèvent les tributs et les richesses, et les récompenses de ces richesses sont les richesses mêmes. Le respect et la considération sont pour les ministres et les magistrats, qui ne trouvant que le travail après le travail, veillent jour et nuit pour le bonheur de l'Empire ».

« Voilà le langage que je comprends.

« Sans doute, il y aura toujours des prêtres simoniaques, des médecins avares, des avocats assez âpres pour faire désirer une nouvelle loi *Cincia*. Mais ces écarts individuels sont une révolte contre l'esprit de leur profession. Cet esprit demeure pur, il survit aux fautes de l'homme. Laissez-moi du moins croire à sa sincérité, et n'effeuillez pas d'une main impitoyable cette fleur si tendre de l'honneur !

« Direz-vous qu'il y a aussi des sentiments honorables dans les professions que je place au-dessous des arts libéraux ! Je l'accorde. Quand Vatel, maître d'hôtel de M. le prince, se poignarda de désespoir de ce que la marée n'était pas arrivée, Mme de Sévigné dit qu'il se crut perdu d'honneur, *à force d'avoir de l'honneur à sa manière*. Mais sa profession ne lui commandait pas ce déplorable courage : il allait au delà de son devoir ; il se montrait supérieur à son état. Que si, au contraire, l'avocat ne se dévoue pas en entier à sa cause, le médecin à son malade, le professeur à son élève, ils manquent à la loi fondamentale de leur profession qui est le dévouement ; or qui dit dévouement, dit une chose inestimable, une chose qui commande la reconnaissance et ne se paye pas en argent.

. . . .

« Après cela, je sais que, de tout temps, on a fait de très éloquentes tirades contre les arts libéraux... Sénèque (avant Rousseau) avait écrit là-dessus une belle déclamation. Mais la vérité n'est pas dans ces exagérations... Cicéron, si judicieux et si sage dans son admirable livre des *Devoirs*, a tracé la ligne de démarcation avec un rare discernement... Laissons donc à chacun son lot, comme disait Montesquieu ; n'enlevons pas à certains états le relief qui les encourage et les grandit à leurs propres yeux ; ces distinctions ne sont pas des préjugés ; ce sont choses très réelles et très raisonnables, qui doivent être défendues contre de trop fâcheuses tentatives d'innovations... (1).

« Venons maintenant à un raisonnement qui paraît avoir beaucoup frappé M. Duvergier, et qui n'a fait sur mon esprit aucune impression.

« Les hommes de génie, dit-il, vendent leurs productions. Vendre est l'expression juste et légale. Pourquoi donc ne pourraient-ils pas louer leur travail ?

« J'accorde le mot vendre. C'est celui, faute d'autres, dont on s'est servi de tout temps. Il est bien vieux, car Pline disait que le dictateur César acheta (*emit*) 80 talents le *Médée* et l'*Ajax* de Timomaque.

« Néanmoins, croyez-vous que cette vente soit absolument semblable aux autres ? Croyez-vous que le prix que l'artiste ou le poète ont reçu fera passer dans la main de l'acheteur la propriété de sa pensée comme s'il se fût agi d'un meuble ou d'un champ ? Est-ce qu'au contraire l'auteur ne reste pas tellement propriétaire de sa pensée qu'il a seul le droit de la reproduire ? Est-ce qu'il n'en a pas le monopole exclusif ?

« Si même, vous placez l'auteur en présence d'un éditeur à qui il a cédé le droit de copie, est-ce que vous irez jusqu'à dire qu'il a abdiqué sa propriété ? Aux yeux de l'art et de la science, c'est l'auteur qui demeure toujours propriétaire et qui a l'honneur ou le blâme de la produc-

(1) V. Troplong, *op. cit.*, t. II, n° 807.

tion. Comme tel, il peut donc porter la main sur la création de son esprit et la remanier comme le cultivateur qui retourne le sillon qui lui appartient. Ce n'est que comme affaire commerciale que son œuvre a cessé de lui appartenir. Mais il est clair que cette aliénation des produits de la chose n'a pu lui enlever le droit de correction, qui est du domaine de l'art et de la science.

« Eh bien! je n'en veux pas davantage pour condamner l'opinion de M. Duvergier. Il veut argumenter de la vente au louage ? Je l'accorde pour un instant. Or, la vente d'un livre, d'un tableau, n'est rien moins que semblable à la vente d'une propriété ordinaire. Donc l'artiste qui fournit son travail à autrui moyennant un honoraire, ne le loue pas dans le sens légal et ordinaire du mot; et c'est ce trait délicat qu'avaient aperçu les auteurs critiqués par M. Duvergier. Voilà pourquoi s'attachant à des nuances qu'il efface, ils ont appelé mandat ce qu'on appelle louage proprement dit.

« M. Duvergier pourra peut-être objecter que rien n'empêche l'auteur d'aliéner expressément le droit de propriété que la vente ordinaire retient entre ses mains; qu'une telle convention n'aurait rien de contraire aux lois et aux bonnes mœurs, bien qu'elle soit peu digne d'un auteur qui se respecte.

« J'accorde ce point; mais qu'en résulte-t-il ? Qu'un médecin, qu'un avocat, qu'un professeur, etc., etc., abdiquant toute pudeur, pourront aussi stipuler qu'ils se louent à autrui, moyennant un prix qu'ils déclareront être l'équivalent d'un travail sans dévouement, sans affection ? Car le mot prix employé dans le contrat de louage, ne signifie pas autre chose. Je ne sais ce que les tribunaux penseraient d'une telle stipulation; mais, en supposant qu'elle fût validée, on conviendra cependant qu'elle sortirait des habitudes les plus ordinaires, et qu'il y a peu d'hommes assez bas pour se placer dans de pareils termes. Or, le jurisconsulte qui essaie de préciser le caractère des contrats, prend pour point de départ les faits habituels et réguliers, et non les exceptions et les écarts. Pour un avocat qui se loue, comme disait Cujas, il y en a mille qui remplissent leur profession avec honneur et désintéressement, et ce sont ceux-là qui font la règle. Un auteur louera ignominieusement sa plume. Cela s'est vu et peut se voir encore ; mais mille auteurs conserveront l'indépendance et la dignité de leur intelligence, et c'est sur eux que le jurisconsulte jettera les yeux pour donner ses définitions.

« Et ces distinctions de la loi, le monde et la société les ont faites avant elle. Le monde et la société méprisent ces pauvres diables de folliculaires que Voltaire représentait allant à la quête comme des moines mendiants. Ils les méprisent, parce qu'ils se louent; mais quand Louis XIV demandait à Molière un chef-d'œuvre pour les pompes de sa cour, on savait bien que le grand poète ne se louait pas au grand roi. Le génie de l'un répondait au génie de l'autre.

« Ceci sert à expliquer cette idée que M. Duvergier repousse comme un préjugé, savoir que le mandat est plus noble que le louage; hé, sans doute! car le louage a un prix et le mandat a un honoraire! Et l'homme qui obéit à la sympathie, au dévouement, à l'amour de l'humanité ou de la gloire, repousse un prix comme une humiliation » (1).

---

(1) V. Troplong, *op. cit.*, t II, nº 808.

Et Troplong terminait ainsi :

« La conclusion de cette discussion est donc que le Code se lie à la théorie embrassée par les jurisconsultes romains et les jurisconsultes français, avec une connaissance si profonde et si attentive des nuances qui séparent le mandat du louage d'ouvrage; théorie éminemment morale et philosophique, et dont on ne pourrait s'écarter, sans blesser l'honneur des professions libérales, sans exciter en elles l'esprit de spéculation et de trafic qui doit en être banni pour le bien de la société; sans se jeter enfin dans les dangereuses erreurs d'un matérialisme désolant » (1).

L'opinion de Troplong, contraire à l'opinion moderne la plus généralement reçue, est contraire à une saine analyse des faits et à la réalité des choses. — Malgré ce long et beau plaidoyer, qu'on relit toujours avec intérêt et dont une sèche analyse aurait gâté le charme, il n'en demeure pas moins que la distinction entre les *artes liberales* et *serviles*, qui est « plus dans nos mœurs que dans nos lois », comme le reconnaissait Duranton (2), et qui tend à faire considérer ceux qui exercent les professions libérales « comme des personnalités supérieures auxquelles tout intérêt autre que

(1) V. Troplong, *op. cit.*, t. II, n° 811. — Comp., Guillouard, *Tr. du contr. de louage*, 3e éd., t. II, nos 692 et s.

(2) V. Duranton, t. XVIII, n° 196. — « Tel, dit M. Planiol, qui rougirait d'accepter un salaire, touche très volontiers un « traitement » ou des « honoraires ». C'est un sentiment dû à l'éducation, ce n'est pas une idée rationnelle. Le travail en lui-même est ce qui fait la dignité de la vie, mais s'il est des occupations plus agréables que d'autres, cela n'influe en rien sur leur importance relative au point de vue économique et social » (*op. cit.*, t. II, n° 1841).

celui de l'art ou de la science doit rester étranger » (1), est contraire à une saine analyse des faits, et à la réalité des choses.

Une semblable distinction peut, d'ailleurs, être nuisible aux intérêts très légitimes de ceux qui exercent ces professions libérales. C'est peut-être bien, au résumé, parce qu'on est convaincu, ou parce qu'on croit l'être, que les œuvres de l'intelligence s'honorent, se récompensent, qu'on ne les rétribue pas à leur juste valeur. C'est peut-être bien, en dernière analyse, grâce aux idées de Troplong que nombre de jeunes hommes, qui ont employé leur jeunesse à travailler sans relâche, et qui rendent déjà quelques services à la science ou à l'art auquel ils se sont consacrés, — gagnent péniblement leur existence, ne se créent que fort tard une famille que souvent ils n'auront pas le loisir d'élever, — alors que les fils d'industriels et de commerçants, qui ont suivi la voie tracée par leur père, jouissent, depuis de longues années, des fruits de leurs travaux !

Pour toutes ces raisons, — juridiques et morales, — nous croyons qu'il est de toute nécessité de ne pas s'inquiéter de la nature des travaux, lorsqu'on se demande quelle est la nature du contrat en présence duquel on se trouve. Il faut nous en tenir aux principes précédemment dégagés, et abandonner toute idée de mandat.

Y a-t-il lien de dépendance et de subordination ? C'est un contrat de travail.

Ce lien n'existe-t-il pas ? Il y a entreprise.

---

(1) V. Baudry-Lacantinerie et Wahl, *op. cit.*, n° 378, p. 187.

C'est à la lumière de ces principes que l'on doit résoudre la question de savoir si ceux qui exercent des professions libérales, les notaires, les avocats, les médecins, les artistes dramatiques, ont, ou non, fait un contrat de travail (1).

Résumé. — De ce qui précède, il résulte que la doctrine est divisée sur la notion juridique du contrat de travail.

1°) Pour les uns, le contrat de travail est le contrat par lequel une personne s'engage à travailler pour une autre, sous sa dépendance et sa subordination, moyennant une rémunération fixée soit par jour, par semaine ou par mois, soit d'après le travail accompli.

2°) Pour les autres, le contrat de travail est le contrat par lequel une personne s'engage à travailler pour une autre, moyennant une rémunération proportionnelle au temps.

3°) La question de savoir si les arts libéraux peuvent faire l'objet d'un contrat de travail est également controversée ; mais la doctrine moderne se prononce le plus généralement en faveur de l'affirmative.

---

(1) Fidèle à son critérium, M. Planiol enseigne que, « dans deux des professions libérales les plus en vue, celle de l'avocat et celle du médecin, le contrat ordinairement fait avec le client n'est pas un *louage*, parce que le salaire n'y est pas proportionnel au temps ; c'est alors une *entreprise*, rémunérée à tant par visite, par consultation, ou par plaidoirie ; mais l'assimilation indiquée entre les contrats faits dans les métiers proprement dits et les professions libérales ne cesse pas d'être exacte, encore bien qu'il puisse y avoir des différences de détail, à raison de l'objet de la profession, comme il en existe à raison de l'objet vendu entre la vente d'un immeuble, la vente d'un office et la vente d'une obligation de chemin de fer » (*op. cit.*, t. II, n° 1841, p. 605, note 1).

TROISIÈME PARTIE

LÉGISLATION

Ni le Code civil, ni les lois postérieures ne contiennent une définition du contrat de travail; mais de certains textes, il résulte que c'est le lien de dépendance et de subordination qui constitue le droit propre de ce contrat. — Nous arrivons ainsi à la troisième partie de notre étude, dans laquelle nous devons préciser la notion du contrat de travail, telle qu'elle résulte des dispositions du Code civil et des diverses lois dont nous avons déjà eu l'occasion de parler: lois sur les accidents, les conseils de prud'hommes et les retraites ouvrières et paysannes (1).

Ni dans le Code civil, ni dans aucune de ces lois, nous ne trouvons une définition du contrat de travail; mais de différents articles, soit du Code civil, soit de ces lois postérieures, se dégage assez nettement le critérium auquel s'attache le législateur pour définir le contrat qui nous intéresse.

Une étude impartiale de ces divers textes amène à penser que c'est, incontestablement, au lien de dépendance et de subordination, et nullement au fait de la rémunération proportionnelle au temps, que s'est référé le législateur pour caractériser le louage de services ou contrat de travail.

L'orientation législative est indiquée dans le projet de loi sur le contrat de travail du 2 juillet 1906. — *Ce projet voit*

---

(1) V. *supra*, pp. 28 et s., 108 et s., 121 et s.

dans le lien de dépendance et de subordination le trait caractéristique du contrat de travail. — D'autre part, ainsi que nous le rappelions au début de la présente étude, l'orientation législative sur notre sujet se trouve indiquée aujourd'hui, sinon dans un texte de loi, du moins dans un projet de loi dont le dépôt a eu quelque retentissement. Ce projet de loi, en date du 2 juillet 1906, a donné lieu à de remarquables rapports et à des débats très instructifs, sur lesquels nous aurons l'occasion d'insister dans le second chapitre de cette partie de notre travail.

Il résulte, de façon non équivoque, du texte de ce projet de loi, que le trait propre et caractéristique du contrat de travail ne doit pas être recherché dans la diversité des modes de rétribution, mais bien dans cet état de dépendance et de subordination dans lequel nous avons vu, avec la jurisprudence et de nombreux auteurs, le critérium dudit contrat.

Mais examinons, d'abord, le louage de services ou contrat de travail dans le Code civil et dans les lois sur les accidents du travail, la compétence des conseils de prud'hommes et les retraites ouvrières. — Nous verrons, ensuite, le projet du 2 juillet 1906.

CHAPITRE PREMIER

Le contrat de travail dans le Code civil et les lois postérieures.

I. — Le contrat de travail dans le Code civil

Le législateur de 1804 a considéré tous les salariés, — ouvriers, domestiques, gens de service, — comme des locateurs de services, sans se préoccuper aucunement de leur mode de rémunération. — On a dit bien souvent que les auteurs du Code civil qui ont mentionné les ouvriers dans quelques textes (art. 1788-1790; art. 1798-1799; art. 2271), n'ont pas, en réalité, légiféré pour eux (1); mais il n'en est pas moins vrai que le Code civil qui a, en effet, nommé les ouvriers à diverses reprises, qui a parlé des domestiques (art. 1780-1781), des gens de service (art. 2101-4°), des gens de travail (art. 1779; art. 2271), ne s'est, à aucun moment, inquiété du mode de rémunération employé à leur égard pour déterminer la nature du contrat qui les lie à leurs patrons ou maîtres!

---

(1) V. *supra*, pp. 1 et s.

L'art. 1710, C. civ., qui définit le louage d'ouvrage, *lato sensu*, par opposition au louage des choses, se contente de dire : « Le louage d'ouvrage est un contrat par lequel l'une des parties s'engage à faire quelque chose pour l'autre, moyennant un prix convenu entre elles ». Il n'est là, nullement question de rémunération proportionnelle au temps. Il n'en est pas davantage question dans les autres textes que nous venons de citer. Le mérite du Code, au contraire, est d'avoir compris, quel que soit le mode de rémunération employé, qu'il n'y a qu'une seule espèce de louage de travail, et que toutes les personnes susindiquées font indistinctement des louages de travail.

Le Code, en effet, embrasse sous la dénomination « gens de travail » à la fois les ouvriers, les domestiques et les gens de service.

On peut remarquer, en effet, que si l'art. 1779, C. civ., qui énumère les trois espèces principales de louage d'ouvrage, indique, en première ligne, le louage des *gens de travail*, la section dans laquelle le Code traite de cette première espèce de louage d'ouvrage est intitulée : « *Du louage des domestiques et ouvriers* » (1).

D'autre part, si dans l'art. 2101-4°, qui déclare privilégiés, pour l'année échue et ce qui est dû sur l'année courante, les salaires des gens de service, le législateur a substitué cette dernière expression de «*gens de service*» à celle de «*domestiques*» qu'employait l'art. 11 de la loi du 7 brumaire

---

(1) V. la rubrique de la section première du chapitre III, au livre III, titre VIII, du Code civil, — laquelle comprend les art. 1780 et 1781 (ce dernier abrogé par la loi du 2 août 1868).

an VII, — c'est, afin d'étendre, de la sorte, la classe des domestiques, de faire bénéficier ainsi dudit privilège « certaines personnes chargées d'un service spécial, comme le cocher, le valet de chambre, la femme de chambre, le pâtre... qu'on aurait pu hésiter à comprendre sous la dénomination de domestiques » (1).

Le législateur de 1804 a donc considéré tous ces salariés, — ouvriers, domestiques, gens de service, — comme des locateurs de services, et ce, sans se préoccuper aucunement de leur mode de rémunération.

Le législateur de 1832, qui a édicté un privilège au profit des ouvriers et commis en matière de faillite, n'a fait aucune distinction entre eux, selon le mode de rémunération. — Et l'exemple du législateur de 1804 a été suivi par le législateur de 1832, qui a établi, au profit des ouvriers et des commis, en matière de faillite, un privilège analogue à celui que l'art. 2101-4° avait accordé aux gens de service. Ce privilège a été créé — on le sait — pour mettre un terme aux décisions de la jurisprudence qui persistaient à déclarer que la

---

(1) V. à cet égard, Baudry-Lacantinerie et de Loynes, *Nant., priv. et hyp.*, 3e éd., t. Ier, nos 332 et s.

(2) Les auteurs se sont attachés, au surplus, à préciser le sens de ces différents mots : ouvrier, domestique, gens de service, gens de travail. On comparera avec intérêt leurs explications à cet égard. V. not., Toullier, t. XIX, nos 278, 281 ; Troplong, *Comm. sur le titre du louage*, t. II, nos 843, 848, 957 ; Baudry-Lacantinerie et Wahl, *Du contrat de louage*, 3e éd., t. II, no 1648 ; Aubry et Rau, 5e éd., t. III, § 260 ; t. V, § 372 ; 4e éd., t. VIII, § 774 ; Huc, *Comm. du C. civ.*, t. X, no 382, t. XIII, no 42 ; Beudant, *Cours de dr. civ.: Les sûretés personnelles et réelles*, t. Ier, no 375 ; *La vente et le louage*, no 645 ; et Vigié, *Cours élém. de dr. civ.*, éd. 1905, t. II, nos 2103, 2396.

disposition de l'art. 2101-4°, C. civ., ne devait pas s'appliquer aux ouvriers et commis (1). Là, encore, le législateur n'a pas éprouvé le besoin de distinguer entre les ouvriers et commis, selon qu'ils seraient rétribués au temps, ou à la tâche ou aux pièces (2).

Seule, l'idée de dépendance et de subordination explique la disposition (aujourd'hui abrogée) de l'art. 1781 *C. civ.* — Ce n'est, d'ailleurs, que si l'on estime que le Code civil a admis à la base du louage de travail ce lien de dépendance et de subordination dont nous faisons le critérium du contrat de travail, que l'on peut se rendre un compte exact des raisons qui ont fait admettre au législateur de 1804

---

(1) V. *supra*, pp. 15 et s., 18 et s.

(2) Voici, d'ailleurs, le texte de l'art. 549, C. comm. (rédaction de 1838) : « Le salaire acquis aux ouvriers employés directement par le failli pendant le mois qui aura précédé la déclaration de faillite, sera admis au nombre des créances privilégiées, au même rang que le privilège établi par l'art. 2101 du Code civil pour le salaire des gens de service. — Les salaires dus aux commis pour les six mois qui auront précédé la déclaration de faillite seront admis au même rang ».

L'art. 549, C. comm., est aujourd'hui ainsi rédigé : — Art. 549 (L. 4 mars 1889). Le salaire acquis aux ouvriers directement employés par le débiteur, pendant les trois mois qui ont précédé l'ouverture de la liquidation judiciaire ou de la faillite, est admis au nombre des créances privilégiées, au même rang que le privilège établi par l'art. 2101 du Code civil pour le salaire des gens de service. — (L. 6 févr. 1895). Le même privilège est accordé aux commis attachés à une ou plusieurs maisons de commerce, sédentaires ou voyageurs, savoir : — S'il s'agit d'appointements fixes, pour les salaires qui leur sont dus durant les six mois antérieurs à la déclaration de la liquidation judiciaire ou de la faillite ; — Et, s'il s'agit de remises proportionnelles allouées à titre d'appointements ou de suppléments d'appointements pour toutes les commissions qui leur sont définitivement acquises dans les trois derniers mois précédant le jugement déclaratif, alors même que la cause de ces créances remonterait à une époque antérieure ».

« que le maître serait cru sur son affirmation, pour la quotité des gages, pour le paiement du salaire de l'année échue; et pour les acomptes donnés pour l'année courante », (art. 1781). Le maître devait être cru, parce qu'il est le maître; parce qu'il dirige et commande. Des raisons de décence ne permettaient pas que les subordonnés vinssent rendre des témoignages contre lui. C'est, de la sorte, en définitive, que les commentateurs du Code civil, qui écrivaient avant 1868, — époque à laquelle ce texte a été abrogé, — justifiaient la dérogation au droit commun qu'il sanctionnait (1).

Seule, l'idée de dépendance et de subordination explique le développement du système des amendes et des règlements d'atelier. — Seule, l'idée que le louage de travail unit les ouvriers au patron par un lien de dépendance explique, semble-t-il, raisonnablement, le système des amendes et des règlements d'atelier que le législateur a, jusqu'à ce jour, laissés se développer, malgré les protestations dont ce système est l'objet de la part des intéressés. Si le législateur a pu, en effet, estimer logique, d'une part, que ces amendes soient ainsi infligées aux ouvriers pour leurs malfaçons, leurs négligences, leurs retards, — que, d'autre part, du seul fait de leur entrée dans l'atelier, ces ouvriers soient considérés comme ayant accepté un règlement qui ne leur a pas même été communiqué, — il faut, croyons-nous, en chercher encore la raison dans ce fait que le

(1) V. Toullier, t. XIX, n°s 302 et s.; Duranton, 4e éd., t. XVII, n° 237 ; Troplong, *op. cit.*, t. II, n° 882. — Comp., Levasseur, *Histoire des classes ouvrières et de l'industrie en France de 1789 à 1870*, 2e éd., t. Ier, pp. 381, 497, *in fine*-498, t. II, pp. 520-521.

louage de travail implique un état de subordination qui légitime, ou permet, du moins, de tolérer l'emploi de semblables procédés.

II. — Le contrat de travail d'après les lois sur les accidents du travail, les conseils de prud'hommes et les retraites ouvrières.

Que le législateur moderne se soit de plus en plus attaché à ce critérium du lien de dépendance et de subordination pour caractériser le contrat de travail, c'est ce qui résulte, avec la dernière évidence, de l'examen des lois récentes sur les accidents du travail, les conseils de prud'hommes et les retraites ouvrières.

Nous avons vu, dans la première partie de notre étude, — et nous avons insisté à cet égard, — que c'est à l'occasion de l'application de ces lois que la jurisprudence a précisé le critérium du contrat de travail qu'elle a très exactement dégagé, à notre avis du moins, de la loi elle-même (1). Aussi nous sera-t-il permis d'analyser plus brièvement les dispositions qui nous intéressent dans ces textes législatifs.

La loi du 9 avril 1898, sur les accidents du travail, ne fonde nullement la notion du contrat de travail sur la rémunération proportionnelle au temps. — Assimilation des ouvriers payés au temps et à la tâche. — Et, d'abord, il est bien certain que la loi du 9 avril 1898, sur les accidents du

(1) V. *supra*, pp. 28 et s.

travail, n'a nullement fondé la notion du contrat de travail sur l'idée d'une rémunération proportionnelle au temps.

L'art. 1er de la loi, qui pose le principe du risque professionnel, se garde bien de distinguer entre les ouvriers payés au temps et les ouvriers payés à la tâche.

Jamais, d'ailleurs, à notre connaissance, au cours de la discussion des nombreuses propositions et des projets qui ont précédé le vote de cette loi,il n'a été question de faire une telle distinction (1). Sur l'art. 1er, un amendement a même été présenté, en 1888, qui nommait, au contraire, l'ouvrier travaillant aux pièces à côté de l'ouvrier travaillant à la journée. Ce texte, ainsi conçu : — « L'ouvrier travaillant à la journée, l'ouvrier travaillant aux pièces à l'aide des machines-outils de son patron, l'ouvrier des mines et carrières souterraines, l'employé et le domestique victimes d'un accident dans leur travail ont droit à une indemnité proportionnelle à la gravité et aux conséquences de la blessure. Toutefois, cette indemnité cesse d'être due s'il est nettement établi que l'accident a été provoqué intentionnellement ou qu'il a eu pour cause un état d'ivresse. En cas de mort par suite de l'accident, l'indemnité est due aux ayants droit », — n'a pas été adopté. Mais, si on se reporte aux débats qui ont précédé le rejet de cet amendement (2), on se rend bientôt compte que l'attention du Parlement n'a nullement été appelée sur l'assimilation entre les deux catégories d'ouvriers, au temps et à la tâche. Les efforts de l'auteur de l'amen-

(1) Ces propositions et ces projets se trouvent très méthodiquement classés et très clairement résumés dans les *Lois annotées* du Sirey, 1899, pp. 761 et s.

(2) V. *Journ. off*, Ch des dép., Déb. parl., 26 juin 1888, p. 1889.

dement, M. Roret, ont surtout porté sur la nécessité de faire application du risque professionnel non seulement aux ouvriers, mais encore aux employés et aux domestiques (1).

La loi, donc, ne distingue pas. Le texte de l'art. 1er porte: « Les accidents survenus par le fait du travail, ou à l'occasion du travail, aux ouvriers et employés occupés dans l'industrie du bâtiment, les usines, manufactures, chantiers, les entreprises de transport par terre et par eau, de chargement et de déchargement, les magasins publics, mines, minières, carrières, et, en outre, dans toute exploitation ou partie d'exploitation dans laquelle sont fabriquées ou mises en œuvre des matières explosives, ou dans laquelle il est fait usage d'une machine mue par une force autre que celle de l'homme et des animaux, donnent droit au profit de la victime ou de ses représentants à une indemnité à la charge du chef d'entreprise, à la condition que l'interruption de travail ait duré plus de quatre jours ».

Le mot « occupés » est très général. C'est le fait du travail qui est pris en considération, et non le mode de rémunération. D'ailleurs, lorsque le législateur a été amené à s'expliquer sur l'expression « chef d'entreprise », et lorsqu'il a reconnu qu'il fallait entendre par chef d'entreprise

---

(1) La loi du 12 avril 1906 a étendu à toutes les exploitations commerciales les dispositions de la loi du 9 avril 1898. V. Sirey, *Lois ann.* de 1907, p. 399. — Mais le risque professionnel ne bénéficie pas encore aux gens de maison. De nombreuses propositions de loi tendant à leur en faire étendre le profit ont été déposées à la Chambre des députés. V. not., *Journ. off.*, 1908, Ch. des dép., Doc. parl., annexe, n° 1737, p. 422 ; 1909, annexe, n° 2659, p. 1300 ; 1911, annexe, n° 927, p. 311. *Adde, Bulletin mensuel du travail législatif et parlementaire* (Éditions des « Juris-Classeurs »), déc. 1911, p. 72, 1re col.

« le patron employant des ouvriers sous ses ordres, les dirigeant, ayant un véritable chantier... » (1), il a indiqué du même coup à quel critérium il se référait pour déterminer si telle personne devait, ou non, bénéficier des dispositions de la loi nouvelle. Si le chef d'entreprise est celui qui emploie des ouvriers sous ses ordres et les dirige, — les ouvriers sont bien tous ceux qui sont unis à lui par les liens de dépendance et de subordination !

Il résulte, d'ailleurs, très formellement des art. 3 et 10 de la loi du 9 avril 1898 que les ouvriers payés à la tâche ne sauraient être considérés comme des entrepreneurs. — Ces articles qui déterminent les bases sur lesquelles sera fixée l'indemnité temporaire et la rente, au cas d'accident de travail, visent l'hypothèse même où les ouvriers étaient rémunérés à leurs pièces au moment de l'accident (2).

La loi du 18 juillet 1907 sur l'assujettissement au risque professionnel. — Pour le législateur, tous les salariés, quel que soit leur mode de rémunération, sont des locateurs de services. On s'en rend davantage compte encore, lorsqu'on lit l'art. 1er de la loi du 18 juillet 1907, qui permet de placer sous le régime du risque professionnel les personnes qui, à l'heure actuelle, n'y sont pas soumises, soit les employés des professions libérales, les domestiques (3), et les ouvriers agricoles dans les cas où ils ne sont pas garan-

---

(1) V. Sirey, *Lois. ann.* de 1899, pp. 775-776, notes 17 et 19.

(2) On lira avec intérêt le commentaire de ces articles sur le point qui nous intéresse, et que nous ne voulons pas reproduire ici, dans l'ouvrage de M. Sachet, *Tr. de la législ. sur les accid. du trav.*, 5e éd., nos 818 et s., 889 et s.

(3) V. *supra*, p. 176, note.

tis par la loi du 30 juin 1899, concernant les accidents causés dans les exploitations agricoles par l'emploi de machines mues par des moteurs inanimés (1). Dans l'art. 1er, alinéa 1er, de la loi du 18 juillet 1907, le législateur, en effet, met sur le même pied ouvriers, employés et domestiques ; et dans l'alinéa 2, il les comprend tous sous l'expression « salariés ».

« Tout employeur non assujetti à la législation concernant les responsabilités des accidents du travail, dit, en effet, l'alinéa 1er de cette loi, peut se placer sous le régime de ladite législation pour tous les accidents qui surviendraient à ses *ouvriers*, *employés* ou *domestiques*, par le fait du travail ou à l'occasion du travail ».

Et l'alinéa 2 dispose : « Il (l'employeur) dépose à cet effet à la mairie du siège de son exploitation ou, s'il n'y a pas d'exploitation, à la mairie de sa résidence personnelle, une déclaration dont il lui est remis gratuitement récépissé et qui est immédiatement transcrite sur un registre spécial tenu à la disposition des intéressés. Il doit présenter en même temps un carnet destiné à recevoir l'adhésion de ses *salariés*, sur lequel le maire appose son visa en faisant mention de la déclaration et de sa date ».

La loi du 27 mars 1907, sur les conseils de prud'hommes. — C'est également, en s'inspirant de cette idée que le trait propre et caractéristique du contrat de travail consiste dans

(1) V. not., sur la loi du 18 juill. 1907, Sachet, *op. cit.*, nos 131 et s. ; Baudry-Lacantinerie et Barde, *Des obligations*, 3e éd., t. IV, no 2975 ; Capitant, *Cours de législ. industr.*, pp. 344 et s. ; et Duboys-Fresney, *De l'extension aux ouvriers agricoles de la loi du 9 avril 1898 sur les accidents du travail*, pp. 105 et s. *Adde*, le « Juris-Classeur » des accidents du travail.

un lien de dépendance d'une des parties à l'égard de l'autre que le législateur du 27 mars 1907 a établi les trois classes d'électeurs aux conseils de prud'hommes, — ouvriers, — employés, — patrons.

Si ce n'était là, en effet, l'idée qui a guidé le législateur, on ne s'expliquerait qu'assez difficilement la présence sur la liste des électeurs ouvriers des « chefs d'atelier de famille travaillant eux-mêmes », alors surtout qu'il a été expressément dit, au cours des travaux préparatoires, que ces chefs d'atelier de famille demeureraient des ouvriers, même si les ouvriers par eux employés ne se rattachaient à eux par aucun lien de parenté ou d'alliance, et que l'expression « de famille » n'a été maintenue que pour distinguer ces chefs d'atelier des contremaîtres, et de ceux qui dirigent un atelier pour le compte d'autrui. — Ces chefs d'atelier, qui mettent en œuvre les matières qui leur ont été confiées, avec l'aide d'ouvriers, ces façonniers, ces « canuts », plus spécialement, qui vont chercher la soie chez le fabricant, la triturent et la rapportent travaillée, devraient être considérés comme des patrons, si on ne tenait compte qu'ils sont unis, en dernière analyse, au fabricant par les liens de dépendance et de subordination qui constituent l'essence même du contrat de travail (1).

Les contremaîtres, qui sont dans la même situation à l'égard du patron, sont compris, soit au nombre des électeurs ouvriers, s'ils prennent part à l'exécution matérielle des travaux industriels, soit au nombre des électeurs

---

(1) V. Sirey, *Lois ann.* de 1907, pp. 496-497, note 12.

employés, s'ils ne remplissent que des fonctions de surveillance ou de direction (1).

Sont électeurs patrons, par contre, ceux qui ont la direction et le contrôle de l'entreprise, et qui en retirent le profit : « Sont électeurs patrons : les patrons occupant pour leur compte un ou plusieurs ouvriers ou employés, les associés en nom collectif, ceux qui gèrent ou dirigent pour le compte d'autrui une fabrique, une manufacture, un atelier, un magasin, une mine, et généralement une entreprise industrielle ou commerciale quelconque; les présidents et membres des conseils d'administration, les ingénieurs et chefs de service tant dans les exploitations minières que dans les diverses industries ». (L. 27 mars 1907, art. 5, alin. 4).

La loi du 5 avril 1910 sur les retraites ouvrières et paysannes. — C'est enfin le critérium du lien de dépendance et de subordination qui a été sanctionné par la loi du 5 avril 1910, sur les retraites ouvrières et paysannes.

Le législateur, qui s'est attaché avant tout au *contrat de travail* pour déterminer quels devaient être les bénéficiaires desdites retraites (2), ne s'est nullement inspiré du critérium adopté par une partie de la doctrine (3), et d'après lequel il n'y aurait contrat de travail que, lorsqu'une personne s'est engagée à travailler pendant un temps pour une autre, moyennant un prix proportionnel au temps.

---

(1) V. Sirey, *loc. cit.*

(2) V. Sachet, *Tr. de la législ. sur les retraites ouvrières et paysannes*, n° 116, p. 37, note ; et Sirey, *Lois ann.* de 1911, p. 11, 3e col., *in fine*.

(3) V. *supra*, pp. 129 et s.

Tous les *salariés*, dont la rémunération annuelle ne dépasse pas 3.000 francs, liés par un contrat de travail, bénéficient obligatoirement de l'institution des retraites de vieillesse; mais peu importe que le salaire s'applique à un travail à l'heure, à la journée, au mois, à la tâche, à la façon! La loi considère si peu comme des entrepreneurs, les ouvriers ou employés payés à la tâche ou aux pièces, qu'elle a déclaré, dans son art. 2, dern. alin., qu'un règlement d'administration publique déterminerait sur quelles bases s'effectueraient les versements pour ces salariés (1).

Il avait été dit, en effet, de façon très nette, à diverses reprises, et dans les deux Chambres, lorsqu'on avait

---

(1) V. Sirey, *Lois ann.* de 1911, p. 26, note 11. — L'art. 29 du décret du 25 mars 1911, portant règlement d'administration publique pour l'exécution de la loi du 5 avril 1910, édicte : — « Les versements obligatoires des salariés qui travaillent à façon, aux pièces, à la tâche ou à domicile et ceux des salariés intermittents sont fixés, comme les contributions patronales correspondantes, conformément aux règles établies ci-après :

I. — *Salariés rémunérés à façon, aux pièces ou à la tâche, qui, dans le cours d'une année, travaillent d'une manière régulière pour le compte d'un seul employeur ou de plusieurs employeurs successifs :* Les versements et contributions sont réglés comme pour les salariés rémunérés d'après la durée du travail, sur les bases fixées par l'art. 2, § 3, de la loi du 5 avril 1910.

II. — *Salariés travaillant par intermittence pour le compte d'un même employeur, quand la période ininterrompue de travail représente un nombre entier de mois :* Les versements et contributions sont réglés, quel que soit le mode de rémunération, sur la base des chiffres mensuels qui résultent de l'art. 2, § 3, de la loi.

III. — *Salariés travaillant par intermittence pour le compte d'un même employeur, quand la période ininterrompue de travail ne représente pas un nombre entier de mois :* Les versements et contributions sont réglés, quel que soit le mode de rémunération : 1° pour les mois complets, ainsi qu'il est dit au paragraphe précédent; 2° pour le

demandé que fût précisée la situation de ces ouvriers travaillant aux pièces ou chez eux à façon, qu'ils bénéficieraient également de la retraite.

« *D'une façon générale*, avait déclaré le rapporteur, à la Chambre des députés, dès le 21 novembre 1905, *toutes les fois qu'on peut constater qu'un ouvrier dépend d'un patron, il est assujetti à la loi* ». — Le lendemain, la question étant soulevée de nouveau, le rapporteur ajoutait : « *Il ne peut pas y avoir de doute à ce sujet. Il y a contrat de travail écrit ou tacite entre ces façonniers et leurs patrons. Toutes les fois qu'un employé ou ouvrier dépend d'un patron bien nettement déterminé, il est soumis aux dispositions de l'art.* 1er ».

Et, alors se produisirent les explications suivantes qu'il y a intérêt à faire connaître ici :

— *M. Gellé.* — « Qu'il travaille chez lui ou non ? »

— *M. le Rapporteur.* — « Parfaitement ».

— *M. Cauvin.* — « Il arrive quelquefois que les ouvriers auxquels M. Gellé vient de faire allusion travaillent pour différents patrons, et, à l'occasion, pour le compte de particuliers ; dans ces cas, la loi leur sera-t-elle applicable ? »

---

mois incomplet, sur la base des chiffres journaliers déterminés par l'art. 2, § 3, de la loi.

IV. — *Salariés travaillant une seule fois ou par intermittence pour le compte d'un même employeur, quand la durée de chaque période de travail est de moins d'une journée :* Les versements et contributions sont calculés, par centime, à raison de 1 p. 100 du salaire, quel que soit le mode de rémunération, sans pouvoir dépasser les chiffres journaliers que détermine l'art. 2, § 3, de la loi.

V. — *Salariés travaillant à leur domicile :* Les versements et contributions sont calculés, par centime, à raison de 1 p. 100 du salaire, quel que soit le mode de rémunération... » V. Sirey, *Lois ann.* de 1911, p. 78.

— *M. Charles Benoist.* — « Ce sont des façonniers à domicile ».

— *M. le Rapporteur.* — « Parfaitement. Chacun des patrons sera responsable pour la quotité des salaires qu'il paie ».

— *M. Aynard.* — « Dans l'industrie rurale de la soierie, les ouvriers travaillent tantôt pour un patron, tantôt pour un autre ; il peut arriver qu'au cours d'une année, ils travaillent pour trente ou quarante patrons différents. Je me demande de quelle façon pourra s'appliquer la loi à cette très nombreuse et très intéressante catégorie d'ouvriers ».

— *M. Millerand*, président de la Commission. — « C'est une question d'espèce ; si l'ouvrier a un contrat de travail avec un ou plusieurs patrons, il est un ouvrier salarié et rentre dans les catégories visées par la loi ; si, au contraire, c'est un petit patron qui s'adresse au public, soit qu'il ait une clientèle de quarante ou cinquante patrons, soit qu'il ait une clientèle indéterminée, c'est un façonnier qui rentre dans les catégories de l'art. 54 » (art. 36 actuel).

— *M. Rousset.* — « Quel est celui de ces patrons qui sera obligé de verser ? ».

— *M. le rapporteur.* — « Chacun suivant le salaire qu'il donnera » (1).

Il est bien vrai, que, plus tard, un ministre du Travail a été moins affirmatif, et qu'à un certain moment il a même paru apporter l'appui de son autorité au critérium contre lequel nous n'avons cessé de nous élever au cours de cette étude (2) ; mais, par la suite, amené à se prononcer, à la

(1) V. Sirey, *Lois ann.* de 1911, p. 15, 3e col.

(2) M. Viviani a dit, en effet, à la séance du Sénat, du 18 décembre 1909 : — « Voici un ouvrier qui vient chez moi pour réparer une

Chambre des députés, il a déclaré, avec beaucoup de sens pratique : « *Il n'y a pas de doute que le fait de travailler à façon, aux pièces ou à la tâche n'indique pas qu'on n'est*

---

fenêtre, pour se livrer, dans mon domicile, à un travail quelconque; cet ouvrier est-il un travailleur intermittent, pour lequel je dois verser à la retraite, où est-il un patron? La question va dépendre du contrat qui vous lie à lui. Il n'y a que deux conditions, —il n'y en a pas trois — dans lesquelles vous pourrez passer contrat avec lui : Il vient travailler chez vous, et vous convenez avec lui d'un prix fait pour le travail total; vous avez affaire à un entrepreneur, et vous ne devez faire aucun versement, et lui n'en doit pas faire davantage. Si, au contraire, vous payez cet ouvrier à la journée, vous avez affaire à un salarié, et vous devez, lui et vous, opérer le versement. Il n'y a pas d'autre manière de faire le contrat, et, suivant qu'il sera fait d'une façon ou de l'autre, vous serez en présence d'un entrepreneur ou d'un ouvrier. »

— *M. de Lamarzelle.* — « L'ouvrier tâcheron n'est pas un entrepreneur. »

— *M. le Ministre.* — « Cela dépend, je le répète, de la nature du contrat. »

— *M. de Saint-Quentin.* — « Ma question visait surtout les ouvriers agricoles, auxquels nous, agriculteurs, nous confions tous les ans, à certains moments de l'année, des travaux payés à tant l'hectare ou le demi-hectare, dans des conditions déterminées. Ce sont là des ouvriers, non des entrepreneurs. »

— *M. le Ministre.* — « La nature du contrat sera certainement la base de l'appréciation à porter. Il est hors de doute que, si vous donnez à quelqu'un un travail assez long à un prix déterminé, vous serez en présence d'un véritable entrepreneur — et non d'un salarié — avec qui vous aurez passé un contrat de travail. Si, au contraire, vous n'avez pas consenti de contrat de travail, vous serez en présence d'un salarié... Je fais appel au Sénat pour reconnaître qu'il n'est pas une loi qui ne demande a être clarifiée pour des cas semblables, soit par une consultation du Conseil d'Etat, soit par une circulaire ministérielle, soit par une décision des tribunaux... Il n'y a qu'une chose de certaine, c'est que, lorsque vous serez liés par un contrat de travail vis-à-vis d'un homme que vous salarierez, que vous paierez à la journée, ce sera un salarié qui devra verser et pour lequel vous devrez verser. »

pas salarié ; ce sont des manières de compter le travail. On est salarié quand on est payé à la journée, mais on est également salarié, quand on travaille à la tâche. Ce sont des clauses

---

— *M. de Saint-Quentin.* — « Voici un ouvrier qui n'est pas habituellement à mon service ; je lui confie un travail pour lequel je lui alloue un prix déterminé. Cela peut être le façonnage de fagots ou de bourrées, s'il s'agit d'un forestier, l'arrachage de betteraves ou de pommes de terre, la fauchaison de céréales ou de fourrages, s'il s'agit d'un travail agricole... »

— *M. le Ministre.* — « Je vous réponds que vous êtes là devant un entrepreneur. Faites votre contrat de travail autrement ; je n'y puis rien... Il y a deux sortes de contrats : le contrat d'entreprise et le contrat de travail. C'est sur la base du contrat de travail que la proposition de loi sur les retraites ouvrières est assise ; ce qui revient à dire que les versements seront faits par les salariés, et qu'on les fera à leur profit, quand ils seront attachés par les liens du contrat de travail à l'employeur. Mais la situation ne peut pas être réglée uniquement par cette affirmation qu'il y a de par le monde des situations plus complexes. *Quid* du travail à la tâche ? Il y a deux réponses à faire. Le travail à la tâche peut être fixé par un contrat de travail ou par un contrat d'entreprise. Cela dépend uniquement de la nature du contrat. Je prends des exemples. Vous me donnez une tâche à accomplir, en faisant par avance avec moi ce qu'on appelle un prix fait, c'est-à-dire un prix total déterminé d'avance, je ne peux pas être autre chose qu'un entrepreneur, puisque le prix est fait d'avance. »

— *M. de Lamarzelle.* — « Est-ce bien exact ? »

— *M. le Ministre.* — « Nous allons être d'accord. Vous me donnez une tâche, en me disant : « Vous aurez à faire tant de mètres, tant de mesures, à céper tant ou tant de quantités de vignes », pour revenir à votre exemple agricole. Qu'est-ce que la tâche en cette hypothèse ? C'est une manière de décompte du salaire. On ne peut pas dire que le prix soit fait, puisqu'il va dépendre de la tâche même, du nombre de mètres, du nombre de mesures, du nombre de ceps de vignes. Nous sommes dans le contrat de travail, et les personnes vis-à-vis desquelles nous ferions un pareil contrat sont des salariés qui rentrent dans l'art. 1er de la proposition de loi... Le travail à la tâche peut donner ouverture à deux contrats : au contrat d'entreprise ou au contrat de travail. Qu'est-ce qui constituera la différence ? Je vous l'ai dit.

du contrat, mais elles ne font pas disparaître le caractère du salarié. Le règlement d'administration publique (art. 2, *in fine*) aura à établir et à fixer certaines catégories qui sont à la frontière de la loi, parce qu'en effet, il peut se produire, suivant les conditions du contrat, que certains, qui, à première vue, n'apparaissent pas comme des salariés, sont cependant des salariés ».

— *M. Aynard.* — « Les ouvriers qui travaillent à la tâche ne sont pas toujours des salariés, ou du moins il est très difficile de fixer leur caractère. Ainsi, dans la région de la Loire, dans la région lyonnaise, les ouvriers qualifiés tels sont souvent propriétaires de leur outillage. Un grand nombre de rubaniers de Saint-Étienne, de tisseurs lyonnais sont propriétaires de leur outillage ; ce ne sont donc pas des ouvriers, mais plutôt des entrepreneurs. Comment les classera-t-on ? »

— *M. le ministre.* — « Le critérium juridique qu'invoque l'honorable M. Aynard ne me paraît pas acceptable ; le droit de propriété qu'a un ouvrier sur ses outils ne fait pas toujours disparaître la qualité de salarié. J'en donnerai pour preuve l'ouvrier maçon, qui est généralement propriétaire de ses outils..., et qui, nonobstant ce droit de propriété, reste un salarié... La vérité, c'est qu'il faut chercher le critérium ailleurs. Tout dépend de la nature du

---

Vous me donnez une tâche à faire moyennant vingt francs, je suis entrepreneur. Vous me dites : vous aurez une tâche de tant de mètres, de tant de mesures, de telle quantité de vignes à soigner. Le salaire va dépendre de la quantité de mètres, de la quantité de mesures, de la quantité de vignes à laquelle j'apporterai mes soins. Il n'est pas déterminé par avance ; je reste, par conséquent, un salarié à vos yeux, et je pénètre dans la loi » (V. Sirey, *Lois ann.* de 1911, pp. 15-16).

contrat. La nature du contrat sera soumise aux tribunaux ; nous nous livrerions à une œuvre des plus imprudentes, si nous voulions paraître indiquer une vérité qui pourrait ne pas être celle à laquelle les tribunaux s'arrêteront » (1).

Ce qui différencie donc, en définitive, aux yeux du législateur du 5 avril 1910, le contrat de travail du contrat d'entreprise, c'est bien, ainsi que l'affirment deux auteurs qui jouissent d'un grand crédit et qui ont donné de la loi un commentaire de tout premier ordre, M. Sachet et M. Pothémont, le lien de subordination qui unit le salarié à l'entrepreneur (2).

Aux termes de la loi du 5 avril 1910, les salariés des professions libérales sont assimilés aux ouvriers, commis ou employés. — Mais, il nous est, en outre, tout particulièrement agréable de constater que cette loi, qui ne s'attache

---

(1) V. Sirey, *Lois ann.* de 1911, p. 16.

(2) V. Sachet, *op. cit.*, nos 116 et s.; et Pothémont, *La législ. sur les retraites ouvrières et paysannes*, nos 126 et s.

— Comp., la consultation suivante du ministère du travail relativement à la situation, au point de vue de l'application de la loi du 5 avril 1910, des personnes employées dans l'industrie rurale de la broderie de la région lyonnaise (*Rev. prat. des retraites ouvrières*, 1912, p. 312) :

« M. Bonnevay, député du Rhône, a consulté le ministre du Travail sur la situation, au regard de la loi sur les retraites ouvrières et paysannes, des personnes employées dans l'industrie rurale de la broderie de la région lyonnnaise.

« L'organisation du travail dans cette industrie serait la suivante : des magasins envoient des pièces de lingerie à broder à des entrepreneuses de la campagne. Chaque entrepreneuse répartit l'ouvrage entre des ouvrières travaillant à domicile et payées à façon, ou le fait distribuer par une ouvrière principale qu'elle règle directement : celle-ci, qui fournit le coton et supporte certains frais d'envoi, retient une petite somme sur les prix fixés par l'entrepreneuse ; en outre, elle travaille elle-même comme ouvrière pour le compte de l'entrepreneuse.

nullement au mode de rémunération pour caractériser le contrat de travail, ne s'inquiète pas davantage de la *nature* des travaux accomplis. L'art. 1er de la loi du 5 avril 1910, porte, en effet : « *Les salariés* des deux sexes de l'industrie, du commerce, *des professions libérales* et de l'agriculture, les serviteurs à gages, les salariés de l'État, qui ne sont pas placés sous le régime des pensions civiles ou des pensions militaires, et les salariés des départements et des communes, bénéficieront, dans les conditions déterminées par la présente loi, d'une retraite de vieillesse » (1).

Si tant est que les salariés des professions libérales n'aient pas été jusqu'à ce jour assimilés aux ouvriers, commis ou

---

Dans cette situation, M. Bonnevay exprimait le désir de savoir quelles sont les obligations respectives de chacune des parties intéressées vis-à-vis de la loi du 5 avril 1910.

« Par lettre du 29 décembre 1911, le ministre a répondu par la consultation suivante :

« J'ai l'honneur de vous informer que j'estime, pour ma part, et sous réserve de la jurisprudence à intervenir, que l'entrepreneuse ne doit pas être considérée comme une salariée de la maison qui lui envoie les pièces à broder, et que cette maison, à laquelle elle paraît liée par un véritable contrat d'entreprise, ne saurait être tenue d'aucune contribution à son égard.

« Par contre, l'entrepreneuse, qui fixe les prix de façon des ouvrières qui exécutent le travail, doit être considérée comme un employeur occupant des salariés à domicile, et, à ce titre, elle semble devoir être tenue de la contribution patronale, tant pour les ouvrières proprement dites que pour l'ouvrière principale chargée de distribuer le travail, cette dernière travaillant elle-même pour son compte et ne paraissant être qu'une simple intermédiaire entre l'entrepreneuse et les ouvrières... ».

(1) Les conditions auxquelles est subordonné le bénéfice de la retraite ont été modifiées par la loi de budget du 27 février 1912, qui a notamment abaissé l'âge fixé pour la retraite à 60 ans (L. 27 févr. 1912, art. 55).

employés (1), la loi nouvelle s'est enfin rendu compte « que la subordination du salarié n'implique nullement de sa part un travail manuel; qu'elle se rencontre dans les formes les plus variées du travail qui peut être technique, littéraire, scientifique, etc. L'*ingénieur* attaché à une industrie, le *secrétaire* d'un avocat, d'un homme politique, le *clerc* d'un notaire ou d'un avoué, le *précepteur* dans une famille, le *rédacteur* d'un journal, le *reporter*, la *demoiselle de compagnie* (2), la *gouvernante* d'enfants sont des salariés, si du moins ils reçoivent une rémunération » (3). « Il en est de même, ajoute M. Sachet, du *professeur* d'une institution privée, ou de l'*instituteur* d'une école ouverte par un particulier ou par une société. Ces professeur ou instituteur sont les salariés de la personne ou de la société à qui appartient l'établissement d'enseignement » (4).

(1) V. *supra*, pp. 81 et s., pp. 141 et s. — Les travaux préparatoires de la loi du 27 mars 1907, concernant les conseils de prud'hommes, laissent douteux le point de savoir si cette loi doit recevoir application dans les rapports des directeurs de théâtre et de leur personnel, et notamment dans leurs rapports avec les acteurs. V., à cet égard, Sirey, *Lois ann.* de 1907, p. 494, 10e.

(2) V. *supra*, pp. 45 et s.

(3) V. Sachet, *op. cit.*, no 122. — *Adde*, Pothemont, *op. cit.*, no 130.

(4) V. Sachet, *op. cit.*, no 123. — Le jugement suivant du tribunal civil de Parthenay, en date du 6 février 1912, et qui statue sur le cas d'une directrice d'école libre appartenant à un tiers, mérite d'être rapporté ici : — « Attendu, dit ce jugement, que la décision dont est appel, est basée sur ce fait que la demoiselle Aoustin a fait elle-même en son nom propre à la Préfecture des Deux-Sèvres, la déclaration d'ouverture de l'école privée qu'elle dirige à Chanteloup, et de ce chef, elle doit être considérée comme exerçant pour son propre compte la profession libérale de directrice d'école privée, et, par suite, seule responsable, et que, reçût-elle de tierces personnes des subsides ou émoluments quelconques pour l'aider à subvenir aux dépenses de son

école, ces subsides ne sauraient présenter le caractère d'un salaire ; — Mais attendu que s'il est vrai que Mlle Aoustin a fait en son nom propre, la déclaration d'ouverture de l'école privée qu'elle dirige, elle n'a fait que se conformer, ce faisant, aux prescriptions de la loi du 30 octobre 1886, sur l'enseignement, qui doit rester étrangère au règlement de la question de la retraite ouvrière ; — Attendu, en effet, que si la loi de 1886 a prescrit la déclaration dont s'agit, elle n'a eu pour objet que d'assurer au point de vue de la capacité du personnel enseignant, le bon fonctionnement des écoles privées ; la personnalité du directeur étant seule connue de l'autorité académique en ce qui touche la responsabilité et la surveillance et, cette loi de 1886 n'a édicté aucune disposition concernant l'administration ou la question financière desdits établissements, de telle sorte qu'aucun texte ne s'oppose à ce que tout en restant seul responsable aux yeux de l'autorité académique, un directeur d'école exerce ces fonctions pour le compte d'un tiers dont il est le salarié ayant ainsi la situation de directeur technique d'un établissement dont un autre se sera réservé l'administration et la gestion ; — Attendu, d'autre part, que la loi du 5 avril 1910 n'exige, pour qu'une personne soit comprise au nombre des assurés obligatoires, qu'une seule condition, celle d'être salariée, qu'en conséquence toute personne qui peut se recommander d'un contrat de travail doit bénéficier de ladite loi, et dans l'espèce actuelle, la seule circonstance à rechercher pour en faire application à la demoiselle Aoustin est celle de savoir si elle rapporte la preuve d'un contrat de cette nature ; — Attendu, à cet égard, qu'elle invoque une convention intervenue entre elle et de la Rochebrochard, propriétaire à Chanteloup, en date du 29 août 1903, qui régit ses rapports vis-à-vis de ce dernier auquel appartient le local où est établie l'école privée qu'elle dirige et qu'aucun doute ne peut s'élever sur la sincérité de cette convention, déjà produite par la demoiselle Aoustin et de la Rochebrochard lui-même, au cours d'une procédure suivie contre elle au tribunal de Parthenay, en mars 1904, sous la prévention d'ouverture d'établissement congréganiste, procédure que le tribunal a sous les yeux et qui fut close le 7 février 1905 par une ordonnance de non-lieu; qu'il est spécifié dans cette convention, d'une part : 1° que la demoiselle Aoustin donnera elle-même dans l'école privée de Chanteloup, l'enseignement primaire, sous le contrôle des autorités académiques, mais sous la direction de de la Rochebrochard; 2° qu'elle prendra pour l'aider l'adjointe nécessaire sous la réserve de la faire agréer par de la Rochebrochard; 3° de se soumettre au contrôle de ce dernier pour l'emploi du temps des élèves, leur admission, leur renvoi, etc., etc., et, d'autre part, de la Rochebrochard s'engage notamment : 1° à fournir à la demoiselle Aoustin, en outre des locaux scolaires, un logement gratuit; 2° à garnir à ses frais les locaux scolaires et d'habitation du mobilier nécessaire; 3° à servir à la demoiselle Aoustin, un traitement annuel de 900 francs, payable par trimestre et d'avance ; — Attendu que cette convention constitue évidemment un contrat de travail entre la demoiselle Aoustin et de la Rochebrochard auquel elle loue ses services, moyennant 900 francs par an, pour assurer la direction de l'école qui lui appartient, et cela est d'autant plus certain que l'école de Chanteloup étant gratuite, la demoiselle Aoustin qui, à son dire, n'a aucune ressource personnelle, ne peut en retirer aucun élément et dans ces conditions, elle ne saurait chercher ses moyens de subsistance ailleurs que dans le salaire qui lui est payé en rémunération du travail qu'elle accomplit; qu'il échet, en raison de ces diverses considérations, de faire droit à la demande de la demoiselle Aoustin, et de reconnaître qu'elle est fondée à demander son inscription sur la liste des assurés obligatoires de la commune de Chanteloup, dans les conditions prévues à l'art. 1er de la loi du 5 avril 1910 ; — Par ces motifs, et après en avoir délibéré conformément à la loi; — Statuant en audience publique et en matière sommaire ; — Dit qu'il a été mal jugé par M. le juge de paix de Moncoutant dans son jugement en date du 12 janvier 1912, dont est appel; réformant ledit jugement et le met à néant; — Ordonne que la demoiselle Aoustin devra figurer sur la liste des assurés obligatoires de la commune de Chanteloup ; — Dit que dans les vingt-quatre heures à partir du prononcé du présent jugement, le greffier de ce tribunal en fera la notification à M. le préfet des Deux-Sèvres, ainsi qu'à M. le maire de la commune de Chanteloup. » (V. *Gaz. Pal.* du 29 févr. 1912). — *Adde*, la note sous Trib. de Versailles, 1er déc. 1911 (*Gaz. Pal.*, 1911, 2, 557).

CHAPITRE II

Du Contrat de Travail d'après le projet du 2 juillet 1906, et les discussions auxquelles ce projet a donné lieu.

Le projet du 2 juillet 1906 dépasse considérablement le cadre de la présente étude. — Il sanctionne le critérium du lien de dépendance et de subordination, et ne fait pas de distinction entre les *artes serviles* et les *artes liberales*. — Le critérium, qui se dégage ainsi de différents textes du Code civil, et surtout de certaines dispositions de lois récentes dont nous venons de faire l'analyse, a été nettement adopté par le projet de loi sur le contrat de travail, déposé le 2 juillet 1906, sur le bureau de la Chambre des députés, par le ministère Sarrien (1).

Cet important projet de loi comporte cinq titres et cin-

(1) V. *Journ. off.* Ch. des dép., Doc. parl., août-sept. 1906, annexe 158, p. 716. — Le texte du projet du 2 juillet 1906 est également reproduit dans l'ouvrage « Le contrat de travail : rapports de MM. C. Perreau et Fagnot ; compte rendu des discussions à l'Association nationale française pour la protection légale des travailleurs », 1907, pp. 201 et s. — V. égal., *infra*, Annexes, pp. 256 et s.

quante-six articles. Il règle, en premier lieu, la formation du contrat de travail (titre Ier, art. 1er à 11); des conventions collectives relatives aux conditions du travail (titre II, art. 12 à 21), et des règlements d'atelier (titre III, art. 22 à 31); il détermine, ensuite, les effets du contrat une fois formé et les obligations qui en découlent pour les parties (titre IV, art. 32 à 43); et, enfin, les modes de résolution du contrat (titre V, art. 44 à 56).

Il dépasse donc considérablement le cadre de notre étude. Il nous importe seulement de marquer ici que l'art. 1er, alin. 1er de ce projet, qui tend à définir le contrat de travail s'exprime de la façon suivante : — « Le contrat de travail est le contrat par lequel une personne s'engage à travailler pour une autre qui s'oblige à lui payer un salaire calculé, *soit à raison de la durée du travail, soit à proportion de la qualité ou de la quantité de l'ouvrage accompli, soit d'après toute autre base arrêtée entre l'employeur et l'employé* ».

De ce texte, il résulte :

1°) Que le mode de rémunération n'est pas le critérium auquel il faut s'attacher pour qualifier le contrat de travail, pour le distinguer notamment du contrat d'entreprise. Que le salaire soit payé à raison de la durée du travail, ou à raison de la qualité ou de la quantité du travail, qu'il soit proportionnel, ou non, au temps, — peu importe! Il y a contrat de travail, dès qu'une personne s'engage à travailler pour une autre, met à sa disposition sa puissance de travail.

2°) Que la nature du travail auquel on s'engage est indifférente. Peu importe qu'il s'agisse de travaux manuels, *serviles*, ou de travaux intellectuels, *liberales*.

L'exposé des motifs du projet de loi ne laisse aucun doute

à cet égard. On y lit, en effet : — « Les dispositions de l'art. 1er ont pour objet de définir le contrat de travail, en faisant disparaître, quand il s'agit de rapports entre employeurs et employés professionnels, la distinction entre le louage de services et le louage d'ouvrage, distinction qui tendrait à différencier le contrat suivant que la rémunération est fixée d'après la durée du travail (travail au temps) ou d'après les résultats du travail (travail à la tâche ou aux pièces). En fait, il n'y a pas de différence essentielle entre les contrats qui s'établissent dans l'un et l'autre cas, et ces contrats constituent, à titre égal, des contrats de travail » (1).

« Il n'y a pas lieu non plus d'établir une distinction entre la nature des services engagés (travaux manuels ou travaux intellectuels), et c'est en vue d'étendre le bénéfice des présentes dispositions à tous les travailleurs que nous avons adopté les termes génériques d'« employeurs » et « employés », de préférence aux expressions usuelles de patrons et ouvriers, qui sembleraient restreindre la portée de la loi aux travailleurs de l'industrie » (2).

Le projet de la Commission du travail, chargée d'examiner le projet de loi du 2 juillet 1906, s'inspire des mêmes idées. — Le projet de loi du 2 juillet 1906, soumis à l'examen de la Commission du travail de la Chambre des députés, s'est trouvé très sensiblement réduit à la suite de cet examen, — puisque le projet de la Commission ne comporte que

---

(1) V. *Journ. off.*, Ch. des dép., Doc. parl., août-sept. 1906, annexe 158, p. 716, 3e col.

(2) V. *Journ. off.*, *loc. cit.*

sept articles, qui tendent à modifier ou à compléter différents articles du Code civil (1). — La Commission du travail n'a voulu prendre dans le projet du Gouvernement

---

(1) Voici, d'ailleurs, le texte du projet de loi de la Commission du travail:

— *Art. 1er.* — Le chapitre III du titre VIII du livre III du Code civil est ainsi modifié :

Du louage d'ouvrage.

Art. 1779. — Il y a deux espèces principales de louage d'ouvrage :

« 1° Le contrat de travail ;

« 2° Le contrat d'industrie.

« Le contrat de travail est le contrat par lequel une personne s'engage à travailler pour une autre, qui s'oblige à lui payer un salaire calculé, soit à raison de la durée du travail, soit à proportion de la qualité ou de la quantité de l'ouvrage accompli, soit d'après toute autre base arrêtée entre l'employeur et l'employé.

« Le contrat d'industrie est le contrat passé par les personnes qui offrent leur travail, non à un ou plusieurs employés déterminés, mais au public.

« Le fait que la matière est fournie en même temps que le travail n'empêche pas la convention d'être un contrat de travail, pourvu que la matière puisse être considérée comme l'accessoire du travail ».

SECTION Ire. — DU CONTRAT DE TRAVAIL.

Articles 1780-1781.

SECTION II. — DU CONTRAT D'INDUSTRIE.

§ 1er. — *Des voituriers par terre et par eau.*

Articles 1782 à 1786.

§ 2. — *Des devis et des marchés.*

Articles 1787 à 1789.

— *Art. 2.* — L'article 1341 du Code civil est complété ainsi qu'il suit :

« En matière de contrat de travail, la preuve testimoniale est toujours admise, à défaut d'écrit, quelle que soit la valeur du litige ».

— *Art. 3.* — L'article 387 du Code civil est complété comme suit :

« Le paiement fait par l'employeur à l'employé mineur de la rémunération qui lui est due est valable si le père ou le tuteur de l'employé n'y a pas mis préalablement opposition.

« En cas d'opposition par lettre recommandée ou par voie extra-

« que ce qui a trait au droit commun du contrat de travail » (1), afin « de courir au plus pressé..., sauf à parfaire ultérieurement l'œuvre législative, et à examiner dans des

---

judiciaire, le juge de paix peut, soit d'office, soit sur simple réquisition d'un parent ou d'un tiers, et après avoir entendu le père ou le tuteur, autoriser le mineur à recevoir tout ou partie de la rémunération de son travail ».

— *Art. 4.* — L'article 1313 du Code civil est complété ainsi qu'il suit :

« Le contrat de travail peut être rescindé, avec allocation de dommages-intérêts, lorsque ses conditions sont en désaccord flagrant, soit avec les conditions habituelles de la profession ou de la région, soit avec la valeur ou l'importance des prestations fournies ».

— *Art. 5.* — L'article 1780, § 3, du Code civil, est complété ainsi qu'il suit :

« La charge de la preuve des justes motifs de renvoi incombe à celle des parties qui a rompu le contrat ».

— *Art. 6.* — L'article 1781 du Code civil est ainsi rédigé :

« Préalablement à la formation du contrat individuel de travail et dans le but de déterminer certaines conditions auxquelles il devra satisfaire, des conventions collectives de travail peuvent être conclues entre un employeur ou un syndicat ou groupement d'employeurs, et un syndicat ou groupement d'employés ou entre leurs représentants respectifs ».

— *Art. 7.* — L'article 2101 du Code civil est modifié ainsi qu'il suit :

« 4° Tous les salaires en général sous quelque forme qu'ils soient :

« *a*) Pour les trois mois échus et la période courante s'ils sont payés chaque semaine ou plus fréquemment;

« *b*) Pour les six mois échus et la période courante s'ils sont payés chaque mois ou à des intervalles plus rapprochés;

« *c*) Pour l'année échue et la période courante s'ils sont payés chaque année ou à des intervalles plus rapprochés.

« Est abrogé, en ce qu'il a de contraire au présent, l'article 549 du Code de Commerce ». (V. *Journ. off.*, Ch. des dép., Doc. parl., avril 1908, annexe 1409, p. 454, 3e col.).

(1) V. le rapport de M. Chambon, *Journ. off.*, Ch. des dép., Doc. parl., avril 1908, annexe 1409, p. 450, 1re col.

contre-projets différents les règlements d'atelier et les contrats collectifs » (1).

Du critérium du contrat d'entreprise, d'après le projet de la Commission : — offre de travail au public. — Tel qu'il est, ce projet de la Commission du travail, — qui n'a pas été discuté en séance publique, malgré « la ferme intention d'aboutir de la Chambre » (2), — mérite toute notre attention. Il ne se contente pas, en effet, de reproduire la définition du contrat de travail donnée par le projet du Gouvernement ; il oppose, en outre, le contrat d'industrie (ou d'entreprise) au contrat de travail, et en fixe, de la sorte, le critérium : — « Le contrat d'industrie est le contrat passé par les personnes qui offrent leur travail, non à un ou plusieurs employeurs déterminés, mais au public ».

Cette notion du contrat d'industrie ou d'entreprise, qui se détermine ainsi par l'offre de travail au public, doit être examinée avec soin ; car, à notre avis, si elle triomphait un jour, elle viendrait réduire considérablement le champ d'application du contrat de travail, faire de certains salariés, sous le prétexte qu'ils offrent leur travail au public, des entrepreneurs, alors que, dans la réalité des choses, ils doivent rester des salariés, puisqu'ils travaillent sous la dépendance et la subordination de ceux qui les emploient.

Aussi bien est-ce un des points sur lesquels le débat a été le plus vif, ainsi que nous allons le voir dans un instant, au sein de l'Association nationale pour la protection légale des travailleurs, lors de l'examen, auquel s'est livrée cette

---

(1) V. le rapport de M. Chambon, *loc. cit.*

(2) V. le rapport de M. Chambon, *loc. cit.*

Association, du texte du projet de loi proposé par la Commission du travail.

I — Du critérium du contrat de travail.

La Commission du travail et l'Association nationale pour la protection légale des travailleurs sont d'accord pour mettre sur le même pied les salariés au temps et à la tâche, — les salariés des professions libérales et ceux des artes serviles. — Mais, voyons auparavant comment la Commission du travail et l'Association nationale pour la protection légale des travailleurs justifient le critérium du contrat de travail, tel qu'il résulte du projet de loi du 2 juillet 1906.

Sur ce point, il n'y a pas de difficulté. La Commission du travail et l'Association sont unanimes pour déclarer :

1°) D'une part, qu'il n'y a pas lieu de s'attacher au mode de rétribution employé pour caractériser le contrat de travail; — que le trait propre de ce contrat doit être recherché dans le fait de l'état de dépendance et de subordination dans lequel se trouve l'une des parties par rapport à l'autre ;

Et 2°), d'autre part, qu'on ne saurait faire aucune distinction entre les diverses sortes de travaux manuels, ou intellectuels.

Rapport de M. C. Perreau à l'Association nationale pour la protection légale des travailleurs. — Le rapport de M. Camille Perreau à l'Association nationale pour la protection légale des travailleurs, présenté à la séance du 12 décembre 1907, notamment, est particulièrement net à cet égard :

« Il y aura contrat de travail, dit M. C. Perreau, toutes les fois que l'une des parties s'engagera à fournir du travail à un ou plusieurs employeurs déterminés, quelle que soit la nature de ce travail, manuel ou intellectuel, industriel, agricole, commercial ou rentrant dans l'exercice de ce qu'on appelle les « professions libérales, » quelle que soit aussi la manière dont sera fixé le salaire, d'après le travail lui même ou d'après ses résultats, au temps ou à la tâche ou aux pièces » (1).

Quelques pages plus haut, M. C. Perreau avait déjà déclaré : — « Le contrat de travail ne sera pas toujours et nécessairement conclu entre un patron et un ouvrier de l'industrie; les relations contractuelles qui s'établissent entre un employeur et un employé du commerce ou de l'agriculture, entre un serviteur à gages et celui qui le rétribue, entre un directeur de théâtre et la troupe qu'il engage, entre un avocat et la compagnie dont il dirige le contentieux ou entre un médecin et l'hôpital auquel il est spécialement attaché ne sont pas de nature différente; tous ces contrats, aussi bien que celui qui intervient dans les rapports d'un employeur et d'un employé de l'industrie rentreront dans la notion du contrat de travail » (2).

« Il faut rechercher, ajoute M. C. Perreau, si l'une des parties peut, ou non, à raison des circonstances et particulièrement de la continuité des rapports économiques, être considérée comme étant au service de l'autre, si l'une des

---

(1) V. le rapport de M. C. Perreau, dans *Le Contrat de travail et le Code civil*, 1908, p. 18.

(2) *Loc. cit.*, p. 9. — V. dans le même sens, Cauwès (*Bull. de la Soc. d'études législ.*, 1906, pp. 95 et s.).

parties peut être envisagée comme ayant vis-à-vis de l'autre la situation d'un employé vis-à-vis de son employeur. Dans ce cas, il y a contrat de travail» (1).

Rapport de M. Groussier à la même Association. — Quant à M. Groussier, il a surtout insisté, dans son rapport présenté également à l'Association nationale pour la protection légale des travailleurs, aux séances des 18 décembre 1907 et 11 janvier 1908, sur l'idée qu'aucune distinction ne devait être faite suivant la nature des travaux : — « On a considéré, a dit M. Groussier, que les contrats concernant les professions libérales, intellectuelles étaient des mandats. On prétend que c'est la tradition du droit romain ; il y a même

(1) *Loc. cit.*, p. 19. — Comp., les passages suivants du rapport de M. C. Perreau, sur le projet de loi du Gouvernement, présenté à la même Association, le 18 janvier 1907 : — « ... Peu importe la nature du travail, physique ou intellectuel, industriel, commercial, agricole ou même rentrant dans le cadre des travaux qui font l'objet des professions dites libérales... Il n'y a pas à se préoccuper non plus des conditions de paiement du salaire, ni des conditions d'exécution du travail quant au lieu. Il y aura contrat de travail aussi bien si le salaire est payé d'après les résultats du travail, à la tâche ou aux pièces, que s'il est payé d'après la durée du travail, à la journée, à l'heure ; aussi bien si le travail est accompli au domicile de l'ouvrier que s'il est accompli dans l'usine, dans l'atelier de l'employeur. Dans tous les cas, quelle que soit la nature du travail, quel que soit son mode d'exécution, le mode de paiement du salaire, il y aura contrat de travail...

« Cette conception très large du contrat de travail... doit être approuvée, car elle a l'avantage de soumettre à des règles juridiques identiques des situations économiques qui sont sensiblement les mêmes, celles, par exemple, de deux ouvriers qui, dans le même établissement industriel, travaillent l'un à la journée, l'autre aux pièces. Entre ces deux catégories d'employés, comme d'autre part entre l'ouvrier qui travaille à l'usine et le travailleur à domicile, il

des auteurs qui pensent que le contrat des professions intellectuelles peut être considéré comme le type du contrat de mandat. Je ne veux pas essayer de faire l'examen des nombreuses contradictions que ces affirmations présentent, cela me mènerait trop loin. Mais il serait facile de démontrer que, même du temps des Romains, on ne considérait pas les professions libérales comme susceptibles de mandat. Si je voulais reprendre tous les arguments apportés par les auteurs sur ce point, il me serait possible de le prouver, mais ce serait une discussion purement platonique qui n'aurait aucune utilité. Ces professions donnaient lieu non à un mandat, mais à des contrats spéciaux. Pothier, plus tard

---

existe une ressemblance essentielle : c'est que l'un et l'autre sont des salariés ; c'est que l'un et l'autre comptent pour vivre sur une rémunération qui ne dépend pas des bénéfices commerciaux, mais de la convention conclue à forfait avec l'employeur. Et cette ressemblance suffit pour que le contrat qui les lie à l'employeur soit dans tous les cas un contrat de même nature, un contrat de travail.

« Cela ne veut pas dire, d'ailleurs, que, pour déterminer le mode d'exécution des obligations naissant du contrat et l'étendue des responsabilités qui en découlent, il n'y ait pas lieu de tenir compte des situations spéciales, et de distinguer, par exemple, entre le cas où le salaire est payé à la journée et le cas où il est payé à la tâche ; mais l'existence de certaines règles exclusivement applicables à telle ou telle variété de convention, à telle ou telle hypothèse particulière, n'empêche pas toutes ces conventions de rentrer dans la catégorie générale du contrat de travail, et toutes ces hypothèses de tomber sous l'application du texte que nous venons d'analyser (l'art. 1er du projet). De même que les règles du Code civil particulières aux baux à loyer des maisons, ou aux baux à ferme des immeubles ruraux, n'empêchent pas le bail à loyer et le bail à ferme de rentrer dans la catégorie contractuelle plus large du louage de choses.

« ... Pour qu'il y ait contrat de travail, il faut qu'il existe entre les parties, sinon un rapport de dépendance et d'autorité, tout au moins

Troplong ont prétendu que, fournissant des services inappréciables à prix d'argent, ces professions devaient faire l'objet de contrats de mandat et affirmaient notamment que les services rendus par les avocats et les médecins sont inappréciables. Mais l'on peut répondre avec Duvergier que c'est possible, quand le médecin vous a guéri ou quand l'avocat vous a fait gagner son procès ; mais, si vous succombez ou si vous perdez votre procès, quel service inappréciable l'avocat ou le médecin vous a-t-il rendu ?

« Evidemment, cette thèse ne peut être soutenue. Ce qui gênait considérablement Pothier, c'est qu'il était obligé de reconnaître que les domestiques peuvent rendre à un

---

une certaine continuité de rapports, d'où résulte que l'un est au service de l'autre.

« Dans la plupart des cas, il sera facile, avec ce critérium, de distinguer le contrat de travail du contrat d'entreprise ; même dans l'hypothèse de l'ouvrier à domicile, il suffira de rechercher si le travail fourni est un travail accidentel, dont l'exécution ne suppose antérieurement et ne laisse subsister pour l'avenir aucun rapport contractuel entre les parties, ou si, au contraire, ce travail fait partie d'un ensemble, s'il doit avoir une suite, s'il implique des rapports continus, fréquents, entre l'ouvrier et telle personne déterminée, qui remplit à son égard la fonction d'employeur. Sans doute, il pourra se présenter certaines hypothèses où la nature du contrat paraîtra plus douteuse, s'il s'agit, par exemple, d'un tâcheron produisant d'ordinaire pour un fabricant, pour un grand magasin, mais sans s'interdire de vendre à la clientèle, au public, lorsqu'il en trouve l'occasion. En pareil cas, on pourra distinguer deux contrats, un contrat de travail dans les rapports de l'ouvrier avec l'employeur habituel, et un contrat d'entreprise dans ses rapports avec le public. Mais si l'on met à part un petit nombre de situations complexes où la sagacité des juges pourra trouver encore à s'exercer, il semble que le critérium proposé permette de distinguer facilement le contrat de travail des autres contrats avec lesquels on pourrait être tenté de le confondre ». (V. *Le contrat de travail*, 1907, pp. 8 et s.).

malade des services assimilables, alors que ces services se louent. Et il avait quelque difficulté à démontrer que les services des domestiques n'étaient pas de même ordre, ne pouvaient pas avoir la même valeur que les services des médecins.

« Tous (?) les auteurs modernes reconnaissent, d'ailleurs, qu'on doit assimiler les travaux intellectuels aux travaux manuels. Je crois que c'est la vérité. D'ailleurs, comment peut-on faire une distinction ?

« Dans une industrie, je considère un ouvrier qui travaille la matière et, en même temps, celui qui trace les contours de la pièce sur cette matière. Il y a déjà là un commencement de travail différent, de travail intellectuel. Je me demande quelle différence vous allez faire entre ces ouvriers. Je prends celui qui trace, non plus sur la matière, mais sur le papier : quelle distinction allez-vous faire entre eux ? Remarquez que je prends non pas le dessinateur, mais le calqueur : celui-ci accomplit un travail moins intelligent que celui qui trace sur la matière. Le dessinateur est appelé à déterminer la forme des organes calculés par les ingénieurs et conçus par les inventeurs. Ce sont des travaux intellectuels qui se relient aux travaux manuels et entre lesquels on ne peut pas marquer une séparation : d'ailleurs, on ne la fait pas. On n'essaye de mettre à part que les littérateurs, les avocats ou les médecins, sous prétexte que ces professions sont plus honorables...

« L'honorabilité ne dépend généralement pas de la profession, mais de l'individu. Les hommes, quelle que soit leur profession, peuvent être honorables, mais ce n'est jamais leur profession qui ajoute rien à leur honorabilité.

« Il est donc bien évident qu'on doit comprendre dans le contrat de travail tous les travaux intellectuels » (1).

Discussions à l'Association nationale pour la protection légale des travailleurs. — D'ailleurs, ces deux idées — que le trait distinctif du contrat de travail doit être recherché dans le lien de dépendance et de subordination ; et que le contrat de travail comprend non seulement le travail manuel mais aussi le travail intellectuel — se sont très fermement affirmées au cours de la discussion qui a suivie la lecture des deux rapports de MM. C. Perreau et Groussier.

Si, en effet, les expressions de l'art. 1er de la loi belge du 10 mars 1900 : — « La présente loi régit le contrat par lequel un ouvrier s'engage à travailler sous l'autorité, la direction et la surveillance d'un chef d'entreprise ou patron... » — n'ont pas été reproduites dans le texte proposé par l'Association, ce n'est pas, parce qu'elle a entendu rejeter ce critérium, mais parce qu'elle a redouté qu'avec une semblable rédaction l'hypothèse du travail salarié à domicile ne rentrât pas dans le contrat de travail. C'est ce qui résulte nettement de la discussion engagée à cet égard entre divers membres de l'Association et l'un de ses rapporteurs, M. Camille Perreau.

A M. Beckmann qui ne voulait pas comprendre le travail salarié à domicile dans le contrat de travail, M. Perreau répondit, en effet : — « Si le travail à domicile était resté ce qu'il était sous l'ancien régime, c'est-à-dire le travail de

(1) V. le rapport de M. Groussier, dans *Le contrat de travail et le Code civil*, 1908, pp. 67, *in fine*-69. V. égal., cette même idée exprimée aux pages 74, 76, 89, 91. — Comp., Cauwès (*Bull. de la Soc. d'études législ.*, 1906, pp. 95 et s.)

l'artisan pour le public, on pourrait, avec quelque raison, soutenir que c'est un tort de le faire rentrer dans le contrat de travail; mais le travail à domicile a, depuis un siècle, revêtu une forme qui, si elle n'est pas tout à fait nouvelle, a, dans tous les cas, beaucoup plus d'importance actuellement qu'autrefois.

« Pour des raisons multiples, qui peuvent tenir à l'avantage de l'ouvrier lui-même, et qui sont, par exemple, son amour très légitime de l'indépendance et son désir très respectable de ne pas briser sa vie de famille, le travail salarié à domicile s'est généralisé dans certaines branches de la production industrielle.

« D'autres causes aussi ont contribué à ce résultat, et parmi elles, il en est qui peuvent être jugées moins favorablement, telles par exemple le désir de la part de l'employeur de laisser les risques de chômage à la charge de l'employé, de se décharger sur lui d'une partie du capital et de l'outillage, et surtout d'échapper à la surveillance de l'inspection du travail et à l'application de la législation protectrice des travailleurs.

« Et c'est pourquoi il me semble que, lorsqu'il s'agit de réglementer le contrat de travail, il faut envisager la situation du travailleur à domicile au moins autant que celle du travailleur de l'usine, car c'est précisément dans le travail à domicile que l'on peut craindre davantage de voir se produire ces abus qui, dans un autre pays, ont été flétris du nom de « sweating system ».

« ...Voilà pourquoi nous croyons nécessaire de réglementer, au point de vue du droit, la situation des ouvriers à domicile. Nous déterminons très nettement cette situation:

« Si l'ouvrier offre son travail au public, il échappe à la réglementation du contrat de travail; il est, en effet, un artisan et non un employé.

« Si l'ouvrier à domicile travaille à la fois pour un employeur et pour le public, il ne tombe sous le coup de la réglementation que pour les contrats conclus avec l'employeur.

« Vous voyez donc que nous respectons entièrement son autonomie, en tant qu'elle existe, mais il nous a paru absolument nécessaire que les solutions protectrices édictées par le projet en faveur du travailleur, en faveur de l'ouvrier ordinaire, que ces dispositions s'appliquent à celui qui se défend moins facilement que les autres parce qu'il n'est pas syndiqué, à celui qui paraît le plus exposé à être la victime d'une exploitation abusive, à l'ouvrier à domicile » (1).

«... *M. Beckmann.* — Je vais vous lire le texte de la loi belge qui comprend la définition du contrat de travail : « La présente loi régit le contrat par lequel un ouvrier s'engage à travailler, sous l'autorité, la direction et la surveillance d'un chef d'entreprise ou patron... ». — Cette définition comprend, comme vous le voyez, dans une certaine mesure, les ouvriers qui travaillent à domicile, mais seulement une certaine catégorie, et ce sont ces ouvriers que nous cherchons précisément à aider par des mesures légales.

« *M. Perreau.* — Cette différence a été voulue; le projet du Gouvernement est, au fond, la reproduction à peu près intégrale d'un projet dû à une société scientifique, à la

(1) V. *Le contrat de travail et le Code civil*, pp. 127 et s.

Société d'études législatives, composée, en grande partie, de juristes, magistrats, avocats, professeurs. Les auteurs de ce projet ont voulu... que l'hypothèse du travail salarié à domicile rentrât dans le contrat de travail... » (1).

D'autre part, de la discussion à laquelle a donné lieu le texte de la Commission du travail au sein de l'Association, ressort avec la dernière évidence que le contrat de travail doit comprendre le travail intellectuel aussi bien que le travail manuel.

Lorsqu'on a demandé, en effet, à l'Association de remplacer le mot « salaire » dans le texte de la Commission par le mot « rémunération », sous prétexte de relever la situation de l'ouvrier, — le rapporteur, M. Perreau, qui acceptait, d'ailleurs, l'expression « rémunération », ne voyant là « qu'une question de mots », disait cependant en excellents termes : — « Étant donné que le contrat de travail doit s'appliquer au travail intellectuel comme au travail matériel, au travail de l'avocat attaché à un contentieux comme à celui du médecin attaché à un hôpital, maintenir le mot salaire, c'est relever socialement la signification de ce mot.

« Cette observation faite, je ne vois pas grand inconvénient à employer dans le texte le mot « rémunération ». Il me semble cependant qu'en conservant l'expression « salaire » pour désigner sous ce nom les appointements, les honoraires comme la rétribution du travail de l'ouvrier, on ferait mieux apparaître ce qu'il y a de commun dans

---

(1) V. *Le contrat de travail et le Code civil*, pp. 131, *in fine*-132.

toutes les hypothèses de contrats de travail, la prestation de la même marchandise, le travail » (1).

Ces deux idées que nous dégageons ainsi de la définition du contrat de travail donnée par l'art. 1er du projet de loi du 2 juillet 1906, et des discussions auxquelles ce projet a donné lieu, — à savoir que: 1°) le mode de rémunération, et 2°) la nature des travaux, ne doivent aucunement être pris en considération, — ont été, au surplus, suffisamment mises en lumière par les auteurs qui ont analysé le projet de loi dont s'agit, pour qu'il nous soit permis de ne pas insister davantage à leur égard (2).

II. — Du critérium du contrat d'entreprise.

Difficulté et intérêt de sa détermination. — Il nous paraît plus utile d'examiner avec soin à quel signe l'on doit s'attacher pour reconnaître le contrat que nous avons nous-même souvent opposé au contrat de travail : le contrat d'entreprise.

Sur ce point, les deux rapporteurs à l'Association nationale pour la protection légale des travailleurs ont différé d'avis ; l'un et l'autre ont donné de bonnes raisons à l'appui

---

(1) V. *Le contrat de travail et le Code civil*, p. 123.

(2) V. not., Pic, *Tr. élém. de législ. industr.*, 3e éd., n° 873 *bis;* Capitant, *Cours de législ. industr.*, p. 138 ; Boissard, *Contrat de travail et salariat*, pp. 238 et s. ; Duthoit, *Vers l'organisation professionnelle*, pp. 149 et s. — Comp., Levasseur, *Quest. ouvrières et industr. en France sous la troisième République*, pp. 459 et s. — V. égal., *Bull. de la Soc. d'études législ.*, 1905, pp. 499 et s.; 1906, pp. 73 et s., 94 et s.

de leur opinion ; elles méritent, — nous l'avons dit, — toute notre attention.

La question de savoir à quel critérium on doit s'attacher pour qualifier le contrat d'entreprise est essentiellement grave, — puisque c'est d'elle, — ainsi que nous l'avons vu déjà — que dépend la question de savoir à quelles conditions un salarié va devenir un entrepreneur, quelle est la limite extrême que le salarié ne peut franchir sans perdre sa qualité et revêtir celle d'entrepreneur (1).

Fourniture de la matière accessoire du travail. — Nous passons sur la disposition du projet de loi du 2 juillet 1906, d'après laquelle : — « Le fait que l'employé fournit la matière en même temps que le travail n'empêche pas la convention d'être un contrat de travail, pourvu que la matière puisse être considérée comme l'accessoire du travail » (art. 2). C'est là un point sur lequel la jurisprudence et la doctrine sont unanimes (2), sur lequel la Commission du travail a passé discussion (3), et qu'a adopté l'Association pour la protection légale des travailleurs après d'assez vives critiques de M. Groussier, que l'on comprend d'autant moins, d'ailleurs, selon l'expression même de M. Perreau : « que cette disposition se recommande comme une solution favorable, très favorable aux travailleurs » (4).

C'est sur le critérium même du contrat d'entreprise qu'il faut porter notre attention.

---

(1) V. *supra*, pp. 6 et s., 55, 70 et s.

(2) V. *supra*, pp. 73 et s., p. 124.

(3) V. le rapport de M. Chambon, *loc. cit.*, p. 450, 3e col., p. 454, 3e col.

(4) V. *Le contrat de travail et le Code civil*, p. 135.

Critérium de la Commission du travail, — défendu par M. C. Perreau à l'Association : — offre de travail au public. — Le projet de loi du 2 juillet 1906 se contentait de dire, dans son art. 1er, alin. 2 : — « Ne sont pas soumis aux dispositions du présent titre les contrats passés par les personnes qui offrent leur travail, non à un ou plusieurs employeurs déterminés, mais au public ».

La Commission du travail de la Chambre des députés, se saisissant de cette formule, en a fait la définition même du contrat d'entreprise, qu'elle appelle, ainsi que nous l'avons dit, « contrat d'industrie ». « Le contrat d'industrie dit, en effet, le projet de loi de la Commission, est le contrat passé par les personnes qui offrent leur travail, non à un ou plusieurs employeurs déterminés, mais au public » (1).

C'est cette définition qu'a préconisée M. Perreau, dans son rapport, et qu'il a défendue, par la suite, à l'Association pour la protection légale des travailleurs (2). Malgré ses efforts, elle n'a pas triomphé; l'Association s'est ralliée

(1) V. *supra*, p. 195, note.

(2) V. *Le contrat de travail et le Code civil*, pp. 18-19, pp. 143 et s. — Comp., le rapport de M. Perreau sur le projet de loi du 2 juillet 1906 : — « ... Après avoir déterminé la nature et l'objet précis du contrat de travail, il importe de distinguer ce contrat d'un autre contrat avec lequel on le confond quelquefois, et que les jurisconsultes désignent de différents noms : entreprise, devis et marchés, louage d'industrie ou marché d'ouvrage. Les deux projets (celui de la Société d'études législatives et celui du Gouvernement) ont trouvé le critérium de la distinction à établir dans cette circonstance que l'offre de travail peut être faite, soit à un ou plusieurs employeurs déterminés, soit au public. Dans le premier cas, il y a contrat de travail, soumis aux dispositions de la loi nouvelle. Dans la seconde hypothèse, lorsque l'offre de travail s'adresse au public, la convention pourra être un contrat d'entreprise ou un contrat de quelque autre nature; ce ne sera pas un contrat de travail » (V. *Le contrat de travail*, 1907, p. 10).

à un texte tout différent, proposé par M. Groussier, et d'après lequel : — « Le contrat d'entreprise est le contrat passé par les personnes qui emploient le travail d'autrui à l'exécution du contrat ».

Critérium proposé par M. Groussier à l'Association et adopté par elle : — emploi du travail d'autrui à l'exécution du contrat que l'on a passé soi-même. — Ce dernier texte, qui paraît se rattacher davantage à la notion jurisprudentielle et doctrinale du contrat d'entreprise (3), — puisqu'il semble faire reposer le contrat d'entreprise sur l'idée de profit, — doit être préféré, au dire de son auteur, au texte de la Commission, parce qu'il n'exclut pas du moins certaines catégories d'ouvriers du contrat de travail, pour les ranger dans le domaine du contrat d'entreprise, alors que ces ouvriers sont restés tels et ne sont nullement devenus des entrepreneurs.

Raisons invoquées par M. Groussier à l'appui de ce critérium. — M. Groussier disait, en effet, dans son rapport : — « Vous maintenez en dehors du contrat de travail tous ceux qui travaillent pour le public. Mais est-ce que, parmi ceux qui travaillent pour le public, il n'y a pas des ouvriers ? Quand un ouvrier peintre va chez une personne quelconque pour coller du papier que cette personne aura elle-même acheté, ne fournissant pour sa part que son travail, vous prétendez que ce n'est pas un contrat de travail, que c'est un contrat d'entreprise. Est-ce que vous n'allez pas trop loin ? Je prends maintenant la femme de ménage qui tra-

---

(3) V. *supra*, pp. 55 et s., pp. 124 et s.

vaille pour un certain nombre de personnes : elle fournit ses services au public. Ce n'est pas un contrat de travail qui la lie, c'est un contrat d'entreprise ! Je me demande même si tout le travail domestique qui se trouve au contrat de travail ne va pas passer au contrat d'entreprise. Je me demande si on peut considérer le maître comme un patron, ou si on doit le comprendre dans le public ! Je n'en sais rien et je voudrais qu'on le précise dans le Code civil. Jusqu'à présent, on n'a employé que l'expression de maître: or, dans quel cas le maître est-il l'employeur proprement dit, dans quel cas est-il le public ? Lorsque je considère un patron, je le sais. Lorsqu'il s'agit d'une personne quelconque, je le sais encore. Mais, quand il s'agit du maître qui occupe un domestique, je ne le sais plus et je vous demande de préciser votre définition. Si vous ne faites pas rentrer tout le travail domestique dans le contrat d'entreprise, je ne sais ce qu'il devient, car il me semble sortir du contrat de travail » (1).

« ...Je prends un exemple très simple, disait encore M. Groussier, lors de la discussion : Je suis ouvrier peintre; si je travaille sous la direction d'un employeur, même si je fournis la matière, je vais être régi par le contrat de travail; mais si, au lieu de travailler pour un employeur, je vais travailler chez une personne quelconque, qui me fournit, par exemple, du papier peint dont je vais tapisser son appartement, vous me dites que c'est un contrat d'entreprise ! J'avoue que je ne comprends pas.

---

(1) V. le rapport de M. Groussier, dans *Le contrat de travail et le Code civil*, pp. 79, *in fine*-80.

« ...On arrive à cette conséquence invraisemblable qu'une entrepreneuse occupant des ouvrières, du moment qu'elle travaillera pour un employeur, même si elle fournit la matière accessoire du travail, sera considérée comme une ouvrière liée par un contrat de travail, alors qu'une ouvrière en lingerie qui va faire des journées bourgeoises, qui ne fournit aucune matière, qui travaille non pas aux pièces, mais à l'heure, celle-là, parce qu'elle travaille non pas chez un patron, mais pour le public, vous la retranchez du contrat de travail, et c'est elle qui passe un contrat d'entreprise, qui devient une entrepreneuse. Vous trouverez nombre de cas semblables, et c'est pour cela que la distinction faite entre le public et l'employeur présente ici plus d'inconvénients que d'avantages » (1).

A cette argumentation, tendant à établir « qu'il n'y a contrat de travail que pour ceux qui travaillent isolément, et qu'il y a contrat d'entreprise lorsqu'on emploie la main-d'œuvre d'autrui » (2), — M. Perreau a répondu : « que la distinction du contrat de travail et du contrat d'entreprise, telle que la concevait la Commission lui paraissait plus rationnelle et équitable » (3), qu'aucun des exemples invoqués à son encontre ne lui semblait vraiment décisif; mais il a cependant ajouté : « Celui qui pourrait m'impressionner le plus, c'est l'exemple de l'ouvrière qui va faire des journées à domicile... Bien qu'elle ne fournisse que son travail

(1) V. *Le contrat de travail et le Code civil*, pp. 141-142.

(2) Ce sont les paroles mêmes de M. Groussier. V. *Le contrat de travail et le Code civil*, p. 143.

(3) *Op. cit.*, p. 143, *in fine*.

pour l'exécution d'un ouvrage, il y a contrat d'entreprise... Cette solution peut paraître choquante... » (1).

Et, de fait, on peut être impressionné! La doctrine qui fait de cette ouvrière (c'est le mot que chacun emploie) une entrepreneuse, une patronne, ne va pas sans soulever quelque objection. Cette ouvrière n'est pas même sa propre maîtresse, puisqu'elle est sous la dépendance et la subordination de ceux qui l'emploient, qu'elle est appelée par eux pour faire un travail qui lui est imposé, et sur lequel elle ne réalise aucun profit.

La difficulté n'est d'ailleurs point levée, lorsqu'on a entendu le président de l'Association, l'honorable M. Millerand, déclarer : — « Ou bien l'ouvrière à domicile dont vous parlez est l'ouvrière habituelle de un, deux, trois ou quatre employeurs déterminés, c'est le contrat de travail; ou elle travaille pour vingt personnes, pour le public, et c'est le contrat d'entreprise » (2). Le nombre ne fait rien à l'affaire. On peut estimer que quatre personnes, c'est déjà le public ! Il est difficile de fixer des limites. Il est difficile surtout de « mettre sur pied », ainsi que le reconnaissait M. Perreau, des définitions parfaites (3). Nous croyons, cependant, qu'il conviendra, le jour où le Parlement s'efforcera de fixer le critérium du contrat d'entreprise, de ne pas perdre de vue cette idée générale, — qui nous a paru se dégager avec quelque incertitude, avec quelque hésitation de la jurisprudence, il est vrai, mais à laquelle se rallie net-

(1) *Op. cit.*, p. 148.

(2) *Op. cit.*, p. 150, *in fine*.

(3) *Op. cit.*, p. 143, *in fine*.

tement la majorité de la doctrine, — à savoir que le trait caractéristique de ce contrat consiste, au premier chef, en définitive, dans la notion du profit plutôt que dans une offre de travail au public.

Raisons invoquées par M. Perreau à l'appui du critérium de la Commission du travail. — On fait bien remarquer que, rattacher l'entreprise à ce fait que l'on travaille pour le public revient à dire, en dernière analyse, que l'on ne travaille pas pour une personne à l'égard de laquelle il y a dépendance et subordination (1); et on fait valoir que, dès lors, le critérium du contrat d'entreprise, ainsi compris, s'adapte à merveille avec le critérium du contrat de travail, précédemment adopté. Y a-t-il offre de travail à un em-

---

(1) C'est bien l'idée qui ressort des deux rapports de M. C. Perreau à l'Association pour la protection légale des travailleurs. — On lit, en effet, dans le premier rapport : — « ... Après avoir déterminé la nature et l'objet précis du contrat de travail, il importe de distinguer ce contrat d'un autre contrat avec lequel on le confond quelquefois, et que les jurisconsultes désignent de différents noms : entreprise, devis et marchés, louage d'industrie ou marché d'ouvrage. Les deux projets (le projet de la Société d'études législatives et le projet du Gouvernement) ont trouvé le critérium de la distinction à établir dans cette circonstance que l'offre de travail peut être faite, soit à un ou plusieurs employeurs déterminés, soit au public. Dans le premier cas, il y a contrat de travail, soumis aux dispositions de la loi nouvelle. Dans la seconde hypothèse, lorsque l'offre de travail s'adresse au public, la convention pourra être un contrat d'entreprise ou un contrat de quelque autre nature, ce ne sera pas un contrat de travail... Dans la plupart des cas, il sera facile, avec ce critérium, de distinguer le contrat de travail du contrat d'entreprise ; même dans l'hypothèse de l'ouvrier à domicile, il suffira de rechercher si le travail fourni est un travail accidentel, dont l'exécution ne suppose antérieurement et ne laisse subsister pour l'avenir aucun rapport contractuel entre les parties, ou si, au contraire, ce travail fait partie d'un ensemble, s'il doit avoir une suite, s'il implique des rapports continus, fréquents,

ployeur déterminé ? il y a lieu de dépendance et de subordination ; donc, contrat de travail. — Y a-t-il offre de travail au public ? il n'y a pas de lien de dépendance et de subordination; donc, contrat d'entreprise.

On tire parti, par contre, dans cette opinion, des hésitations de la jurisprudence en ce qui concerne le critérium du contrat d'entreprise : on lui reproche d'adopter deux critériums à son endroit : — tantôt, le pouvoir de direction et de contrôle qui s'oppose merveilleusement à la dépendance et à la subordination, — tantôt, la notion de profit, qui n'a rien de commun avec la notion sur laquelle la jurisprudence fait reposer le contrat de travail.

---

entre l'ouvrier et telle personne déterminée, qui remplit à son égard la fonction d'employeur... » (*Le contrat de travail*, pp. 10-11).

Quant au second rapport, il porte : — « ... Pour distinguer les deux variétés du louage d'ouvrage..., il faut rechercher si l'une des parties peut, ou non, à raison des circonstances et particulièrement de la continuité des rapports économiques, être considérée comme étant au service de l'autre, si l'une des parties peut être envisagée comme ayant vis-à-vis de l'autre la situation d'un employé vis-à-vis de son employeur. Dans ce cas, il y a contrat de travail. Sinon, si les rapports s'établissent entre deux personnes dont l'une fournit indifféremment son travail à quiconque, le contrat est un contrat d'industrie » (*Le contrat de travail et le Code civil*, pp. 18, *in fine*-19).

— Comp., Duthoit, *Vers l'organisation professionnelle*, p. 127 : — « Deux situations sont possibles : — Ou bien l'ouvrier ne s'est engagé à fournir son travail que pour l'accomplissement d'un ouvrage déterminé : construire un mur, creuser un fossé, si bien que l'accomplissement de la tâche affranchit le travailleur de tout lien vis-à-vis de celui qui l'emploie ; ou bien il y a continuité de rapports entre celui qui rémunère le travail, de telle sorte que l'achèvement de l'ouvrage commandé n'a nullement pour effet de libérer l'ouvrier ni de mettre fin au contrat. Les deux situations sont profondément différentes... Dans le premier cas, il y a un homme qui offre ses services au public ; dans le second cas, il y a un homme qui les réserve à un autre homme ».

Le critérium adopté par l'Association, et fondé sur le profit, peut paraître préférable; mais le « profit » doit être entendu au sens large du mot. — Critiques de MM. Perreau et Fagnot. — Malgré la force de ces raisons, nous ne pouvons nous empêcher de penser que l'offre de travail au public, qui est, peut-être, un indice, un symptôme de l'entreprise, représente une notion un peu indécise, trop flottante pour pouvoir être érigée en critérium.

L'idée de profit, au contraire, nous paraît plus tangible, plus apte à servir de guide, — mais à la condition qu'on veuille l'entendre dans toute son acception, et non pas seulement en ce sens de gain réalisé sur le travail d'autrui ! Car, si c'est ainsi qu'on entend le profit, alors l'ouvrière qui va faire des journées à domicile rentre bien dans le contrat de travail, mais, du même coup, tous les chefs d'atelier, tous les artisans qui ne fournissent pas la matière, en sortent ! « C'est une conséquence énorme » ; « c'est une généralisation qui paraît excessive », ainsi que l'ont exprimé MM. Perreau et Fagnot, au cours de la discussion du texte proposé par M. Groussier à l'Association, et qu'elle a d'ailleurs adopté (1).

La vérité est, qu'il faut arriver à fixer un critérium tel du contrat d'entreprise que le domaine du contrat de travail ne soit nullement atteint. Tous ceux qui travaillent sous la dépendance et la subordination d'autrui doivent être considérés comme ayant conclu des contrats de travail ; seuls, ceux qui tirent un profit, un bénéfice, qui courent les risques de l'entreprise dont ils ont la direction

(1) V. *Le contrat de travail et le Code civil*, p. 151.

et le contrôle, doivent être considérés comme ayant passé des contrats d'industrie ou d'entreprise (1).

---

(1) « ... En opposant à la définition du contrat de travail *l'explication* beaucoup plutôt que la définition véritable du contrat d'industrie, lequel serait « le contrat passé par les personnes offrant leur travail, non à un ou plusieurs employeurs, mais au public », le texte de la Commission du travail, — dit M. Boissard, — établit sa distinction sur un critérium tout à fait factice et qui deviendrait une source perpétuelle de différends.

« Offrir ses services à des employeurs de plus en plus nombreux ou les offrir au public, cela ne constitue pas des actes présentant des différences assez caractéristiques pour prêter à des catégorisations juridiques.

« Il se rencontre de nombreux cas, dans la pratique, où un travailleur peut avoir affaire tantôt avec des employeurs professionnels qui le font travailler habituellement, tantôt avec le public : tel le cas du « coupeur » qui travaille ordinairement pour la *Belle Jardinière* ou le *High Life Tailor*, sans s'interdire un peu de clientèle directe et personnelle. — En ces hypothèses, dira-t-on, le travailleur changera de catégorie suivant le contrat qui le liera, et il sera — successivement — entrepreneur vis-à-vis du public, et salarié vis-à-vis de ses employeurs ordinaires.

« Mais, un plus grave inconvénient de la distinction établie par le projet de la Commission du travail consiste à classer dans des catégories différentes des salariés qui, faisant des besognes identiques, ont droit à être régis par la même législation ; par exemple : les femmes de ménage, les couturières à la journée qui travaillent dans les familles et les domestiques qui rendent aux mêmes maîtres exactement les mêmes services. Or, les unes — d'après le critérium de la Commission — relèveraient du contrat d'industrie alors que les autres seraient régies d'après les règles du contrat de travail.

« Et le projet de la Commission qui classerait les femmes de ménage parmi les industriels et les entrepreneurs, ferait — en revanche — de simples salariés du *marchandeur* qui travaille pour un ou plusieurs patrons, et même de l'entrepreneur véritable mais qui, au lieu de se mettre à la disposition du public, ne travaillerait — comme il arrive souvent aujourd'hui — que pour une seule ou pour quelques maisons, toujours les mêmes.

« En réalité, ce qui fait la différence véritable entre le contrat de travail et le contrat d'industrie, ou mieux : d'entreprise, ce n'est pas le fait qu'on offre ses services à un ou plusieurs employeurs ou au public, mais c'est que, *dans le contrat de travail, le salarié engage son propre travail*, tandis que, *dans le contrat d'entreprise, l'entrepreneur s'oblige uniquement à fournir un certain ouvrage*, fait par lui ou par d'autres que lui, c'est-à-dire exécuté comme il l'entendra, par des travailleurs de son choix, à sa direction et à sa solde.

« ... Au résumé, la classification nouvelle qui résulterait de l'adoption du texte de la Commission du travail aurait autant et plus d'inconvénients que d'avantages.

« Or, à tant que modifier l'état juridique existant, — ou inexistant — il convient d'établir une démarcation nette, facilement saisissable et rationnelle entre le contrat d'entreprise, d'une part, et les divers contrats de travail, de l'autre... » (Boissard, *Contrat de travail et salariat*, pp. 245 et s.).

— Comp., Capitant, *op. cit.*, pp. 128, *in fine*-129.

CHAPITRE III

Le Contrat de Travail dans l'ancien droit, le droit intermédiaire et dans les législations étrangères récentes.

Ainsi se trouve établie la proposition que nous affirmions au début de cette étude : c'est le lien de dépendance et de subordination qui fait le contrat de travail. Cette idée se rencontre non seulement dans la jurisprudence, la doctrine, mais encore dans les lois et projet de loi.

Il n'y a à cela rien de surprenant, lorsqu'on jette un coup d'œil en arrière, et que l'on regarde ensuite autour de soi. Ce critérium du contrat de travail nous vient, en effet, de loin et a été adopté par les législations les plus récentes de l'Allemagne, de la Belgique, des Pays-Bas et de la Suisse.

Nous ne voulons pas nous étendre sur ce côté de notre sujet. Le contrat de travail, dans l'ancien droit et le droit intermédiaire pourrait sans doute à lui seul comporter de longs développements et donner matière à toute une étude. Nous n'avons certes pas, d'autre part, la prétention de faire le commentaire des lois récentes dont nous venons de parler. Nous tenons seulement à faire observer ici que, dans l'ancien droit, le droit intermédiaire, et dans les législations dont s'agit, le critérium du contrat de travail ressemble singulièrement à celui que nous nous sommes attaché à dégager dans les pages qui précèdent.

I. — LE CRITÉRIUM DU CONTRAT DE TRAVAIL DANS L'ANCIEN DROIT ET LE DROIT INTERMÉDIAIRE.

Le critérium du contrat de travail nous paraît reposer, dans l'ancien droit et le droit intermédiaire, sur le lien de dépendance et de subordination.

La loi du 22 germinal an XI. — C'est, en effet, ce lien que le pouvoir royal s'est efforcé, à diverses reprises, « d'entretenir » (1); et, sans lui, certaines dispositions de la loi

(1) C'est le mot même employé dans les lettres patentes du 12 septembre 1781, dont nous donnons ci-après le texte : — « Lettres patentes *pour entretenir la subordination parmi les ouvriers dans les pays manufacturiers.* — Louis, etc., Persuadé que rien n'est plus capable de faire fleurir les manufactures que de maintenir le bon ordre entre les fabricants et leurs ouvriers, nous avons jugé nécessaire de renouveler les dispositions des lettres patentes du 2 janvier 1749, et d'y ajouter les précautions qui nous ont paru capables d'entretenir la police et la subordination parmi les ouvriers. A ces causes, de l'avis de notre conseil, et de notre certaine science, pleine puissance et autorité royale, nous avons dit, déclaré et ordonné, voulons et nous plaît ce qui suit:

« 1. Tout ouvrier qui voudra travailler dans une ville dans laquelle il existe des manufactures, ou dans laquelle il a été ou sera créé des communautés d'arts et métiers, sera tenu, lors de son arrivée dans ladite ville, de se faire enregistrer par nom et surnom au greffe de police, et sera ledit enregistrement fait sans frais.

« 2. Les conventions qui auront été faites entre les maîtres et les

du 22 germinal an XI, relative aux manufactures, fabriques et ateliers, — dont on a souvent parlé pour justifier, dans sur une certaine mesure, le silence presque complet du Code

---

ouvriers seront fidèlement exécutées, et, en conséquence, lesdits maîtres ne pourront renvoyer leurs ouvriers, et réciproquement les ouvriers ne pourront quitter leurs maîtres, avant le terme fixé par lesdits engagements, s'il n'y a cause légitime ;

« 3. Dans le cas où lesdits engagements n'auront pas de terme fixe, les ouvriers ne pourront quitter les maîtres chez lesquels ils travailleront, qu'après avoir achevé les ouvrages qu'ils auront commencés, avoir remboursé les avances qui auront pu leur être faites, et avoir averti lesdits maîtres huit jours auparavant.

« 4. Lorsque les ouvriers auront rempli le terme de leur engagement, et qu'à défaut de terme convenu entre eux et leurs maîtres, ils se seront conformés à ce qui est prescrit par l'article précédent, les maîtres seront tenus de leur délivrer un billet de congé...; et, si le maître ne sait pas signer, le billet de congé sera délivré à l'ouvrier, du consentement du maître, par le juge de police. Voulons que lesdits ouvriers aient un livre, ou cahier, sur lequel seront portés successivement les différents certificats qui leur seront délivrés par les maîtres chez lesquels ils auront travaillé, ou par le juge de police, qui ne pourront audit cas exiger aucuns honoraires, ni frais d'expédition.

« 5. Dans le cas où le maître refuserait de donner à son ouvrier un billet de congé, comme aussi dans le cas où, pour cause de mauvaise conduite de la part de l'ouvrier, ou de mauvais traitements de la part du maître, il s'élèverait quelques contestations entre eux, ils se retireront par-devers le juge de police, auquel nous enjoignons d'y pourvoir sans délai et sans frais. Autorisons auxdits cas le juge de police à délivrer les billets de congé à l'ouvrier s'il y échoit.

« 6. Faisons très-expresses inhibitions et défenses à tous entrepreneurs des manufactures, fabricants, contremaîtres de fabrique ou maîtres-ouvriers tenant boutique, de débaucher directement ou indirectement aucun ouvrier forain ou domicilié, et même de lui donner de l'ouvrage qu'il n'ait préalablement représenté le billet de congé ou certificat ordonné par l'article 4, ci-dessus ; et ce, à peine contre les contrevenants de cent livres d'amende et de tous dommages-intérêts envers le maître qui réclamera l'ouvrier.

« 7. Et dans le cas où quelques ouvriers ou apprentifs auraient diverti les métiers, outils ou matières servants à la fabrique, les

les questions intéressant le travail industriel (1), — seraient assez difficilement explicables ou ne recevraient qu'une explication insuffisante, — et notamment la disposition suivante, insérée dans l'art. 12, d'après laquelle : — « Nul ne pourra recevoir un ouvrier s'il n'est porteur d'un livret portant le certificat d'acquit de ses engagements, délivré de celui chez qui il sort » (2).

Le livret ouvrier. — Ce livret, qui a été supprimé par la loi du 2 juillet 1890, « pouvait être défendu, ainsi que l'observe M. Levasseur, par des arguments d'ordre public.

---

maîtres seront tenus de requérir le lieutenant de police de constater ledit délit, et d'en dresser procès-verbal, dont leur sera délivré expédition, laquelle expédition ils remettront à l'officier chargé du ministère public, pour être à sa requête les délinquants poursuivis ainsi qu'il appartiendra.

« 8. Faisons défenses à tous ouvriers de s'assembler, même sous prétexte de confrérie, de cabaler entre eux pour se placer les uns les autres chez des maîtres ou pour en sortir, et d'exiger des ouvriers, soit français, soit étrangers, qui auront été choisis par les maîtres, aucune rétribution de quelque nature que ce puisse être, à peine d'être poursuivis extraordinairement.

« 9. Les dispositions de nos présentes Lettres seront exécutées, en ce qui les concerne, par tous les marchands, artisans, apprentifs, compagnons, garçons de boutique et ouvriers résidants dans toutes les villes et lieux de notre royaume, et notamment dans les villes où il a été ou sera, par la suite, établi de nouvelles communautés. Si vous mandons, etc... » (V. Isambert, *Rec. gén. des anciennes lois franç.*, t. XXVII, pp. 78-80). — *Adde*, Planiol, *Tr. élém. de dr. civ.*, t. II, n° 1844, texte et note 1 ; Capitant, *op. cit.*, p. 12 ; Levasseur, *Histoire des classes ouvrières avant* 1789, 2e éd., t. II, pp. 667 et s., 792 et s., 799 et s.

(1) V. *supra*, pp. 2 et s.

(2) La loi du 22 germinal an XI, qui comprend 21 articles, est au *Bulletin des lois*, t. VIII, pp. 129 et s. ; et au Sirey, 1er vol. des *Lois ann.*, p. 630.

Dans une société libre, il ne doit pas y avoir de place pour le vagabond. Or, la plupart des citoyens ont pour garantie la fixité de leur domicile; l'industriel a de plus sa patente. On pouvait croire bon que l'ouvrier eût un titre qui attestât son identité et marquât les étapes de sa vie d'atelier ... » (1). Mais le livret était aussi inspiré par le sentiment d'accuser nettement le rapport de subordination de l'ouvrier au maître (2). « Deux arrêtés consulaires, ajoute M. Levasseur, serrèrent davantage le lien : — En vertu de l'arrêté du 9 frimaire an XII, tout ouvrier travaillant en qualité de compagnon ou de garçon dût être muni dun livret. Ce livret sur papier libre, était délivré à Paris, Lyon et Marseille par le commissaire de police; dans les autres localités, par le maire, et parafé par lui. Il l'était sur le vu de l'acquit d'apprentissage ou sur la demande de la personne chez laquelle l'ouvrier avait travaillé, ou sur le témoignage de deux citoyens patentés affirmant qu'il était libre de tout engagement. Il contenait les nom et prénoms de l'ouvrier, le lieu et la date de sa naissance, son signalement... Les patrons étaient tenus d'inscrire l'entrée de l'ouvrier et son congé sur le livret. Si le patron refusait « sans motif légitime », l'ouvrier pouvait s'adresser à l'autorité publique. Le maître avait le droit d'exiger le dépôt du livret entre ses mains comme garantie de la fidélité et de l'exactitude de l'ouvrier ; d'y inscrire toutes les avances d'argent qu'il lui faisait, de ne le rendre que lorsque l'ouvrier aurait accompli ses engage-

(1) V. Levasseur, *Histoire des classes ouvrières de* 1789 *à* 1870, 2e éd., t. Ier, p. 381.

(2) V. Levasseur, *loc. cit.*

ments et remboursé en journées de travail les avances qui lui auraient été faites, ou de renvoyer à son gré l'ouvrier encore débiteur, qu'un autre patron ne pouvait dès lors employer sans se porter caution de la dette inscrite, quelle qu'elle fut, et sans s'acquitter par une retenue sur le salaire journalier qui ne devait pas excéder le cinquième de ce salaire » (1).

Le second arrêté qui vint davantage serrer le lien unissant les ouvriers aux maîtres est, d'ailleurs, de quelques années postérieur à l'arrêté du 9 frimaire an XII. Il porte la date du 3 janvier 1813. Il règle la police des ouvriers, et vise encore l'obligation du livret. Il oblige « sous peine d'une forte amende, dit M. Levasseur, la tenue d'un double registre d'inscription sur lequel devaient être consignées l'entrée et la sortie de chaque ouvrier » (2).

Statuts corporatifs. — D'ailleurs, si l'ouvrier de la grande industrie se trouvait ainsi « assujetti » sous l'ancien régime (3), « l'ouvrier de la petite et de la moyenne industrie était également subordonné à son maître par les statuts corporatifs » (4) « que les maîtres seuls avaient été appelés à rédiger et dont les principales prescriptions avaient toujours pour objet de consacrer leur autorité et leurs privilèges... Dans presque toutes les ordonnances, il est dit que les compagnons « seront tenus de porter honneur à leurs

---

(1) V. Levasseur, *op. cit.*, t. Ier, pp. 381-382.

(2) V. Levasseur, *op. cit.*, t. Ier, p. 382. — *Adde*, Levasseur, *op. cit.*, t. II, pp. 497-498 ; et Planiol, *op. cit.*, t. II, no 1844.

(3) V. Levasseur, *op. cit.*, t. II, p. 875.

(4) V. Levasseur, *loc. cit.*

maîtres et travailler fidèlement sans laisser leurs besognes imparfaites... ; sous peine d'amende ou de prison, il est défendu aux maîtres de prendre un ouvrier sortant de chez un autre maître sans s'être assuré préalablement de la raison pour laquelle il en était sorti, et sans avoir la certitude qu'il avait achevé sa besogne ; il est défendu aux compagnons de travailler ailleurs que chez les maîtres, et il est dit que si les compagnons sont surpris travaillant autrement, leur travail sera saisi et qu'ils seront punis de prison et d'amende ; il est défendu aux ouvriers de faire aucune assemblée ni monopoles entre eux au préjudice du métier... Une règle conforme à l'esprit général du corps de métier interdisait à tout ouvrier d'entreprendre aucun ouvrage pour le compte d'un bourgeois... ; on édictait des peines sévères contre les compagnons qui, au lieu d'aller en journée chez les maîtres, exerçaient leur profession pour leur compte particulier en chambre » (1).

Dès le XIIIe siècle, en un temps où l'ouvrier et le patron n'étaient pas séparés par une grande distance, où le rapprochement des conditions et le contact journalier devaient établir une certaine familiarité entre eux, « l'égalité de droit », affirme M. Levasseur, n'existait déjà pas. « Les devoirs de l'ouvrier, qu'on désignait le plus souvent dans le nord de la France sous le nom de valet, sont expressément stipulés dans les statuts des corps de métiers. Pour être valet, il fallait avoir fait son apprentissage ; les anciens apprentis du métier avaient généralement la préférence sur les ouvriers

---

(1) V. Levasseur, *Histoire des classes ouvrières et de l'industrie en France avant* 1789, 2e éd., t. II, pp. 383-384.

venus du dehors. Il y avait d'ordinaire une place dans la ville où se réunissaient les ouvriers en quête d'ouvrage... L'ouvrier travaillait, soit à l'atelier sous l'œil du patron, soit chez le client pour le compte du patron, mais jamais pour son propre compte. L'engagement liait le patron et l'ouvrier, qui étaient dans certaines corporations l'un et l'autre passibles d'amende s'ils le rompaient; dans d'autres les statuts ne mentionnaient que les obligations de l'ouvrier » (1).

II. — Le critérium du contrat de travail dans les législations étrangères récentes.

La loi belge du 10 mars 1900. — C'est ce même critérium du lien de dépendance et de subordination qu'a sanctionné la loi *belge* du 10 mars 1900, sur le contrat de travail, dont l'art. 1er dispose, en des termes qui rappellent ceux du projet de loi du 2 juillet 1906, précédemment analysé : — « La présente loi régit le contrat par lequel un ouvrier s'engage à travailler sous l'autorité, la direction et la surveillance d'un chef d'entreprise ou patron, moyennant une rémunération à fournir par celui-ci, et calculée, soit à raison de la durée du travail, soit à proportion de la quantité, de la qualité ou de la valeur de l'ouvrage accompli, soit d'après toute autre base arrêtée entre parties », — et déclare, en outre, conformément à l'opinion très générale-

(1) V. Levasseur, *op. cit.*, t. II, nº 965. — Comp., Hubert-Valleroux *Le contrat de travail*, 1895, pp. 9-92.

ment reçue en France : « Les chefs ouvriers et les contremaîtres sont compris parmi les ouvriers » (1).

La loi du 13 juillet 1907, aux Pays-Bas. — La loi du 13 juillet 1907, sur le contrat de travail, aux *Pays-Bas*, modificative de différents articles du Code civil, est conçue dans le même esprit.

Le nouvel art. 1637, C. civ., édicte : — « Indépendamment des contrats pour l'exécution de simples services, régis par des dispositions spéciales et les conditions stipulées, ou, à leur défaut, par l'usage, il existe deux sortes de contrats, par lesquels l'une des parties s'engage à exécuter pour l'autre un travail, moyennant une rémunération : le contrat de travail et l'entreprise de travail ».

L'art. 1637, *a*, stipule : — « Le contrat de travail est le contrat par lequel l'une des parties, l'employé, s'engage à travailler au service de l'autre partie, l'employeur, pendant un certain temps, moyennant salaire » ; — et l'art. 1637, *b*, déclare : — « L'entreprise de travail est le

(1) La loi belge du 10 mars 1900 ne comprend pas moins de 43 articles. Le chapitre Ier est consacré aux dispositions générales (art. 1 à 6) ; le chapitre II aux obligations réciproques des parties (art. 7 à 15) ; le chapitre III aux différentes manières dont prennent fin les obligations des parties (art. 16 à 28) ; le chapitre IV traite de la capacité de la femme mariée et du mineur d'engager leur travail (art. 29 à 37). Le chapitre V contient des dispositions additionnelles (art. 38 à 41) ; et le chapitre VI l'abrogation des dispositions législatives antérieures et les dispositions transitoires (art. 42-43). V. *l'Annuaire de législ. étrang.* (30e année), 1901, pp. 308 et s. — *Adde*, Flament, *La loi belge du* 10 *mars* 1900, *sur le contrat de travail*, 1906. — Comp., G. Stein, *Contrat de travail : patrons et employés*, 1908 (œuvre posthume complétée en ce qui concerne les lois récentes, par M. G. Bergé).

contrat par lequel l'une des parties, l'entrepreneur, s'engage vis-a-vis de l'autre partie, l'adjudicateur, à exécuter, moyennant un prix déterminé, un travail déterminé » (1).

Le Code revisé des obligations, en Suisse. — De son côté, le Code revisé des obligations, en Suisse, dispose, de façon formelle, dans son art. 319 : — « Le contrat de travail est la convention par laquelle une personne (l'employé) promet à une autre (l'employeur) son travail pour un temps déterminé ou indéterminé, contre paiement d'un salaire. — Il y a également contrat de travail lorsque le salaire est payé d'après l'ouvrage livré, et non pas calculé à l'heure ou à la journée (travail aux pièces ou à la tâche), dès que l'employé est engagé ou occupé, soit pour un temps fixé, soit pour une durée indéterminée... ».

Et l'art. 348 porte : — « Les dispositions du présent titre s'appliquent également aux contrats portant sur des travaux qui supposent une culture scientifique ou artistique spéciale, et qui s'exécutent contre paiement d'hono-

---

(1) Le septième titre, A, du Code civil des Pays-Bas, intitulé : *Des contrats pour l'exécution du travail*, est ainsi divisé :

« Première section. — Dispositions générales (art. 1637,-art. 1637 *c.*).

« Deuxième section. — Du contrat de travail en général (art. 1637 *d*-art. 1637 *z*).

« Troisième section. — Des obligations de l'employeur (art. 1638-art. 1638 *aa*).

« Quatrième section. — Des obligations de l'employé (art. 1639-art. 1639 *d*).

« Cinquième section. — Des différentes manières dont prend fin l'engagement découlant du contrat de travail (art. 1639, *e*-art. 1639 *x*)

— V. *l'Annuaire de législ. étrang.* (37e année), 1907, pp. 641 et s. *Adde*, l'intéressante étude de M. Marcel Nast dans le *Bull. de la Soc. d'études législ.*, 1907, pp. 597 et s.

raires, quand ces conventions présentent, d'ailleurs, les éléments constitutifs du contrat de travail ».

Quant à l'art. 363, relatif au contrat d'entreprise, il est ainsi conçu : — « Le contrat d'entreprise est un contrat par lequel l'une des parties (l'entrepreneur) s'engage à exécuter l'ouvrage, moyennant un prix que l'autre partie (le maître) s'engage à lui payer » (1).

Il serait difficile de souhaiter consécration plus éclatante des idées que nous avons sans cesse défendues au cours de notre étude !

Le Code civil allemand. — Et il n'y a pas jusqu'au *Code allemand*, lui-même, qui, « en vue de relever le caractère social du contrat de services portant sur le travail humain, a répudié l'assimilation antique entre l'engagement de ce travail et le louage de choses ; et qui a banni tout terme impliquant domination de l'un des contractants sur l'autre... » (2), qui ne soit, en dernière analyse, favorable à notre opinion, — puisque « toujours dans le but de rehausser le contrat de services, il a fondu dans ce même contrat tous les genres de services possibles, aussi bien les besognes domestiques, les travaux manuels que les services d'un ordre plus relevé (*artes liberales*) ou les

---

(1) V. Virgile Rossel, *Manuel de dr. civ. suisse*, t. III, pp. 362 et s.

(2) V. la note, t. II, p. 133, de l'édition du Code civil allemand, imprimée par ordre du Gouvernement à l'Imprimerie nationale, 1906. — Le Code civil allemand n'emploie pas les expressions « maître, patron, domestique, ouvrier » ; il désigne les deux parties au contrat par les mots : « l'ayant-droit aux services », « l'obligé aux services ». V. la note précitée de l'édition française de 1906.

ouvrages impliquant mise en œuvre des facultés intellectuelles » (1).

« Cette conception, nettement démocratique, a inspiré l'alinéa 2 de l'art. 611 du Code civil allemand, d'après lequel : — « En vertu du contrat de services, celui qui s'engage à des services, est obligé à la prestation des services promis, et l'autre partie est obligée de fournir la rémunération convenue. — *Peuvent faire l'objet du contrat de services, des services de toute nature* » (2).

---

(1) V. la note précitée de la même édition du Code civil allemand.

(2) Le livre II, section VII, du Code civil allemand est ainsi divisé : — « ... Titre troisième. — Du bail à loyer, du bail à ferme.
I. Du bail à loyer (art. 535 à 580).
II. Du bail à ferme (art. 581 à 597).
Titre quatrième. — Du prêt à usage (art. 598 à 606).
Titre cinquième. — Du prêt de consommation (art. 607 à 610).
Titre sixième. — Du contrat de services (art. 611 à 630).
Titre septième. — Du contrat d'ouvrage (art. 631 à 651).
Titre huitième. — Du contrat de courtage (art. 652 à 656).
Titre neuvième. — De la promesse de récompense (art. 657 à 661).
Titre dixième. — Du mandat (art. 662 à 676).
Titre onzième. — De la gestion d'affaires sans mandat (art. 677 à 687)... ».

— Comp., sur les législations étrangères relatives au contrat de travail, H. Pascaud, *Le Code civil et les réformes qu'il comporte*, 1906, pp. 249 et s.

CONCLUSION

Le critérium du contrat de travail fondé sur la dépendance et la subordination repose sur l'état social actuel. Il sort de la force des choses. — Nous arrivons ainsi au terme de notre étude, après avoir établi, comme nous nous l'étions proposé, que le contrat de travail se distingue des autres contrats, avec lesquels on est souvent tenté de le confondre, par cet état de dépendance et de subordination dans lequel se trouve l'une des parties par rapport à l'autre. La jurisprudence et la majorité de la doctrine voient, à n'en pas douter, dans le lien de dépendance et de subordination le trait propre et caractéristique du contrat de travail ; — et c'est à ce critérium, qu'il sanctionnera sans doute demain expressément, que le législateur paraît s'être référé, notamment durant ces dernières années.

Cette notion du contrat de travail ne résulte pas, en effet, de sa seule volonté; elle sort des conditions mêmes de l'état social, de la force des choses. Sous le régime dit « capitaliste », le capital, qui court les risques de l'entreprise, domine fatalement cet autre facteur de la production : le travail. C'est là un fait irrémissible, contre lequel de violentes protestations se font journellement entendre, mais qui ne disparaîtra — nous le craignons — que le jour où la Cité future sera devenue la Cité présente.

Le contrat de travail ne peut être assimilé à un contrat de société. — Quoi qu'on dise, en effet, quand on a patiemment analysé le contrat de travail, qu'on l'a vu tel que nous avons essayé de le caractériser, tel qu'il est dans sa réalité, — croyons-nous, — il est bien difficile d'admettre que ce contrat puisse être assimilé à un contrat de société. Cette séduisante théorie du contrat de travail-société, qui a valu une vraie notoriété à son auteur (1), et dont il a heureusement groupé les formules par la suite (2), paraît non seulement « sans force au point de vue juridique » (3), mais

---

(1) V. Chatelain, *De la nature du contrat entre ouvrier et entrepreneur*, Paris, Alcan, 1902. — *Adde*, Chatelain, *Esquisse d'une nouvelle théorie sur le contrat de travail, conforme aux principes du Code civil* (*Rev. trim. de dr. civ.*, 1904, pp. 313 et s.).

(2) « Les ouvriers vendent au patron leur part du produit futur, moyennant un prix fixe payable d'avance. — Le salaire représente le prix de la part qui revient à l'ouvrier dans la propriété du produit. — L'ouvrier vend au patron pour un prix fixe convenu, à payer par jour ou par quinzaine, ou de toute autre manière, également convenue, sa part de propriété dans le produit futur. — En vertu de leur droit de propriété dans le produit commun, au titre de leur travail, les ouvriers réclament une part du bénéfice commun ; mais ils demandent ou ils acceptent une part en argent, fixe, périodique, avancée par le patron; ils cèdent en retour au patron la propriété du produit en nature, que seul il se charge de réaliser et qu'il consent à réaliser au mieux des intérêts communs, mais à ses risques. Ainsi celui-ci devient propriétaire du produit, parce que les ouvriers lui cèdent leur part; et ils peuvent vraiment céder (vendre) leur part, parce qu'ils ont droit à une part de propriété. » (V. Chatelain, *Une application de la nouvelle théorie du contrat de travail*, *Rev. trim. de dr. civ.*, 1905, pp. 271 et s.). — Comp., Duthoit, *Vers l'organisation professionnelle*, pp. 125 et s.; et Goldenberg, *De la nature juridique des contrats de travail.*

(3) V. Capitant, *Cours de législ. industr.*, p. 134. — Comp., Baudry-Lacantinerie et Wahl, *Du contrat de louage*, 3e éd., t. II, n° 1650; Planiol, *Tr. élém. de dr. civ.*, 5e éd., t. II, n° 1827, note 1; Pic, *Tr. élém. de*

encore contraire à la brutale réalité des faits (1). Quand on a dit que le contrat de travail est un contrat de société, sous le prétexte que chacune des parties — ouvrier et patron, — met quelque chose en commun pour en retirer un avantage réciproque, et que l'on ajoute aussitôt, pour expliquer l'absence de tout partage des profits entre l'ouvrier et le patron, qu'il en va ainsi, parce qu'il est intervenu entre eux un traité à forfait par lequel le premier a abandonné au second ses chances de gain et s'est déchargé sur lui de ses risques de perte, moyennant une rémunération déterminée à l'avance — on a fait preuve de rares qualités d'ingéniosité; mais il n'en demeure pas moins, après comme avant, que toutes les règles du contrat de société sont écartées par la convention même du louage de travail, et que l'employé n'est pas l'égal de l'employeur (2).

---

législ. industr., 3e éd., no 875, p. 680, note 1; Langlois, *Le contrat de travail*, pp. 18 et s.; Boissard, *Contrat de travail et salariat*, pp. 59-60; et Garriguet, *Le contrat de travail*, 5e éd., pp. 14 et s.

(1) Comp., Gide, *Cours d'économie politique*, p. 600, texte et note 1.

(2) M. Perreau enseigne, à son *Cours d'économie politique*, que l'analyse de la convention faite par M. Chatelain « ne lui paraît pas inexacte du tout »; mais il ajoute : « Il en résulte, à mon avis, tout simplement que, par le contrat de travail les deux parties ont *voulu écarter le contrat de société*, qui, sans le contrat de travail eût dû, logiquement, régler leurs rapports juridiques. Le contrat de travail ne saurait donc être ramené au contrat de société, puisqu'il en est *la négation voulue par les intéressés eux-mêmes* ».

— Cette théorie du contrat de travail-société a été, d'ailleurs, très formellement contredite par un récent jugement du tribunal civil de la Seine (4e ch., 3e sect.), en date du 11 mars 1912, qui a été amené à déterminer les traits propres du contrat de travail et du contrat de société, dans une espèce assez curieuse :— « Attendu, dit le tribunal, que la dame Césarine-Valentine Beaussier, veuve de Charles Lambert et épouse en secondes noces de Lévesque, demande que la dame

D'ailleurs, il ne nous semble pas que la construction juridique du contrat de travail, fondée sur l'idée de société, orienterait fatalement vers une conception plus égalitaire

---

Césarine-Valentine Saussereau, veuve Beaussier, sa mère, et la Compagnie d'assurances « l'Urbaine et la Seine », soient condamnées à lui verser, en conséquence d'un accident de travail survenu à son premier mari, le 20 mai 1910 et qui a entraîné sa mort le 25 du même mois : *a*) une rente annuelle et viagère de 412 francs, à compter de ce jour au 30 novembre 1911, date de son second mariage; *b*) une somme de 1.236 francs, égale au triple de cette rente, en conformité de l'art. 3, § A, de la loi du 9 avril 1898 ; *c*) une rente annuelle et viagère de 309 francs, au profit de son fils, Charles-Lucien dont elle est accouchée, postérieurement au décès de son premier mari, soit le 27 janvier 1911 ; — Attendu, qu'appelée en garantie des condamnations qui pourraient être prononcées contre la dame Saussereau, veuve Beaussier, la Compagnie « l'Urbaine et la Seine » a fait valoir, par conclusions du 22 novembre 1911, que cette demande doit être déclarée irrecevable, l'assurée s'étant interdit, aux termes des conditions générales de la police, d'assigner l'assureur en garantie; — Mais attendu que cette exception de la Compagnie d'assurances devant être purement et simplement rejetée, — puisque la Compagnie, de droit substituée à son assurée, a conclu au fond, à la date du 13 avril 1911, — il y a lieu d'examiner les moyens de défense invoqués par ladite Compagnie, et d'après lesquels il ne saurait être fait droit aux demandes des époux Lévesque, parce que : — 1°) l'accident à la suite duquel Charles Lambert est décédé n'était pas garanti par la police, dont les conditions particulières portent : « les membres de la famille de l'assurée... ne sont pas compris dans l'assurance »; — et 2°) parce que, au moment de l'accident, Charles Lambert n'était plus l'employé de sa belle-mère, mais son associé;

« *Sur le premier moyen de défense :* — Attendu que, dans le sens le plus usité, le mot « famille » devant s'entendre du père, de la mère et des enfants vivant dans la même habitation, il ne saurait être fait droit à la prétention de la Compagnie, — d'autant qu'au moment où la police a été souscrite, soit le 11 août 1909, Charles Lambert n'étant pas encore le gendre de l'assurée, il ne pouvait être dans l'intention de la Compagnie de comprendre ce dernier au nom des personnes sur lesquelles elle entendait ne point faire porter l'assurance;

« *Sur le second moyen de défense :* — Attendu que, pour établir la

des droits du patron et de ceux des employés, — que cette théorie serait de nature à améliorer nécessairement la

---

qualité de co-associé de Charles-Lambert, au moment de l'accident, la Compagnie excipe de ce que Charles Lambert n'aurait plus été porté sur le livre de paie quelques jours avant son mariage avec la demoiselle Beaussier, soit depuis le 1er avril 1910, le mariage ayant eu lieu le 20 avril 1910 ; — Mais attendu que ce fait, fût-il vérifié exact, ne saurait suffire au tribunal pour statuer, quant à présent, en connaissance de cause, sur le point de savoir si le gendre de la dame Saussereau, veuve Beaussier, était devenu son associé ou était resté son employé ; — Attendu, en effet, que cette circonstance que des reçus n'auraient plus été dressés n'implique pas nécessairement qu'un salaire n'était pas effectivement versé à Charles Lambert, le défaut de quittances s'expliquant suffisamment par la qualité de gendre de la dame veuve Beaussier, qui appartenait au *de cujus* ; — Attendu, d'ailleurs, qu'il n'est pas indispensable, pour qu'il y ait louage de services ou contrat de travail, qu'un salaire ait été payé en argent, qu'il peut aussi « consister en nature, c'est-à-dire en logement, nourriture, fournitures diverses, services réciproques » (Sachet, *Tr. de la législ. sur les accid. du trav.*, 5e éd., no 159) ; — Attendu que, pour caractériser la situation juridique de Charles Lambert, au moment de l'accident, d'autres éléments doivent être considérés et fournis au tribunal, — toute la question étant de savoir, en dernière analyse, si, à la suite de son mariage, Charles Lambert était devenu l'égal de la dame veuve Beaussier dans l'exploitation de son négoce, s'il partageait avec elle les pouvoirs de direction et de contrôle, ou si, au contraire, il était resté lié à elle par les liens de dépendance et de subordination qui constituent le trait propre et caractéristique du contrat de travail ; — Attendu, dans ces conditions, qu'il y a lieu de recourir à une enquête dont l'objet sera de déterminer les fonctions de Charles Lambert dans le fonds de commerce de la dame Saussereau-Beaussier antérieurement et postérieurement à son mariage avec la fille de cette dernière, soit du 15 février 1908 au 20 mai 1910 ; — Par ces motifs ; — Statuant avant faire droit ; Dit qu'il sera procédé par..., juge, à une enquête au cours de laquelle les parties seront admises à établir : 1o) quelle était antérieurement à son mariage la nature du travail de Charles Lambert dans la maison de la dame Saussereau, veuve Beaussier ; — 2o) quelle a été postérieurement à son mariage avec la fille de cette dernière, la nature

condition des travailleurs, à orienter la science juridique et la pratique dans des voies nouvelles (1).

Les salariés n'ont pas intérêt à être traités comme des associés, — puisqu'ils ne le sont pas. — Leur intérêt consiste dans la réglementation du contrat de travail. — L'ouvrier, l'employé, le domestique, — tous les salariés n'ont pas même intérêt à être considérés comme des associés, puisqu'ils ne le sont pas ! Peu importe la nature du contrat passé avec l'entrepreneur, le patron, le maître : société ; vente de travail (2) ; louage (3) ! Ces diverses façons de présenter le contrat de travail ne changent rien à la réalité (4).

Ce qu'il faut dire, — et dire bien haut, — ayant pour soi toute une imposante jurisprudence, l'opinion d'auteurs considérables et celle du législateur lui-même, — c'est que ce contrat qui se caractérise ainsi par l'état de dépendance et de subordination d'une partie vis-à-vis de l'autre doit être réglementé, sans plus tarder, quant à sa formation, ses effets et sa résolution.

---

de son travail ; ses occupations sont-elles restées sensiblement les mêmes ? occupait-il la place d'un employé ? était-il dans les liens de dépendance et de subordination vis-à-vis de la dame veuve Beaussier ? Ou bien, avait-il, avec elle, la direction et le contrôle de la maison ? était-il devenu son égal, son associé ? »

(1) V. cep., Chausse (*Rev. gén. de dr., de la législ. et de la jurispr.*, 1909, p. 277, *in fine*).

(2) V. not., Bureau, *Le contrat de travail et les syndicats professionnels.*

(3) V. Delvincourt, éd. 1819, t. III, p. 109. — Comp., Gide, *op. cit.*, pp. 598, *in fine*-599.

(4) V. Garriguet, *op. cit.*, pp. 24-25.

Vers un régime de paix. — Et, c'est pourquoi nous regrettons que, ni le projet de loi du 2 juillet 1906, ni le projet de loi, à allures plus modestes, de la Commission du travail, qui tendent à introduire plus de justice et d'équité dans le contrat dont s'agit, n'aient pas donné naissance à la loi dont le rapporteur, M. Chambon, demandait cependant le vote en termes particulièrement pressants (1).

Le Gouvernement et le Parlement ont eu, depuis lors, de justes et très légitimes préoccupations ; mais le vote de la loi des retraites ouvrières et paysannes, le vote, demain, de la loi établissant la journée de dix heures (2), n'ont rien

---

(1) Le projet de loi déposé par M. Viviani, le 11 juillet 1910, à la Chambre des députés, n'a trait qu'aux conventions collectives de travail (V. *le Journal* du 24 août 1910).

(2) V. à cet égard, le remarquable discours de M. Léon Bourgeois, ministre du Travail, à la séance de la Chambre des députés du 29 février dernier (*Journ. off.*, Ch. des dép., Déb. parl., pp. 524 et s.). — « La loi, a dit notamment M. Léon Bourgeois, repose sur un principe d'une haute moralité, et c'est là ce que la Chambre doit considérer avant de se prononcer. M. l'abbé Lemire l'a très éloquemment démontré.... : le travail humain n'est pas une marchandise. C'est quelque chose de plus. Ce n'est pas une marchandise dont on puisse parler comme on parlerait simplement de sommes d'argent. Le travailleur n'envisage pas dans le contrat de travail uniquement une question de profit plus ou moins grand. Cela est aussi dans son contrat, mais il n'y a pas que cela. Il engage dans le contrat de travail sa personne, l'emploi de toute son activité, et de toute son activité possible pendant des années et des années, pendant toute sa vie ; et bien plus, en engageant sa personne, il engage d'autres personnes, sa femme, ses enfants. Il engage la vie morale de tous les siens.

« Il engage l'existence de son foyer. Voilà ce que contient au fond le problème de la durée du travail, voilà ce qui nous interdit de ne mettre en balance que des sommes d'argent — et j'ai montré qu'on pouvait les y mettre sans grand risque. Nous devons aussi peser la personnalité, la dignité, la sécurité de la vie d'un homme.

« Il s'agit donc d'un contrat d'une nature spéciale où je ne veux

enlevé de leur intérêt aux considérations que faisait valoir M. Chambon, en vue de justifier « la nécessité inéluctable » de légiférer sur le contrat de travail. Elles valent la peine d'être citées ici et méditées avec soin : — « L'absence de textes sur le contrat de travail entraîne des difficultés d'un ordre général ; il n'est pas admissible que pour les questions de formation, de validité, de preuve du contrat de travail, il n'y ait pas d'autres ressources dans le droit français que les textes généraux des contrats et obligations ou l'interprétation, par une jurisprudence incertaine, d'usages variant souvent avec les localités.

---

pas faire intervenir seulement le point de vue du salaire, mais aussi le point de vue de la moralité ; dès lors, n'ai-je pas le droit de dire : dans ce contrat où l'un de nous va aliéner quelque chose de sa liberté, je demande à l'autre ce qui est juste et humain.

« Il y a là une question d'ordre public. C'est bien là que la loi est fondée à intervenir. Elle nous dit : vous n'irez pas au delà de telle limite, car au delà vous touchez à quelque chose qui ne peut pas être mesuré, qui ne peut pas être calculé, monnayé, vous touchez à une partie de la personne humaine ; vous n'avez pas le droit d'aller au delà.

« C'est tellement vrai que la plupart des patrons l'ont compris. Il n'y a, dans mes paroles, de critique contre personne ; mais je suis en droit de constater que les trois quarts des patrons ont déjà fait ce sacrifice, qu'ils ont compris quelle est la limite qu'ils ne doivent pas dépasser.

« Nous demandons aux autres de s'y tenir aussi, nous le demandons à ceux qui ne l'ont pas fait jusqu'à présent par ignorance, par négligence, par faiblesse, par je ne sais quelle incompréhension de leurs devoirs véritables.

« Nous leur demandons d'entendre le raisonnement que nous faisons au nom de la loi et que les patrons bienfaisants ont fait eux-mêmes avant que nous ne l'imposions, puisqu'ils ont réduit dans 75 p. 100 des établissements français la durée du travail à dix heures.

« Et quel sera le bénéfice social de notre loi ? Dans notre pensée, elle doit servir non pas à reconstituer le foyer familial ouvrier qui n'est

« Quand le contrat intervient entre patrons et ouvriers — et c'est le cas le plus général — ces difficultés sont encore aggravées : il y a une raison spéciale pour que le législateur intervienne, c'est, nous allons le voir, l'inégalité économique des parties au moment de la formation du contrat, reconnue et avouée par les plus modérés des économistes.

« En dehors du Code civil, le législateur a dû déjà en effet, surtout depuis une trentaine d'années, se préoccuper des conditions d'existence faite à la classe ouvrière.

« Il y a été amené par la force même des choses, car la situation de l'ouvrier n'est plus du tout la même qu'au début du XIXe siècle. Les progrès ininterrompus du machinisme, qui a mis en valeur des découvertes scientifiques

---

pas détruit, mais à le consolider. Parmi les siens, le travailleur s'élèvera en dignité, en moralité. Il deviendra pour la France elle-même un citoyen plus vaillant, plus assuré, conscient de toutes ses responsabilités, à la hauteur de tous ses devoirs.

« J'omets les conséquences heureuses mais accessoires de la loi, telle que l'amélioration de l'apprentissage. Je ne veux pas entrer dans autant de détails. Je me borne à dire que si nous défendons cette loi, c'est à cause de ses conséquences directes. Ne contribuera-t-elle pas à augmenter la sécurité de l'ouvrier ? On vous a dit comment les accidents vont croissant en raison du nombre des heures de travail ; on vous a montré qu'ils sont plus nombreux à partir de la neuvième heure. On vous a dit aussi combien la question de l'apprentissage était liée à celle de la durée du travail.

« C'est donc à cause de ses conséquences directes pour la sécurité des travailleurs que nous défendons cette loi, à cause de ses conséquences pour l'apprentissage, à cause de ses conséquences morales que je viens d'indiquer d'un mot, à cause de la nécessité pour le père de famille d'avoir des loisirs qui lui permettent de rentrer chez lui à l'heure où ses enfants ne sont pas encore endormis, afin qu'il lui soit possible de voir les siens assemblés à la table de famille réunis auprès du foyer.

« Je n'ai pas entendu sans peine développer cet argument : « Si

sans cesse renouvelées, ont eu pour résultat de transformer de la façon la plus absolue les procédés et les modes d'exploitation de l'industrie.

« L'association des capitaux devenue nécessaire pour l'achat et l'entretien des machines, a amené ce que l'on a appelé à juste titre la concentration industrielle. Les petits patrons, employant quelques ouvriers, sont de moins en moins nombreux, et, à leur place, se sont constituées de puissantes sociétés anonymes occupant dans de vastes cités industrielles et surtout à domicile, ce qui leur permet d'éluder plus facilement la loi, des milliers de travailleurs. En même temps, la population urbaine s'est accrue dans

---

vous donnez à l'ouvrier des loisirs, qu'en fera-t-il? Êtes-vous bien sûr qu'il en fera un bon usage? »

« Mais certainement, il en fera un bon usage! On parle de l'alcoolisme. Je suis de ceux qui se sont occupés de ces questions d'hygiène sociale depuis longtemps; je vous demande pardon d'en parler, mais je n'ai pas puisé ma conviction seulement dans les dossiers du ministère, je l'ai puisé dans mes études quotidiennes depuis vingt ans.

« Or, nous constatons que, précisément, c'est dans les industries à courte journée que l'alcoolisme est le moins développé!

« Là, l'ouvrier a pu reconstituer sa vie de famille, il a pu rentrer chez lui à temps pour jouir de la compagnie des siens, il n'a pas été détourné, tenté d'aller ailleurs pour passer gaiement la soirée qui aurait été si triste chez lui, auprès du foyer éteint, sous la lampe morte, dans la maison froide. C'est là un fait évident, vérifiable!

« Dans presque tous les pays, depuis quelques années, on a mené des campagnes très vives contre l'alcoolisme, on s'est efforcé d'entraver la contagion effrayante de ce vice social parmi les ouvriers; or, de toutes ces enquêtes auxquelles on a procédé, il résulte cette constatation remarquable : c'est précisément dans les métiers les moins rémunérés, dans ceux où la journée est la plus dure, est la plus longue, que dans l'accablement et la lassitude de la journée, l'ouvrier va chercher ailleurs l'excitation factice, l'illusion de bonheur et de santé.

une proportion qui semble parfois trop forte. Par un phénomène d'attraction qui a les conséquences les plus fâcheuses pour l'agriculture, la population des campagnes ne cesse, à aucun moment d'affluer vers les villes, alors qu'il faudrait au contraire éviter d'augmenter le nombre d'ouvriers laissés inoccupés à la suite de crises périodiques de l'industrie, même florissante.

« Ce régime de concentration à outrance, opposant les travailleurs isolés à l'employeur dont dépendent un millier d'individus, et la surabondance de bras disponibles sont indéniablement des causes de faiblesse pour l'ouvrier dans la société moderne.

« Il y a là deux grands intérêts en présence : ce n'est pas seulement l'intérêt personnel de l'ouvrier ou du patron — pour l'ouvrier moins de fatigue, plus de santé, plus de liberté ; pour le patron plus de production, moins de charges — c'est de plus un intérêt supérieur qui dépasse et domine l'intérêt personnel : c'est l'intérêt commun des patrons et des ouvriers, en tant que membres du corps social.

« Il faut d'abord se poser cette question : Jusqu'où peut-on aller, sans toucher à la richesse nationale, sans affaiblir le pays, pour donner à la masse ouvrière, à la race française, cet accroissement de valeur physique, intellectuelle et morale qui sera une cause nouvelle de progrès pour le pays tout entier ?

« Il faut aller le plus loin possible, parce que plus nous irons loin, plus nous enrichirons le trésor du capital humain sans lequel le capital argent serait improductif, plus nous aurons accru le capital vivant.

« Ce que nous voulons, c'est que l'ouvrier, comme toute personne humaine, retrouve, grâce aux lois du travail, la possibilité de son plein développement. C'est le but moral de la loi.

« Et ainsi cette loi prend place, dans un ensemble de réformes. Elle est une partie de cette œuvre que j'appellerai, suivant un mot célèbre, l'œuvre de réalisations sociales... ». — Comp., Levasseur, *Questions ouvrières et industrielles en France sous la troisième République*, pp. 873, *in fine*-874, 876 ; Gide, *op. cit.*, pp. 643 et s. ; et Jay, *La protection légale des travailleurs*, 2e éd., pp. 12 et s., pp. 328 et s.

« Certes, dans tout contrat, on ne rencontre d'ordinaire qu'une égalité relative ou théorique dans la situation des parties contractantes. Mais dans le contrat de travail tout spécialement, il y a inégalité absolue, et la volonté du plus fort est presque toujours imposée. Comment pourrait-il en être autrement quand l'une des parties a à sa disposition une main-d'œuvre toujours nombreuse, alors que l'autre attend de son embauchage son pain et celui de sa famille?

« En fait, il n'y a plus réciprocité d'obligations dans l'exécution du contrat et, comme on l'a dit, c'est du côté patronal le régime du pouvoir absolu. En veut-on un exemple? On a vu, au cours de ces dernières années, se multiplier les règlements d'ateliers, qui ne sont que l'expression de la volonté patronale et qui sont devenus néanmoins de véritables contrats de travail créés de toutes pièces ou modifiés sans que l'ouvrier ait la possibilité de les discuter.

« Ces considérations ont, il est vrai, occasionné une succession de lois et de décrets formant ce qu'il est convenu d'appeler la législation du travail. Mais les dispositions qui s'y rapportent... s'appliquent à des cas particuliers, des points de vue différents et elles varient selon l'âge ou le sexe des travailleurs, la spécialité du travail, les modalités des exploitations. En somme, il s'agit là bien plus de réglementation industrielle que de législation sur le contrat de travail.

« La plupart de ces lois sont d'ailleurs nées au hasard des circonstances.

« Les risques professionnels occasionnés par l'emploi des machines ont pu déterminer la loi sur les accidents du travail (9 avril 1898); les agglomérations de personnel dans des ateliers mal agencés, la loi sur l'hygiène et la sécurité des travailleurs (loi du 12 juin 1893). Parmi les plus récentes, il faut citer encore la loi du 2 novembre 1892, modifiée en 1900, qui a réglementé le travail des femmes et des enfants dans les manufactures; la loi du 29 juin 1905, relative à la limitation de la durée du travail dans les mines; la loi du 13 juillet 1906 instituant le repos hebdomadaire en faveur des ouvriers et employés.

« Toutes ont, certes, marqué des progrès considérables dans la législation ouvrière et ce n'est pas nous qui songeons à en nier l'utilité pratique. Enfin, d'autres projets déposés actuellement, en particulier celui qui a pour but d'établir la journée de dix heures, poursuivent de nouvelles améliorations importantes.

« Il n'en est pas moins vrai que l'absence d'une base solide aux rapports contractuels des employeurs et des employés amoindrit la valeur de l'œuvre réalisée. En d'autres termes, la situation des travailleurs a pu être améliorée, soit en faveur de certaines catégories, soit dans certains cas déterminés, mais les principes généraux intéressant l'ensemble de ceux qui peuvent être soumis au contrat de travail sont encore à inscrire dans notre Code.

« Il y a donc une véritable nécessité sociale à remédier à la situation difficile qui résulte, pour la classe ouvrière, d'un tel état de choses.

« Pour une autre raison, cette nécessité d'une réforme nous paraît certaine : c'est la multiplicité des conflits nés à l'occasion du contrat de travail.

« Ceux qui ne seraient pas enclins à considérer l'état misérable d'une classe de la société comme une cause capable à elle seule de susciter des mesures législatives, seront peut-être disposés à voir dans leur fréquence et leur acuité un motif utilitaire qui contraint le législateur à intervenir...

« A l'heure actuelle, la tension des rapports entre le capital et le travail ne fait que s'accroître. L'espoir de la grève générale est entretenu dans les groupes les plus avancés. Il y a, dans ce fait, un indice qui prouve l'extension des motifs de mécontentement dans toutes les branches de l'industrie. Les crises ne sont plus localisées à certains métiers. L'opposition d'intérêts entre patrons et ouvriers prend partout le caractère d'une lutte de classes, et le nombre de grèves de solidarité va croissant. Leur cause principale est sans conteste l'instabilité des conditions du travail ; celle-ci entraîne des perturbations dans la production industrielle qui sont un danger pour la prospérité nationale.

« Les solutions apportées aux crises par la législation actuelle sont, en général, précaires : l'arbitrage, les transactions sont des remèdes provisoires. Ils mettent fin à des conflits particuliers ; les causes profondes du conflit latent ne sont pas éteintes : c'est que ses causes... proviennent, sans nul doute, de l'ignorance dans laquelle se trouvent les contractants de la portée exacte de leurs droits et de leurs devoirs. L'impuissance des solutions partielles prouve donc également la nécessité de nouvelles règles basées sur la reconnaissance de nouveaux droits » (1).

---

(1) V. *Journ. off.*, Ch. des dép., Doc. parl., avril 1908, annexe 1409, p. 448 — Comp., les rapports de M. C. Perreau et de M. Groussier à l'Association nationale pour la protection légale des travailleurs, *passim* ; Gide, *op. cit.*, pp. 600 et s. ; Jay, *Bull. de la Soc. d'études*

Une fois établies, — après examen approfondi et en pleine connaissance de cause, — ces règles nécessaires, qui intéressent notamment le régime des amendes, la nullité du contrat pour cause de lésion (1), le mode de preuve en vue de l'obtention de dommages-intérêts pour rupture abusive, l'étendue du privilège pour le paiement des salaires, et enfin les conventions collectives (2), — on aura tout loisir pour s'occuper de la question de la participation aux

---

législ., 1907, pp. 37 et s.) ; Capitant, *op. cit.*, pp. 134, 495 et s. ; Planiol, *op. cit.*, t. II, n° 1830, n° 1834 ; Huc, *Comm. du C. civ.*, t. X, n° 399, p. 552 ; et Beudant, *Cours de dr. civ.* : *La vente et le louage*, n° 656.

(1) V. à cet égard, C. Perreau et Chatelain (*Rev. crit.*, 1906, pp. 538 et s., 553 et s. ; Jay, *La protection légale des travailleurs*, 2e éd. pp. 290 et s. ; Pic, *op. cit*, n° 921 ; Capitant, *op. cit.*, pp. 160 et s. ; et Gerbier, *Des stipulations usuraires dans le contrat de travail.* — En l'état actuel de nos lois, la Cour de cassation décide que les conventions intervenues entre le maître et l'ouvrier sur le taux du salaire de celui-ci ne peuvent être annulées par les tribunaux comme contraires à l'ordre public, sous prétexte que ce salaire serait insuffisant. V. Cass. civ. 20 déc. 1852 (S. 1853, 1, 101. — D. P. 1853, 1, 95) ; 12 déc. 1853 (S. 1854, 1, 333. — D. P. 1854, 1, 20) ; 20 nov. 1906 (S. et P. 1908, 1, 29).

(2) V. sur toutes ces questions, outre les rapports de MM. Chambon, Perreau, Fagnot et Groussier, les discussions qui ont eu lieu à l'Association nationale pour la protection légale des travailleurs, et auxquelles ont pris part notamment, MM. Alfassa, Bechmann, Boissard, A. Colin, Jay, l'abbé Lemire, et Millerand (*Le contrat de travail*, pp. 39 et s., pp. 116 et s. ; *Le contrat de travail et le Code civil*, pp. 92 et s.). Comp., le *Bull. de la Soc. d'études législ.*, 1905, pp. 499 et s. ; 1906, pp. 73 et s., 86 et s., 153 et s., 441 et s., 453 et s. ; 1907, pp. 180 et s., 208 et s. ; 1908, pp. 32 et s., 79 et s., 287 et s. *Adde*, sur les conventions collectives, Bry, *Cours élém. de législ. industr.*, 5e éd., n. 469 et s. ; Capitant, *op. cit.*, p. 441 et s. ; Marcel Nast, *Des convent. collect. relatives à l'organisation du travail*, 1908 ; A. Rouast, *Essai sur la notion juridique de contrat collectif dans le droit des obligations*, 1909, pp. 253 et s. ; De Visscher, *Le contrat collectif de travail*, avec préface de Saleilles, 1911. — Comp., Augée, *Nature juridique du concordat en matière de faillite*, 1910.

bénéfices, aujourd'hui assez décriée (1), des actions de travail (2), et d'autres réformes encore que les événements dicteront (3).

Les salariés ont droit de vivre au prix de moins de peines et de privations, mais ils doivent fournir intégralement et fidèlement le travail auquel ils se sont engagés. — Le sabotage se retourne contre eux. — D'ailleurs, il serait souhaitable que les ouvriers, les employés, les domestiques, tous les salariés, qui ont droit, en effet, « de vivre au prix de moins de peines et de privations » (4), « de ne point être traités en esclaves, de voir respecter en eux la dignité de l'homme » (5),

---

(1) V. not., Gide, *op. cit.*, pp. 600, 688 et s.; et *Économie sociale*, 3e éd., pp. 112 et s.; Boissard, *Contrat de travail et salariat*, pp. 312 et s.; Levasseur, *Questions ouvrières et industrielles en France sous la troisième République*, pp. 834 et s.

(2) Cette modification plus radicale du contrat de travail a été très scrupuleusement étudiée par M. J. Granier, *Les actions de travail*, Larose et Tenin, 1910. — *Adde*, Gide, *Cours d'économie politique*, pp. 691 et s.; Périssé, *La paix dans l'industrie*, Paris, Imprimerie et Librairie centrale des Chemins de fer (imprimerie Chaix), 1909; *Nouvelle forme de la participation des travailleurs aux bénéfices industriels*, Paris, publications du journal *Le génie civil*, 1910. — Comp., Antonelli, *Les actions de travail dans les sociétés anonymes à participation ouvrière*, avec un avant-propos de M. Aristide Briand, 1912.

(3) Comp., Levasseur, *op. cit.*, pp. 960-961.

(4) V. la lettre encyclique de Sa Sainteté le pape Léon XIII, *De la condition des ouvriers*.

(5) Ce sont les expressions mêmes employées dans l'encyclique précitée. — V. sur les principes de l'encyclique *Rerum novarum*, Bucaille (*Revue Montalembert*, 1912, pp. 1 et s.); Demartial, *Les principes de l'encyclique* Rerum novarum : *Application dans la grande industrie* (même revue, 1912, pp. 107 et s.); Boullenger, *Application des principes de l'encyclique* Rerum novarum *dans le monde rural* (même revue, 1912, pp. 193 et s.).

— se rendent enfin compte que leur sort ne sera résolu que si, de leur côté, ils fournissent intégralement et fidèlement tout le travail auquel ils se sont engagés. « Ce sabotage passif qui consiste à ne fournir que le minimum de travail possible » (1) est fâcheux pour les employeurs ; mais il se retourne nécessairement contre les ouvriers dont la situation ne peut, de bonne foi, être améliorée, « faute de marge » dans l'industrie à laquelle ils apportent leurs bras !

Un dernier mot : Le critérium dégagé au cours de cette étude n'a rien de blessant ni d'anti-démocratique ; et il permet de séparer plus nettement les cadres, dans le plus grand intérêt des salariés. — Mais ces considérations dépassent le cadre de la notion du contrat de travail ! Nous n'avons eu qu'un but : préciser cette notion; et nous nous tiendrons pour satisfait si, grâce à l'idée générale de dépendance et de subordination que nous avons trouvée à la base de ce contrat, et qui n'a naturellement rien de blessant ni d'anti-démocratique, — puisqu'elle met sur le pied d'égalité tous les salariés, quelle que soit la nature de leurs travaux, manuels ou intellectuels, — nous avons contribué, bien modestement d'ailleurs, à séparer plus nettement les cadres, à faire reconnaître la qualité d'ouvriers, d'employés, de salariés, à ceux qui ne sauraient, sans abus, être considérés comme des patrons, des employeurs ou des entrepreneurs (2).

---

(1) V. Gide, *op. cit.*, p. 606, *in fine*.

(2) Comp., les paroles prononcées par M. le doyen Cauwès, à la Société d'études législatives, au cours de la discussion du projet

de contrat de travail élaboré par la Commission du travail de ladite Société : — « *Cette notion du contrat de travail a une haute signification démocratique.* Elle consacre légalement l'équivalence de toutes les promesses et prestations de travail, quel que soit le genre d'occupation rémunéré par un salaire, quelle que soit l'estime dans laquelle tel genre de services ou de travail est tenu par l'opinion. Nous regardons tous les services, tous les travaux, au point de vue social et économique, comme assimilables. Nous faisons passer cette assimilation dans le droit civil. *Nous ne nous occupons pas de la question de savoir si l'homme qui accomplit le travail est un travailleur manuel ou un travailleur intellectuel, s'il porte le bourgeron ou l'habit.* La dignité du travail est consacrée du fait qu'une même règle s'applique à toutes les manifestations du travail, n'établit entre elles aucune distinction... » (V. *Bull. de la Soc. d'études législ.*, 1906, p. 96).

Vu : *Le Président de la thèse,*
C. PERREAU.

Vu : *Le Doyen,*
P. CAUWÈS.

Vu et permis d'imprimer :
Le Vice-Recteur de l'Académie de Paris,

Pour le Vice-Recteur l'Inspecteur de l'Académie,
J. COMBARIEU.

ANNEXES

·I

EXTRAIT DU PROJET DE LOI SUR LE CONTRAT DE TRAVAIL DU 2 JUILLET 1906 (1)

Messieurs, le projet de loi que nous avons l'honneur de vous soumettre a pour objet de préciser le mode de formation, les effets et les modes de résolution du contrat de travail.

...Le contrat de travail est l'un des plus usuels et l'un des plus importants des contrats. Outre qu'il règle, chaque jour, les conditions d'existence d'un grand nombre de citoyens, il est le fondement de toute l'organisation économique, le ressort de la vie industrielle du pays.

Cependant, la fréquence croissante des conflits auxquels il donne lieu, montre combien est mal défini le lien contractuel qui unit les employeurs et les employés et il semble que rien n'est plus urgent que de fixer par une loi les obligations réciproques des parties.

On a maintes fois signalé l'insuffisance des dispositions législatives applicables en France au contrat de travail. Le Code civil, dans le chapitre du louage d'ouvrage et d'industrie, ne consacre au « louage des domestiques et ouvriers » que deux articles : l'un, relatif à la preuve, est abrogé ; l'autre (art. 1780), qui ne permet d'engager ses services qu'à temps et pour une entreprise déterminée, affirme simplement l'inaliénabilité de la personne humaine et ne définit pas la forme de l'engagement.

---

(1) V. *Journal officiel*, Ch. des dép., Doc. parl., août-septembre 1906, annexe n° 158, p. 716.

...Le Code civil est muet sur les obligations qui naissent pour les parties, du contrat de travail, et l'ignorance dans laquelle se trouvent les contractants de la portée exacte de leurs droits et de leurs devoirs, n'est sans doute pas étrangère à la multiplicité des conflits qui surgissent à l'occasion de ce contrat...

La persistance des usages antérieurs, le caractère encore familial des ateliers à cette époque dans le plus grand nombre des industries, expliquent dans une certaine mesure le silence du Code civil sur ce point. Aujourd'hui que par l'application de plus en plus répandue du machinisme, la concentration industrielle s'accentue de jour en jour, l'inégalité des parties appelées à contracter est flagrante. Dans ces grands établissements, qui occupent des centaines d'ouvriers, l'ouvrier isolé est sans défense en face de l'employeur, qui n'est souvent lui-même que le représentant appointé d'une société anonyme...

La garantie que présentait autrefois pour l'ouvrier l'existence d'usages professionnels ou locaux, cesse par l'effet des règlements d'ateliers que l'employeur impose à son personnel. C'est par voie de règlements d'ateliers que certains patrons ont pu substituer à des usages courants des dispositions dérogatoires au droit commun, telles que la suppression de l'obligation réciproque du délai-congé. Les modifications apportées, par des règlements d'ateliers aux conditions implicites de contrat de travail (heures d'entrée et de sortie, intervalles de repos pour les repas, procédure de répartition et de remise du travail, etc.), sont une source constante de conflits...

Les dispositions de l'article premier ont pour objet de définir le contrat de travail, en faisant disparaître, quand il s'agit de rapports entre employeurs et employés professionnels, la distinction entre le louage de services et le louage d'ouvrage, distinction qui tendrait à différencier le contrat suivant que la rémunération est fixée d'après la durée du travail (travail au temps) ou d'après les résultats du travail (travail à la tâche ou aux pièces). En fait, il n'y a pas de différence essentielle entre les contrats qui s'établissent dans l'un et l'autre cas, et ces contrats constituent, à titre égal, des contrats de travail.

Il n'y a pas lieu non plus d'établir une distinction entre la nature des services engagés (travaux manuels ou travaux intellectuels) et c'est en vue d'étendre le bénéfice des présentes dispositions à tous les travailleurs que nous avons adopté les termes génériques d'« employeurs » et « employés », de préférence aux expressions usuelles de patrons et ouvriers, qui sembleraient restreindre la portée de la loi aux travailleurs de l'industrie.

Mais, si les services sont offerts, non à un employeur ou à un groupe d'employeurs déterminés, mais à des particuliers, au public non professionnel, il n'y a plus contrat de travail, mais vente, ou marché d'ouvrage ou louage d'industrie. Il pourra arriver que les mêmes personnes passent contrat de travail avec un employeur ou un groupe d'employeurs et offrent d'autre part leurs services à des particuliers non professionnels. L'ouvrier tailleur à façon est lié par un contrat de travail avec un ou plusieurs marchands de vêtements, mais non avec les particuliers auxquels il offrira de leur faire et livrer un costume. De même, il y aura contrat de travail entre un maître et le directeur d'une école, mais non entre ce maître et le particulier auquel il donnera des leçons privées.

S'établit-il contrat de travail, lorsque l'ouvrier fournit la matière ou une partie de la matière, suivant la pratique de certaines industries occupant des travailleurs à domicile? Le Code civil, dans son article 1711, a exclu cette hypothèse du contrat de louage de travail, et la jurisprudence voit dans ces contrats un louage d'ouvrage. Il semble possible d'établir une distinction et, en appliquant la théorie de l'accessoire, d'estimer qu'il y a contrat de travail toutes les fois que la matière peut être considérée comme l'accessoire du travail.

On peut citer comme exemple, le cas de l'ouvrière couturière qui souvent fournit le fil et les boutons, parfois même l'étoffe de doublure. Dans son rapport à la Société d'études législatives, M. Perreau envisage également le cas du sculpteur qui serait appelé à fournir le bois...

PROJET DE LOI

TITRE PREMIER

Art. 1er. — Le contrat de travail est le contrat par lequel une personne s'engage à travailler pour une autre qui s'oblige à lui payer un salaire calculé, soit à raison de la durée du travail, soit à proportion de la qualité ou de la quantité de l'ouvrage accompli, soit d'après toute autre base arrêtée entre l'employeur et l'employé.

Ne sont pas soumis aux dispositions du présent titre les contrats passés par les personnes qui offrent leur travail, non à un ou plusieurs employeurs déterminés, mais au public.

Art. 2. — Le fait que l'employé fournit la matière en même temps que le travail, n'empêche pas la convention d'être un contrat de travail, pourvu que la matière puisse être considérée comme l'accessoire du travail.

Art. 3. — Le contrat de travail est dit « contrat individuel » lorsqu'il se forme entre un employeur unique et un employé unique.

Art. 4. — Le contrat de travail est dit « contrat d'équipe » lorsqu'il se forme entre un employeur et une collectivité d'employés ou les représentants de celle-ci.

Art. 5. — Lorsque des employés, engagés dans les conditions définies à l'article premier, doivent, en vue de l'exécution des travaux convenus, organiser ou conduire des groupes ou brigades, ils sont de plein droit présumés agir à titre de mandataires du chef de l'entreprise, dans leurs rapports avec les employés faisant partie de ces groupes ou brigades.

Nulle preuve n'est admise contre cette présomption.

Art. 6. — Le contrat de travail est soumis, quant à sa formation, aux règles du droit commun, sous réserve des dispositions ci-après.

Art. 7. — On ne peut engager son travail qu'à temps ou pour une entreprise déterminée.

Art. 8. — En matière de contrat de travail, la preuve testimoniale est toujours admise, à défaut d'écrit, quelle que soit la valeur du litige.

Art. 9. — Soit que le contrat de travail ait été constaté par écrit, soit qu'il ait été conclu verbalement, ou qu'il résulte seulement du fait, par l'employé, d'avoir, avec le consentement de l'employeur ou de son délégué, participé aux travaux du chantier ou de l'atelier, les parties sont censées, pour toutes les conditions non prévues expressément au contrat, s'être référées, à défaut de règlement d'atelier ou de convention collective, aux usages des lieux et de la profession.

Art. 10. — Les conditions que l'employeur aura insérées dans un règlement d'atelier ou de travail ne sont réputées acceptées par l'employé qui conclut le contrat de travail que si elles ont été régulièrement publiées dans la forme prévue aux articles 26 et 27 du titre III ci-après et si l'employeur établit qu'elles ont été portées à la connaissance personnelle de l'employé.

Les modifications apportées aux conditions du contrat de travail par voie de règlement d'atelier ou de travail ne sont réputées acceptées par l'employé que sous les conditions indiquées au paragraphe précédent.

Art. 11. — Doit être considérée comme illicite toute clause du contrat de travail par laquelle l'une des parties a abusé du besoin, de la légèreté ou de l'inexpérience de l'autre, pour lui imposer des conditions en désaccord flagrant, soit avec les conditions habituelles de la profession ou de la région, soit avec la valeur ou l'importance des services engagés.

TITRE II

Des conventions collectives relatives aux conditions du travail

Art. 12 à 21. — . . . .

TITRE III

Des règlements d'atelier.

Art. 22. — . . . .

Art. 23. — Le règlement d'atelier doit indiquer dans la mesure que comporte la nature de l'entreprise :

1° La manière dont le salaire est déterminé et notamment si l'employé est rétribué à l'heure, à la journée, à la tâche ou à l'entreprise ;

2° Lorsque l'employé est rétribué à la tâche ou à l'entreprise, le mode de mesurage et de contrôle ;

3° Les époques de paiement des salaires ;

4° Si les employés ne séjournent dans les locaux de l'entreprise que pour y prendre des matières premières, ou y remettre le produit de leur travail, l'indication des jours et heures où les locaux leur sont accessibles.

Art. 24. — Là où l'entreprise le comporte, le règlement d'atelier doit encore indiquer :

1° Les droits et les devoirs du personnel de surveillance, le recours ouvert aux ouvriers en cas de plaintes ou difficultés relatives audit personnel ;

2° Les fournitures qui sont faites à l'employé à la charge d'imputation sur le salaire ;

3° La durée du délai-congé ;

4° S'il existe des pénalités ou amendes, la nature des pénalités, le taux des amendes et l'emploi qui en est fait.

Art. 25. — Le règlement d'atelier pourra comporter en outre toutes prescriptions visant l'hygiène, la sécurité, la moralité et les convenances.

Art. 26. — Avant d'entrer en vigueur, tout règlement nouveau ou toute modification à un règlement ancien doit être porté à la connaissance des employés par voie d'affiche.

Pendant huit jours au moins à partir de l'affichage, le chef d'entreprise tient à la disposition de ces employés un registre ou cahier où ceux-ci peuvent, soit individuellement, soit par leurs délégués, consigner les observations qu'ils auraient à présenter. . . . .

. . . .

Art. 27. — Tout règlement nouveau ou tout règlement modifié doit, à peine de nullité, porter l'attestation, dûment signée par le chef d'entreprise, de la consultation régulière des employés dans la forme prévue à l'article précédent.

Art. 28. — . . . .

Art. 29. — . . . .

Art. 30. — Le règlement est, et reste affiché, dans les locaux de l'entreprise à un endroit apparent.

Tout employé a le droit d'en prendre copie.

Art. 31. — . . . .

TITRE IV

Effets du contrat de travail.

Art. 32. — Le contrat de travail produit les effets déterminés par les conventions des parties, dans la mesure où ces conventions ne sont contraires ni à l'ordre public et aux bonnes mœurs, ni aux lois, spécialement aux lois qui réglementent les conditions du travail et sa rémunération.

Section Ire — Obligations de l'employeur.

§ 1er. — *Rémunération du travail.*

Art. 33. — . . . .

Art. 34. — Lorsque l'employé payé à la pièce, à la tâche ou à l'entreprise est maintenu à la disposition de l'employeur sur le lieu du travail, à son domicile ou ailleurs, et mis dans l'impossibilité de travailler par le fait de l'employeur, il a droit à une indemnité correspondant au préjudice qui lui a été causé. Toute convention contraire est nulle.

Art. 35. — Lorsque l'employé a droit à une part des bénéfices déterminés par le contrat, l'employeur est tenu, malgré toute convention contraire, de fournir à l'employé ou à un tiers agréé par les parties les données nécessaires pour contrôler le calcul de cette part.

Art. 36. — . . . .

Art. 37. — Les créances des employés pour la rémunération de leur travail sont privilégiées, pour une durée de six mois, au rang déterminé par l'article 2101, paragraphe 4, du Code civil. Ce privilège s'étend à l'année échue et à l'année courante, s'il s'agit de gens de service.

Est abrogé, en ce qu'il a de contraire au présent article, l'article 549 du Code de Commerce.

Art. 38. — . . . .

Art. 39. — Dans tous les cas où l'employé n'est pas occupé à titre purement passager, il appartient aux tribunaux d'apprécier si, et dans quelle mesure, le salaire est dû, en cas d'interruption momentanée résultant d'un cas de force majeure. Pour cette appréciation, il est tenu compte du délai prévu pour donner congé, ainsi que de la durée des services rendus.

§ 2. — *Conditions du travail.*

Art. 40. — . . . .

Art. 41. — L'employeur est tenu de veiller à ce que les conditions d'exécution du travail ne portent atteinte ni à sa moralité (de l'employé), ni à sa santé. Il doit en outre et malgré toute convention contraire lui assurer à ses frais les premiers soins médicaux en cas de blessure ou de maladie survenue à son service, sans préjudice des obligations qui peuvent lui incomber en vertu des règles spéciales sur la responsabilité.

Ces obligations sont interprétées plus ou moins rigoureusement suivant les circonstances, et notamment en considération de l'âge de l'employé et de la durée de ses services.

Section II. — Obligations de l'employé.

Art. 42. — Pendant l'exécution du contrat, l'employé est tenu :

1° D'accomplir sa tâche avec soin en se conformant aux ordres et instructions de l'employeur et de ses représentants ; 2° de respecter les convenances et les bonnes mœurs ; 3° d'éviter tout ce qui pourrait compromettre sa sécurité, celle de ses collaborateurs et celle des tiers.

. . . .

Art. 43. — . . . .

TITRE V

Cessation et rupture du contrat de travail.

Art. 44. — Les obligations résultant du contrat de travail prennent fin, soit dans les conditions prévues par les parties, telles que l'expiration de la durée convenue, l'achèvement de l'ouvrage, soit par la force majeure, soit par la volonté des contractants dans les conditions ci-après.

Art. 45. — Le contrat de travail à durée indéterminée peut toujours cesser par la volonté de l'une des parties contractantes.

Art. 46. — Toutefois....., la partie qui prend l'initiative de la résolution doit prévenir l'autre partie, soit une semaine au moins à l'avance, s'il s'agit d'un ouvrier ou d'un serviteur, soit un mois au moins s'il s'agit d'un employé proprement dit ou d'un ouvrier assimilé à un employé.

Art. 47. — . . . .

Art. 48. — Pendant la période du délai-congé, l'ouvrier disposera de deux heures au moins par jour pour chercher du travail.

Art. 49. — . . . .

Art. 50. — L'obligation du délai-congé n'est pas applicable au cas où le louage de services serait résilié avant l'expiration d'une période égale à une quinzaine, s'il s'agit d'un ouvrier ou d'un serviteur, à un mois s'il s'agit d'un employé proprement dit. Elle ne s'applique pas, en outre, lorsque la résiliation résulte d'un cas de force majeure ou d'une faute grave.

Art. 51. — Les modifications apportées au contrat individuel de travail pendant son exécution par un règlement d'atelier qui n'aurait pas été accepté expressément par les employés, ou appliqué sans protestation de leur part pendant une durée égale à celle du délai-congé, sont pour les employés une cause légitime de rupture.

Art. 52. — La partie qui n'a pas observé le délai visé par les dispositions précédentes est tenue envers l'autre partie à des dommages-intérêts égaux au délai qui devait être observé.

Art. 53. — Ces dommages ne se confondent pas avec ceux auxquels peut donner lieu, en outre, la résolution abusive du contrat par la volonté d'une des parties contractantes ; le tribunal, pour apprécier s'il y a abus, pourra faire une enquête sur les circonstances de la rupture. Il devra, en tout cas, demander à la partie qui a rompu le contrat les motifs de la rupture.

Art. 54. — Pour la fixation de l'indemnité allouée, dans ce dernier cas, il est tenu compte des usages, de la nature des services engagés, du temps écoulé, des retenues opérées et des versements effectués en vue d'une pension de retraite, et, en général, de toutes les circonstances qui peuvent justifier l'existence et déterminer l'étendue du préjudice causé.

Les parties ne peuvent renoncer à l'avance au droit éventuel de demander des dommages-intérêts, en vertu des dispositions du présent article.

Art. 55. — . . . .

Art. 56. — . . . .

II

EXTRAIT DU RAPPORT FAIT AU NOM DE LA COMMISSION DU TRAVAIL CHARGÉE D'EXAMINER LE PROJET DE LOI SUR LE CONTRAT DE TRAVAIL, PAR M. CHAMBON, DÉPUTÉ (1).

Messieurs, le projet de loi sur le contrat de travail qui fait l'objet du présent rapport a, tout au moins, l'intérêt des choses longtemps attendues. Le sujet en est assez connu pour qu'il nous soit permis de ne pas nous étendre bien longuement sur la nécessité, inéluctable aujourd'hui, de légiférer à ce propos, nécessité que justifient à elles seules l'ampleur du champ d'application pratique de ce contrat et l'insuffisance de notre législation actuelle.

Si le louage de service, pour employer la vieille terminologie, ou plus exactement le contrat de travail, comme nous l'appellerons désormais, nous apparaît généralement comme intéressant principalement l'ouvrier et le patron, dont il fixe les rapports juridiques, et s'il a déjà, à ce point de vue seul, une portée considérable, il est aussi, ne l'oublions pas, le lien qui unit le commerçant à ses commis, l'entrepreneur à son personnel, le directeur de théâtre à ses artistes, etc., et en donnant aux termes leur valeur la plus étendue, l'employeur à l'employé. Il englobe le travail physique, intellectuel, industriel, commercial ou agricole. Pour sa formation, il suffit que l'on rencontre, d'une part une prestation de travail, d'autre part l'obligation de payer un salaire.

---

(1) V. *Journal officiel*, Ch. des dép., Doc. parl., avril 1908, annexe n° 1409, p. 448 et s.

La nature du contrat étant la même, quel que soit la genre de services engagés, on peut dire qu'il y a un droit commun du contrat de travail, et comment, dès lors, ce droit commun n'aurait-il pas eu tout naturellement sa place au Code civil, à raison de son caractère de généralité, au même titre que le droit commun des autres contrats?

Il n'en est rien cependant; les rédacteurs du Code civil, qui ont consacré de longs chapitres au contrat de société, à la vente, au louage des choses, ne réservèrent « au louage de service » — termes restrictifs qui écartaient les employés des dispositions légales, — que deux articles. Ce sont ceux portant les numéros 1780-1781 et contenus au chapitre III, « du louage d'ouvrage et d'industrie », du titre VIII sur le contrat de louage (Livre III du Code civil).

Nous aurons l'occasion d'examiner en détails ces deux dispositions auxquelles il faut se reporter pour interpréter le contrat de travail, et nous ne voulons, pour l'instant, que constater l'indigence des textes précités.

L'un d'eux, l'article 1781, qui en matière de preuve admettait une inégalité choquante au profit du maître, a, du reste, été abrogé dès 1868.

Quant à l'autre, l'article 1780 qui, par application du principe d'inaliénabilité de la personne humaine, interdisait l'engagement de services sans durée limitée, il a été modifié en 1890 par l'addition de règles sur la résiliation du contrat, et cette nouvelle rédaction a suscité dans la jurisprudence des interprétations très diverses.

Quels motifs peuvent expliquer cette insuffisance du Code civil?

On a souvent fait remarquer, de certain côté, que l'œuvre de la Révolution ayant été faite par le Tiers état dans les rangs duquel étaient seulement représentés les patrons du commerce et de l'industrie, il était naturel que le Code se pénétrât pareillement de son esprit, sinon hostile, au moins simplement indifférent à l'égard des ouvriers et que l'importance du contrat de travail y eût été méconnue. Dans cet ordre d'idées, l'ancien doyen de la faculté de droit de Paris, M. E. Glasson, a maintes fois, dans ses communications à l'Académie des sciences morales et politiques, insisté sur ce fait « que l'ouvrier avait été presque entièrement oublié au Code civil, que, si ce code est l'ensemble de la législation du capital, il ne s'occupe pas de la législation du travail, c'est un code bourgeois, et non populaire. »

De là à conclure à la préméditation des législateurs de 1804 pour écarter le contrat de travail, il n'y a qu'un pas et d'aucuns n'ont pas hésité à le franchir. Cependant on peut faire valoir divers arguments à la décharge des rédacteurs du Code civil.

Les corporations avaient été définitivement abolies par la Révolution, et la crainte de les voir renaître éveillait une méfiance singulière à l'égard de leurs anciens membres. Il semblait qu'une réglementation en leur faveur dût forcément entraîner des abus. En outre, la survivance d'usages édictés autrefois par les statuts des corporations et l'existence sous le Consulat de toute une réglementation de police industrielle, maintenant abrogée, pouvaient masquer l'insuffisance des textes législatifs.

Enfin — et nous croyons qu'il y a là l'explication la plus naturelle du laconisme du Code civil — le nombre restreint des grandes industries ne laissait pas apparaître le caractère rudimentaire de ses dispositions.

Si l'on songe à l'évolution rapide qui a donné au développement de l'industrie au XIXe siècle une ampleur véritablement extraordinaire, il paraît à peine croyable que, selon l'expression de M. Millerand, l'idée même du contrat présidant aux relations de millions d'individus soit encore absente de notre droit actuel et il est pourtant certain qu'aucun progrès sérieux n'a été réalisé en ce sens.

L'absence de textes sur le contrat de travail entraîne des difficultés d'un ordre général ; il n'est pas admissible que pour les questions de formation, de validité, de preuve du contrat du travail, il n'y ait d'autres ressources dans le droit français que les textes généraux des contrats et obligations ou l'interprétation, par une jurisprudence incertaine, d'usages variant souvent avec les localités.

Quand le contrat intervient entre patrons et ouvriers — et c'est le cas le plus général — ces difficultés sont encore aggravées : il y a une raison spéciale pour que le législateur intervienne, c'est, nous allons le voir, l'inégalité économique des parties au moment de la formation du contrat, reconnue et avouée par les plus modérés des économistes.

En dehors du Code civil, le législateur a dû déjà, en effet, surtout depuis une trentaine d'années, se préoccuper des conditions d'existence faite à la classe ouvrière.

Il y a été amené par la force même des choses, car la situation de l'ouvrier n'est plus du tout la même qu'au début du XIXe siècle. Les progrès ininterrompus du machinisme, qui a mis en valeur des découvertes scientifiques sans cesse renouvelées, ont eu pour résultat de transformer de la façon la plus absolue les procédés et les modes d'exploitation de l'industrie.

L'association des capitaux devenue nécessaire pour l'achat et l'entretien des machines, a amené ce que l'on a appelé à juste titre la concentration industrielle. Les petits patrons employant quelques ouvriers sont de moins en moins nombreux, et, à leur place, se sont constituées de puissantes sociétés anonymes occupant dans de vastes cités industrielles et surtout à domicile, ce qui leur permet d'éluder plus facilement la loi, des milliers de travailleurs. En même temps, la population urbaine s'est accrue dans une proportion qui semble parfois trop forte. Par un phénomène d'attraction qui a les conséquences les plus fâcheuses pour l'agriculture, la population des campagnes ne cesse, à aucun moment, d'affluer vers les villes, alors qu'il faudrait au contraire éviter d'augmenter le nombre d'ouvriers laissés inoccupés à la suite de crises périodiques de l'industrie, même florissante.

Ce régime de concentration à outrance opposant les travailleurs isolés à l'employeur dont dépendent un millier d'individus et la surabondance de bras disponibles sont indéniablement des causes de faiblesse pour l'ouvrier dans la société moderne.

Certes, dans tout contrat, on ne rencontre d'ordinaire qu'une égalité relative ou théorique dans la situation des parties contractantes. Mais dans le contrat de travail tout spécialement, il y a inégalité absolue, et la volonté du plus fort est presque toujours imposée. Comment pourrait-il en être autrement quand l'une des parties a à sa disposition une main-d'œuvre toujours nombreuse, alors que l'autre attend de son embauchage son pain et celui de sa famille?

En fait, il n'y a plus réciprocité d'obligations dans l'exécution du contrat et, comme on l'a dit, c'est du côté patronal le régime du pouvoir absolu. En veut-on un exemple? On a vu, au cours de ces dernières années, se multiplier les règlements d'ateliers, qui ne sont que l'expression de la volonté patronale et qui sont devenus néanmoins de véritables contrats de travail créés de toutes pièces ou modifiés sans que l'ouvrier ait la possibilité de les discuter.

Ces considérations ont, il est vrai, occasionné une succession de lois et de décrets formant ce qu'il est convenu d'appeler la législation du travail. Mais les dispositions qui s'y rapportent, disséminées dans des textes divers, s'appliquent à des cas particuliers, des points de vue différents et elles varient selon l'âge ou le sexe des travailleurs, la spécialité du travail, les modalités des exploitations. En somme, il s'agit là bien plus de réglementation industrielle que de législation sur le contrat de travail.

La plupart de ces lois sont d'ailleurs nées au hasard des circonstances.

Les risques professionnels occasionnés par l'emploi des machines ont pu déterminer la loi sur les accidents du travail (9 avril 1898) ; les agglomérations de personnel dans des ateliers mal agencés, la loi sur l'hygiène et la sécurité des travailleurs (loi du 12 juin 1893). Parmi les plus récentes, il faut citer encore la loi du 2 novembre 1892, modifiée en 1900, qui a réglementé le travail des femmes et des enfants dans les manufactures ; la loi du 29 juin 1905 relative à la limitation de la durée du travail dans les mines ; la loi du 13 juillet 1906 instituant le repos hebdomadaire en faveur des ouvriers et employés.

Toutes ont, certes, marqué des progrès considérables dans la législation ouvrière et ce n'est pas nous qui songeons à en nier l'utilité pratique. Enfin, d'autres projets déposés actuellement, en particulier celui qui a pour but d'établir la journée de dix heures, poursuivent de nouvelles améliorations importantes.

Il n'en est pas moins vrai que l'absence d'une base solide aux rapports contractuels des employeurs et des employés amoindrit la valeur de l'œuvre réalisée. En d'autres termes, la situation des travailleurs a pu être améliorée, soit en faveur de certaines catégories, soit dans certains cas déterminés, mais les principes généraux intéressant l'ensemble de ceux qui peuvent être soumis au contrat de travail sont encore à inscrire dans notre code.

Il y a donc une véritable nécessité sociale à remédier à la situation difficile qui résulte, pour la classe ouvrière, d'un tel état de choses.

Pour une autre raison, cette nécessité d'une réforme nous paraît certaine : c'est la multiplicité des conflits nés à l'occasion du contrat de travail.

Ceux qui ne seraient pas enclins à considérer l'état misérable d'une classe de la société comme une cause capable à elle seule de susciter des mesures législatives, seront peut-être disposés à voir dans leur fréquence et leur acuité un motif utilitaire qui contraint le législateur à intervenir.

Les statistiques publiées dans les bulletins de l'Office du travail permettent de constater la progression continue du nombre des grèves et des grévistes d'année en année. Leur nombre en 1906 s'est élevé à 1.309, comprenant 438.466 grévistes et 9.438.594 jours de chômage. En 1905, il y avait eu seulement 830 grèves, 177.666 grévistes et 2.746.684 jours de chômage.

A l'heure actuelle, la tension des rapports entre le capital et le travail ne fait que s'accentuer. L'espoir de la grève générale est entretenu dans les groupes les plus avancés. Il y a, dans ce fait, un indice qui prouve l'extension des motifs de mécontentement dans toutes les branches d'industrie. Les crises ne sont plus localisées à certains métiers. L'opposition d'intérêts entre patrons et ouvriers prend partout le caractère d'une lutte de classes, et le nombre de grèves de solidarité va croissant. Leur cause principale est sans conteste l'instabilité des conditions du travail ; celle-ci entraîne des perturbations dans la production industrielle qui sont un danger pour la prospérité nationale.

Les solutions apportées aux crises par la législation actuelle sont, en général, précaires : l'arbitrage, les transactions, sont des remèdes provisoires. Ils mettent fin à des conflits particuliers ; les causes profondes du conflit latent ne sont pas éteintes : c'est que ses causes résident dans le régime du salariat, tel qu'il résulte des dispositions du Code civil, et qu'ainsi que le fait remarquer l'exposé des motifs du projet gouvernemental, elles proviennent, sans nul doute, de l'ignorance dans laquelle se trouvent les contractants de la portée exacte de leurs droits et de leurs devoirs. L'impuissance des solutions partielles prouve donc également la nécessité de nouvelles règles basées sur la reconnaissance de nouveaux droits.

Le projet qui nous est soumis, en définissant d'une façon à la fois très large et très précise ce qu'il faut entendre par contrat de travail, en lui appliquant la nullité pour cause de lésion, en facilitant, par une innovation hardie en matière de preuve, l'obtention de dommages-intérêts pour rupture abusive du contrat, etc., ce projet, par ses dispositions diverses, supprime la possibilité d'un grand nombre de conflits.

Devons-nous craindre l'introduction de ces innovations dans notre législation? Assurément non, car nous pouvons en voir les effets dans les législations étrangères qui, pour la plupart, nous ont précédé dans cette voie.

Si les mesures législatives de droit commun prises par la France ont été souvent reproduites par des nations voisines, il faut constater que nous avons été presque toujours devancés par elles pour tout ce qui concerne les lois industrielles.

On a bien essayé d'expliquer notre résistance à l'idée de réglementation en invoquant notre amour immodéré pour la liberté ; l'objection est faible et a été maintes fois réfutée. Il n'est, du reste, pas besoin de rouvrir ce débat, clos maintenant, puisqu'il ne s'agit pas ici d'une question de réglementation, mais de législation proprement dite.

En présence de la même situation de fait : développement extraordinaire de l'industrie, divers États européens ont déjà établi les principes qui forment la base du contrat de travail...

Les législations de plusieurs États, dont les tendances ne sont assurément point révolutionnaires, ont consacré un mouvement d'idées que nous songeons à introduire à notre tour, dans notre Code civil, nous conformant d'ailleurs à la décision prise par la sous-commission de revision de ce code.

La complexité des questions qui intéressent le contrat de travail rend peu aisée la tâche du législateur.

La commission a dû, en premier lieu, rechercher quelle portée elle devait ou pouvait donner à la législation nouvelle qu'elle se proposait d'établir. Nous avons vu que le contrat de travail, par sa nature, peut être considéré comme une convention de droit civil. Par l'usage habituel qui en est fait, il appartient au droit industriel.

Sous le premier aspect, il a un caractère de généralité qui permet d'appliquer ses principes dans tous les cas où il y a prestation conventionnelle de travail matériel, intellectuel, industriel, etc.

S'il s'agit, au contraire, du contrat de droit industriel, le contrat de travail doit faire état de toute la réglementation, touffue et instable, que nécessitent les rapports d'ouvriers et patrons.

On ne peut songer à introduire tout le droit du travail dans le Code civil. Mais on doit trouver dans ce même code, où nous avons constaté qu'ils ne se trouvaient point, tous les principes généraux du contrat de travail, tous ceux qui touchent au droit privé par opposition au droit public, tels que : formation de contrat, capacité, preuve, contrat collectif, effets, garanties spéciales.

Votre commission a donc pensé qu'avant d'entreprendre l'édification du code du travail, il était indispensable avant tout de combler les lacunes de notre Code civil, si bien que dans sa pensée le contrat de travail devra faire l'objet de deux séries de lois : dans la loi civile se placeront les principes fondamentaux qui sont déjà en germe ou devraient être au Code civil ; dans la loi spéciale, les notions relatives aux conditions du travail industriel, changeantes comme les conditions mêmes de l'industrie.

La meilleure méthode, on pourrait dire la seule méthode, était de commencer l'œuvre considérable du contrat de travail par la base, c'est-à-dire d'inscrire au Code civil les principes ou totalement omis ou insuffisamment dégagés. Le Code civil français est un monument législatif assez intéressant pour qu'on ne soit pas tenté de le considérer comme hors d'usage dans ses parties plus faibles, et de ne plus pourvoir aux réparations d'entretien.

Il est relativement facile de remanier la rédaction de certains articles, d'en modifier au besoin le sens. Rien n'empêche de placer au chapitre du louage de services, par exemple, les dispositions sur le contrat de travail qui y trouvent leur place. Cette mise au point, destinée à servir de base à la codification générale du contrat de travail, paraît être une œuvre indispensable.

Le projet du Gouvernement eût constitué une loi spéciale qui n'aurait pu être contenue dans le cadre resserré du Code civil, et qui pourtant avait l'inconvénient de répéter ou de modifier certains de ses articles.

Renfermait-il, par contre, toutes les questions se rapportant au contrat de travail de droit industriel?

L'analyse des principales dispositions de ce projet, qui prétendait faire œuvre d'ensemble et régler tout à la fois le contrat individuel, le contrat collectif, les règlements d'atelier, etc., va nous convaincre qu'il n'en était rien et justifier les considérations précédentes auxquelles votre commission a obéi, en choisissant une autre méthode.

Projet du Gouvernement.

Le 2 juillet 1906, le gouvernement de M. Sarrien déposait un projet de loi sur le contrat de travail, qui s'inspirait de cette triple nécessité :

1° Établir le cadre juridique du contrat individuel en y introduisant la rescision pour cause de violence morale, et de nombreuses clauses de nullité d'ordre public ;

2° Légiférer sur les règlements d'atelier devenus, en fait, de véritables contrats de travail, et de les assujettir à certaines garanties ;

3° Légiférer sur le contrat collectif, puisque l'expérience révèle qu'il y a moins d'inégalité lorsque le patron traite avec une collectivité organisée.

Ce projet, élaboré avec quelque précipitation peut-être, s'inspire dans les titres Ier, II et IV du texte de la Société d'études législatives, dans le titre III de la loi belge, et dans le titre V des délibérations du conseil supérieur du travail.

Il comprend 5 titres et 56 articles ainsi répartis :

Titre Ier, art. 1er à 11 : Formation du contrat ;
Titre II, art. 12 à 21 : Conventions collectives ;
Titre III, art. 22 à 31 : Règlements d'ateliers ;
Titre IV, art. 32 à 43 : Effets et obligations ;
Titre V, art. 44 à 45 : Résolution.

Le titre Ier, après avoir défini le contrat de travail et l'avoir différencié du contrat d'industrie ou d'entreprise, après avoir fixé (art. 4) une disposition d'attente pour le contrat d'équipe, pallie (art. 6) à l'une des conséquences les plus désastreuses du marchandage.

Il renvoie ensuite au droit commun pour la formation du contrat, mais il innove (art. 8) en ce qui concerne sa preuve. Enfin, par son article 11, à l'instar des législations étrangères, il introduit dans le contrat la rescision pour cause de violence morale.

Le contre-projet de la commission s'inspire de presque toutes les innovations proposées dans ce titre.

Le titre II traite brièvement du contrat collectif, trop brièvement peut-être...

Le titre III traite des règlements d'atelier...

Votre commission du travail a réservé l'examen, tant du principe que de ses modalités, pour faire de ce titre III un projet ultérieur.

Le titre IV traite des effets et obligations du contrat.

Le titre V s'occupe de la résolution du contrat.

Le projet du Gouvernement, par les difficultés et les controverses qu'il soulève en voulant, d'un seul coup, envisager à la fois le contrat individuel, le contrat collectif et le règlement d'atelier, n'a pas de chances d'aboutir avant la fin de cette législature.

Or, la Chambre a la ferme intention d'aboutir et, pour ce faire, elle doit courir au plus pressé et prendre dans le texte les innovations qui intéressent le contrat individuel qui ont été signalées dans l'examen critique du projet, sauf à parfaire ultérieurement l'œuvre législative, et à examiner dans des contre-projets différents les règlements d'atelier et les contrats collectifs. Mais, pour bien montrer que l'œuvre qu'elle vous apporte aujourd'hui n'est qu'un commencement, qu'une ébauche qu'il y aura lieu de compléter ultérieurement, votre commission a tenu à y introduire d'ores et déjà la reconnaissance légale du contrat collectif méconnu par certains, sauf à en déterminer plus tard les conditions et les effets.

CONTRE-PROJET DE LA COMMISSION.

Art. 1er. — Le chapitre 3 du titre VIII du livre III du Code civil est ainsi modifié :

DU LOUAGE D'OUVRAGE

« Art. 1779. — Il y a deux espèces principales de louage d'ouvrage :

« 1° Le contrat de travail ;
« 2° Le contrat d'industrie.

« Le contrat de travail est le contrat par lequel une personne s'engage à travailler pour une autre, qui s'oblige à lui payer un salaire calculé, soit à raison de la durée de travail, soit à proportion de la quantité de l'ouvrage accompli, soit d'après toute autre base arrêtée entre l'employeur et l'employé.

« Le contrat d'industrie est le contrat passé par les personnes qui offrent leur travail, non à un ou plusieurs employeurs déterminés, mais au public.

« Le fait que la matière est fournie en même temps que le travail n'empêche pas la convention d'être un contrat de travail, pourvu que la matière puisse être considérée comme l'accessoire du travail ».

SECTION Ire. — DU CONTRAT DE LOUAGE

Articles 1780 et 1781 nouveau.

SECTION II. — DU CONTRAT D'INDUSTRIE

§ 1er. — *Des voituriers par terre et par eau.*

Articles 1782 à 1786.

§ 2. — *Des devis et des marchés.*

Articles 1787 à 1799.

Dans notre Code civil, le terme de louage d'ouvrage, employé par l'article 1708, par opposition au louage des choses, est un terme générique dont les développements font l'objet du chapitre 3 ; il comporte deux variétés principales :

a) Le louage de services ou contrat de travail (section Ire);

b) Le louage d'ouvrage proprement dit, ou contrat d'industrie, dont le Code n'a développé que deux variétés seulement : les transports d'une part (section II), et les devis et marchés, de l'autre (section III).

Le chapitre 2 ayant traité dans ses diverses sections « du louage de choses », le chapitre 3 qui s'occupe « du louage d'ouvrage » doit, tout rationnellement, porter ce dernier titre et non plus celui « du louage d'ouvrage et d'industrie », puisque l'épithète « d'industrie » n'est qu'une subdivision de l'autre, et puisque son maintien pourrait laisser supposer qu'elles peuvent être employées indifféremment l'une pour l'autre.

De même, la division tripartite de l'article 1779 présente des inconvénients. Si le louage des gens de travail constitue, à bon droit, une variété du contrat de louage d'ouvrage, les sections II (transports) et III (devis et marchés) sont deux exemples, mais non les seuls, du contrat d'ouvrage proprement dit. D'où la nécessité, pour être exacts, de diviser le contrat de louage en deux variétés seulement : le contrat de travail et le contrat d'industrie, qui feront désormais chacun l'objet d'une section spéciale...

Nous définirons le contrat de travail et le contrat d'industrie, le premier étant seul régi par les dispositions nouvelles.

Actuellement, d'après le Code civil, il y a louage de service lorsqu'une personne promet son travail à certaines conditions, mais abstraction faite du résultat ; les risques sont alors rejetés sur l'employeur.

Par contre, il y a louage d'ouvrage lorsque quelqu'un s'engage à livrer un ouvrage et non du travail; le salaire lui est payé si l'ouvrage est livré; les risques en ce cas sont à la charge de l'employé.

La conception du contre-projet est, nous allons le voir, toute différente.

En effet, la définition qu'il donne du contrat de travail est celle du projet du Gouvernement, qui l'a lui-même empruntée à la loi belge et à l'article 1369 du Code civil suisse. Sa portée est vaste : personnel domestique, ouvriers, employés, commis de tous ordres y sont compris. Peu importe que leur rémunération soit payée au temps ou au résultat du travail; peu importe qu'il s'agisse d'un travail manuel ou intellectuel.

La seule distinction que fait le texte du contre-projet, comme celui du Gouvernement d'ailleurs, est de différencier le contrat de travail où l'employé offre son travail à un ou plusieurs patrons déterminés, et le contrat où une personne offre son travail au public, car cette deuxième hypothèse est la caractéristique du contrat d'industrie, et permet de la définir.

La conséquence de cette conception nouvelle est que le domaine du contrat de travail est étendu aux dépens du contrat d'industrie. L'ouvrier aux pièces ou à domicile, qui était un entrepreneur d'ouvrages, devient un travailleur ordinaire; la théorie des risques des articles 1788 et suivants du Code civil lui devient inapplicable.

Ce critérium nouveau répond mieux à la situation économique actuelle et est préférable à celui du Code civil.

Le fait par l'ouvrier de fournir tout ou partie de la matière première va-t-il influer sur la nature du contrat?

Notre Code civil, article 1781, avait exclu cette hypothèse du contrat de travail, et notre jurisprudence la traitait comme un louage d'ouvrage proprement dit, ou quelquefois, à l'instar du Code civil allemand, comme une vente de choses futures, ce qui entraînait application de l'article 1790 du Code civil relatif aux risques.

L'article 2 du projet du Gouvernement, qui permet d'éviter l'application de ce texte rigoureux, est devenu l'un des alinéas de notre article 1779 nouveau. Il applique en ce cas la théorie de l'accessoire et au moment où le travail à domicile prend une si grande extension, et où certains tribunaux se refusent à y voir un véritable contrat de travail, une précision n'était pas inutile.

Si la matière est considérée comme l'accessoire, le caractère primitif du contrat de travail ne sera pas altéré, telle une ouvrière qui fournira les boutons, la doublure, un sculpteur qui fournira le bois. Dans les autres cas il y aura vente commerciale ou contrat d'industrie (art. 1787 du Code civil).

Art. 2. — . . . .

Art. 3. — . . . .

Art. 4. — . . . .

Art. 5. — . . . .

Art. 6. — . . . .

Art. 7. — . . . .

Nous nous sommes efforcés de faire œuvre d'évolutionnistes et de mettre les principes généraux de notre droit en harmonie avec les nécessités sociales de l'organisation actuelle du travail. Les sources auxquelles nous avons puisé, l'inspiration que nous avons demandée aux législations étrangères, permettent d'espérer que notre œuvre ne méritera pas le reproche qu'on lui a par avance adressé d'être révolutionnaire, et qu'elle réunira l'approbation unanime des partisans sincères des réformes sociales.

En conséquence, votre Commission du travail a l'honneur de vous soumettre le projet de loi ci-après :

PROJET DE LOI

Art. 1er. — Le chapitre III du titre VIII du livre III du Code civil est ainsi modifié :

Du louage d'ouvrage.

Art. 1779. — Il y a deux espèces principales de louage d'ouvrage :

« 1° Le contrat de travail ;

« 2° Le contrat d'industrie.

« Le contrat de travail est le contrat par lequel une personne s'engage à travailler pour une autre, qui s'oblige à lui payer un salaire calculé, soit à raison de la durée du travail, soit à proportion de la qualité ou de la quantité de l'ouvrage accompli, soit d'après toute autre base arrêtée entre l'employeur et l'employé.

« Le contrat d'industrie est le contrat passé par les personnes qui offrent leur travail, non à un ou plusieurs employeurs déterminés, mais au public.

« Le fait que la matière est fournie en même temps que le travail n'empêche pas la convention d'être un contrat de travail, pourvu que la matière puisse être considérée comme l'accessoire du travail. »

Section Ire. — Du contrat de travail

Articles 1780-1781.

Section II. — Du contrat d'industrie

§ 1er. — *Des voituriers par terre et par eau.*

Articles 1872 à 1786.

§ 2. — *Des devis et des marchés.*

Articles 1787 à 1799.

Art. 2. — L'article 1341 du Code civil est complété ainsi qu'il suit :

« En matière de contrat de travail, la preuve testimoniale

est toujours admise, à défaut d'écrit, quelle que soit la valeur du litige ».

Art. 3. — L'article 387 du Code civil est complété comme suit :

« Le paiement fait par l'employeur à l'employé mineur de la remunération qui lui est due est valable si le père ou le tuteur de l'employé n'y a pas mis préalablement opposition..

« En cas d'opposition par lettre recommandée ou par voie extra-judiciaire, le juge de paix peut, soit d'office, soit sur simple réquisition d'un parent ou d'un tiers, et après avoir entendu le père ou le tuteur, autoriser le mineur à recevoir tout ou partie de la rémunération de son travail. »

Art. 4. — L'article 1313 du Code civil est complété ainsi qu'il suit :

« Le contrat de travail peut être rescindé avec allocation de dommages-intérêts lorsque ses conditions sont en désaccord flagrant, soit avec les conditions habituelles de la profession ou de la région, soit avec la valeur ou l'importance des prestations fournies. »

Art. 5. — L'article 1780, paragraphe 3, du Code civil est complété ainsi qu'il suit :

« La charge de la preuve des justes motifs de renvoi incombe à celle des parties qui a rompu le contrat. »

Art. 6. — L'article 1781 du Code civil est ainsi rédigé :

« Préalablement à la formation du contrat individuel de travail et dans le but de déterminer certaines conditions auxquelles il devra satisfaire, des conventions collectives de travail peuvent être conclues entre un employeur ou un syndicat ou groupement d'employeurs, et un syndicat ou groupement d'employés ou entre leurs représentants respectifs. »

Art. 7. — L'article 2011 du Code civil est modifié ainsi qu'il suit :

« 4° Tous les salaires en général sous quelque forme qu'ils soient :

« *a*) Pour les trois mois échus et la période courante s'ils sont payés chaque semaine ou plus fréquemment.

« *b*) Pour les six mois échus et la période courante s'ils sont payés chaque mois ou à des intervalles plus rapprochés ;

« *c*) Pour l'année échue et la période courante s'ils sont payés chaque année ou à des intervalles plus rapprochés. »

Est abrogé en ce qu'il a de contraire au présent l'article 549 du Code de commerce ».

III

1° EXTRAIT DU RAPPORT DE M. C. PERREAU A L'ASSOCIATION NATIONALE POUR LA PROTECTION LÉGALE DES TRAVAILLEURS (1).

« Messieurs,

« La Commission parlementaire du travail, à l'examen de laquelle avait été renvoyé le projet de loi relatif au contrat de travail, n'a pas cru devoir conserver à ce projet le caractère d'une œuvre d'ensemble. Se préoccupant sans doute d'aboutir plus vite et plus sûrement, elle s'est bornée à en extraire un petit nombre de dispositions d'ordre général, qu'elle propose d'introduire au Code civil.

C'est à l'étude de ces textes que je dois consacrer le présent rapport. Il ne saurait évidemment s'agir d'instituer un nouveau débat sur des points qui ont déjà fait, devant cette assemblée, l'objet d'une longue et importante discussion. Ma tâche consistera donc, non plus à apprécier dans leur esprit des dispositions qui vous sont suffisamment connues, mais à analyser le contenu de ces dispositions, à préciser leurs effets, à déterminer la répercussion qu'elles pourront avoir sur le droit actuel. C'est, en un mot, le commentaire juridique des textes élaborés par la Commission du travail que je me propose de vous présenter...

Abordons l'étude détaillée des dispositions élaborées par la Commission du travail.

L'article premier est ainsi conçu :

(1) V. *Le contrat de travail et le Code civil*, p. 3 et s.

« Article premier. — Le chapitre III du titre VIII du livre III du Code civil est ainsi modifié :

Du louage d'ouvrage.

« Art. 1779. — Il y a deux espèces principales de louage d'ouvrage : 1° le contrat de travail ; 2° le contrat d'industrie.

« Le contrat de travail est le contrat par lequel une personne s'engage à travailler pour une autre, qui s'oblige à lui payer un salaire calculé, soit à raison de la durée du travail, soit à proportion de la qualité ou de la quantité de l'ouvrage accompli, soit d'après toute autre base arrêtée entre l'employeur et l'employé.

« Le contrat d'industrie est le contrat passé par les personnes qui offrent leur travail, non à un ou plusieurs employeurs déterminés, mais au public.

« Le fait que la matière est fournie en même temps que le travail n'empêche pas la convention d'être un contrat de louage, pourvu que la matière puisse être considérée comme l'accessoire du travail. »

Section Ire. — Du contrat de travail

La rédaction de ce texte me paraît de nature à suggérer un certain nombre d'observations et de critiques.

Tout d'abord, en ce qui concerne les modifications proposées à la division des matières, telle qu'elle résulte du Code civil actuel. Le chapitre III du titre VIII du livre III est actuellement intitulé : *Du louage d'ouvrage et d'industrie.* Sous cette rubrique générale est placé l'article 1779, qui distingue trois espèces de louage d'ouvrage et d'industrie : 1° le louage des gens de travail, ou louage de services ; 2° le louage des voituriers par terre et par eau ; 3° celui des entrepreneurs d'ouvrage par suite de devis ou marchés. A chacune de ces catégories de louage d'ouvrage et d'industrie correspond une section spéciale. Au louage des domestiques et ouvriers, une section première, contenant les articles 1780 et 1781, ce dernier abrogé par une loi du

2 août 1868 ; au louage des voituriers par terre et par eau, une section deuxième, qui comprend les articles 1782 et 1786 inclus ; enfin une troisième section est consacrée, sous le titre, assez inexact d'ailleurs, *Des devis et des marchés*, au louage des entrepreneurs d'ouvrage.

Les propositions de la Commission du travail tendent à bouleverser toute cette classification.

Le titre du chapitre III deviendrait : « Du louage d'ouvrage », par la suppression des mots « et industrie » qui figurent au texte actuel. D'autre part, l'article 1779 modifié ne reconnaîtrait plus que deux espèces principales de louage d'ouvrage :

1° Le contrat de travail ;

2° Le contrat d'industrie.

La section première serait enfin intitulée : Du contrat de travail.

Je ne crois pas que l'on puisse faire grief à la Commission du travail d'avoir, en modifiant l'intitulé du chapitre 3, supprimé les mots « et d'industrie » qui y figurent actuellement. L'expression « louage d'industrie » ne semble pas avoir eu, dans la pensée du législateur de 1804, une signification bien précise, ni en tout cas, bien distincte de celle attribuée à l'expression « louage d'ouvrage ». On aurait pu penser que la première de ces expressions servirait plus particulièrement à désigner le « louage de services », par opposition aux autres variétés du contrat. Mais ce n'est pas dans la matière du louage de services, c'est au contraire à l'occasion du « louage des entrepreneurs », c'est-à-dire du contrat qui dans la doctrine a reçu plus spécialement la dénomination de « louage d'ouvrage », qu'il est question (art. 1787 et 1789) d'une prestation ayant pour objet l' « industrie ». L'expression « louage d'industrie » ne paraît donc rien ajouter de précis à la notion de « louage d'ouvrage » telle que l'a entendue le législateur dans l'article 1779, et il ne me semble pas qu'il y ait inconvénient à la supprimer dans l'intitulé du chapitre 3, pour s'en tenir à la formule : « du louage d'ouvrage. » Cette solution a d'ailleurs l'avantage de mettre le texte de l'article 1779 d'accord dans sa rédaction avec celle des articles 1708 et 1710 où, à propos des diverses variétés du contrat de louage, il est question de « louage d'ouvrage » et non de « louage d'ouvrage et d'industrie ».

Peut-être eût-il été préférable même de supprimer complètement, dans l'intitulé du chapitre 3, la locution « louage d'ouvrage » et de lui en substituer une autre plus large, celle par exemple que j'emprunte au Code du travail : « Des conventions relatives au travail ». D'une part, en effet, l'expression « louage d'ouvrage », si elle est prise par le Code dans une acception très large, a reçu des auteurs et des arrêts une signification beaucoup plus restreinte et sert à désigner, non pas toutes les variétés de contrat intervenant à l'occasion du travail, mais une seule de ces variétés, celle que le législateur, en l'opposant au louage de services, appelle louage des entrepreneurs ou « devis et marchés ». D'autre part, le chapitre 3 remanié par la Commission doit contenir la réglementation non seulement du contrat d'industrie, mais des conventions collectives qui, à proprement parler et bien qu'elles soient relatives au travail, ne constituent pas un « louage d'ouvrage ».

Il faut cependant observer, et c'est une considération qui a son importance, que la suppression de la locution « louage d'ouvrage » eût nécessité le remaniement d'un certain nombre de textes du Code civil et compliqué la tâche déjà suffisamment lourde de la Commission.

Dans l'article 1779 modifié, la Commission du travail propose de réduire à deux, au lieu de trois, le nombre des variétés de contrat rentrant dans la dénomination générale de « louage d'ouvrage ». Il s'agit en somme de faire disparaître de la classification actuellement admise par le Code l'intitulé de la section spéciale consacrée au louage des voituriers par terre ou par eau. Cette modification ne paraît pas devoir soulever de bien grandes difficultés, non seulement parce que les dispositions qui figurent dans les articles 1782 à 1787 se rattachent au contrat de transport bien plutôt qu'au louage d'ouvrage, mais parce qu'en tant qu'il se rattache à ce dernier contrat, le louage des voituriers n'est au fond qu'une des formes du contrat d'entreprise et pourrait, sans inconvénient, être rattaché à celui-ci. Encore faut-il cependant, si on se propose de modifier le contenu des diverses sections du chapitre 3 et d'en changer la division, le dire expressément et se préoccuper de mettre les dispositions nouvelles en corrélation avec celles qui précèdent et celles qui suivent. Il conviendrait, je crois, de compléter en ce sens le texte de l'article premier du projet de la Commission.

Je vais maintenant aborder, quant au fond, l'étude critique des dispositions contenues dans cet article premier. Il modifie l'article 1779 actuel du Code civil en substituant aux expressions « louage des gens de service » et « louage des entrepreneurs d'ouvrage », pour désigner les deux variétés principales du louage d'ouvrage, les mots « contrat de travail » et « contrat d'industrie ». Il donne en outre la définition du contrat de travail et du contrat d'industrie.

De ces deux définitions, il résulte que les deux contrats nouveaux sont loin de correspondre exactement aux contrats qu'ils remplacent. Le critérium qui permet de les distinguer l'un de l'autre n'est plus celui qui permettait de distinguer le louage de services du louage d'ouvrage. Le louage de services, tel qu'il était réglementé dans les articles 1779 et 1780, impliquait de la part d'une des parties obligation de prester son travail sous la forme convenue, moyennant un salaire qui était dû par l'autre partie, quel que pût être le résultat du travail dont il constituait la rémunération. Par le louage de services, l'ouvrier promettait du travail, rien de plus ; et il était payé en proportion de la durée du travail fourni, quel que fût l'effet, utile ou inutile, de ce travail, pourvu qu'il eût été accompli dans les conditions de diligence prévues au contrat.

Dans le louage des entrepreneurs d'ouvrage ou contrat d'entreprise, au contraire, ce que promettait l'une des parties, ce n'était pas seulement du travail sous une forme déterminée, c'était l'effet utile de ce travail, le résultat attendu. Elle s'engageait à fournir un ouvrage présentant les caractères prévus au contrat, et n'avait droit à une rémunération que si cet ouvrage était accompli, accepté, reçu par l'autre partie. D'où il résultait que certaines catégories de travailleurs, ceux qui travaillent à la tâche ou aux pièces, non seulement à leur domicile, mais chez l'employeur, dans son atelier, dans son usine, étaient censés conclure un louage d'ouvrage, alors que, s'ils avaient été payés au temps, à la journée, à la semaine, le contrat par eux conclu eût été un louage de services.

Tout autre est le critérium proposé par la Commission du travail pour distinguer le contrat de travail du contrat d'industrie. Il y aura contrat de travail toutes les fois que l'une des parties s'engagera à fournir du travail à un ou plusieurs employeurs déterminés, quelle que soit d'ailleurs la nature de ce travail, matériel ou intellectuel, industriel, agricole, commercial ou rentrant dans l'exercice de ce qu'on appelle les « professions libérales », quelle que soit aussi la manière dont sera fixé le salaire, d'après le travail lui-même ou d'après ses résultats, au temps ou à la tâche ou aux pièces.

Si l'offre du travail, de quelque manière que celui-ci doive être rémunéré, fût-ce à la journée, est faite, non à un ou plusieurs employeurs déterminés, mais au public, il n'y a plus contrat de travail, mais contrat d'industrie.

On ne s'attache donc plus, pour distinguer les deux variétés du louage d'ouvrage, au mode de rémunération du travail. Il faut rechercher si l'une des parties peut ou non, à raison des circonstances et particulièrement de la continuité des rapports économiques, être considérée comme étant au service de l'autre, si l'un des parties peut-être envisagée comme ayant vis-à-vis de l'autre la situation d'un employé vis-à-vis de son employeur. Dans ce cas, il y a contrat de travail. Sinon, si les rapports s'établissent entre deux personnes dont l'une fournit indifféremment son travail à quiconque, le contrat est un contrat d'industrie. Rien n'empêche d'ailleurs que la même personne conclue, à l'occasion de son travail, à la fois des contrats de travail et des contrats d'industrie. Telle sera, dans bien des cas, la situation de l'artisan. Avec le public il conclura des contrats d'industrie; avec le magasin ou l'industriel qui l'occupera d'une manière régulière, il sera lié par un contrat de travail. Tel serait également le cas d'un médecin qui, bien qu'attaché à un hôpital, conserverait une clientèle au dehors. Avec cette clientèle il serait lié par des contrats d'industrie, tandis qu'avec l'hôpital il aurait conclu un contrat de travail.

De cette conception nouvelle du contrat de travail et du contrat d'industrie résulte que le domaine correspondant à l'ancien louage de services va se trouver singulièrement élargi aux dépens du domaine de l'ancien contrat d'entreprise. Dans le contrat de travail rentreront en effet les engagements des personnes qui, fournissant au profit de l'employeur du travail soit au domicile de celui-ci, soit à leur propre domicile, reçoivent en retour un salaire calculé d'après les résultats du travail. L'hypothèse du travail aux pièces ou à la tâche, accompli à l'usine ou à domicile, rentrera dans la notion du contrat de travail, alors qu'elle ne rentrait pas dans la notion du louage de services.

C'est là une innovation fort importante, non seulement parce qu'elle aura pour effet de permettre l'application aux employés qui travaillent aux pièces, et particulièrement aux travailleurs à domicile dont c'est naturellement le cas, de se prévaloir des dispositions protectrices contenues dans les textes que nous aurons tout à l'heure l'occasion d'analyser, mais encore parce qu'elle entraînera un changement dans l'application à ces catégories de travailleurs des dispositions du Code civil relatives aux risques. Actuellement, l'employé payé aux pièces ou à la tâche est, au point de vue juridique, un entrepreneur. Il tombe par conséquent sous l'application des articles 1788 et suivants du Code civil. Dans le cas où la chose sur laquelle il travaille viendrait à périr avant que l'ouvrage ait été reçu, et sans que le maître fût en demeure de le vérifier, il n'aurait droit à aucun salaire. Tout autre sera la situation avec le texte nouveau de l'article 1779, d'après lequel l'ouvrier aux pièces conclut un contrat de travail. Devant prester exclusivement du travail, il aura droit en tout état de cause à son salaire quel qu'ait été le sort de l'ouvrage auquel il travaillait, pourvu que le travail par lui promis ait été effectivement fourni. L'ouvrage cessera d'être à ses risques, pour tomber aux risques de l'entrepreneur.

— Que faut-il penser de ces deux dénominations : « Contrat de travail » et « contrat d'industrie », proposées par la Commission pour désigner les deux contrats dont je viens d'analyser le contenu ? La première, celle de « contrat de travail », est depuis longtemps usitée dans la terminologie économique. Plusieurs législations étrangères l'ont consacrée, notamment la *Gewerbeordnung* allemande et la loi belge de 1900. Elle a même déjà trouvé place dans notre législation, où l'a introduite une loi du 18 juillet 1901. Son emploi soulève cependant certaines objections d'ordre juridique. On lui reproche de manquer de précision. Pourquoi qualifier de « contrat de travail » le louage de travail, alors que l'on ne désigne pas sous le nom de « contrat de jouissance » le louage de choses, ni sous le nom de « contrat de propriété » la vente ? L'objection ne manque pas de portée. L'expression « contrat de travail » me paraît cependant préférable à toute autre, non seulement parce qu'elle est déjà entrée dans les usages, mais parce qu'elle répond à un ordre d'idées que représentent beaucoup moins exactement les expressions « louage de services » et même « louage de travail ». Elle appelle davantage l'attention sur le caractère contractuel, volontaire et bilatéral, que présentent et que doivent présenter de plus en plus les rapports juridiques entre employeurs et employés. Elle implique davantage aussi l'idée de l'égalité juridique entre les parties contractantes, idée que le législateur de 1804 avait méconnue dans un de ses textes, par un souvenir sans doute des anciennes formes d'organisation du travail qui impliquaient une supériorité personnelle de l'employeur sur l'employé.

Beaucoup plus justement critiquable me paraît être l'expression « contrat d'industrie », pour désigner l'offre de travail faite au public. Pourquoi ne pas recourir à l'expression « contrat d'entreprise », que le Code a déjà consacrée dans un certain nombre de dispositions et qui exprime bien l'idée de rapports entre une personne et le public à l'occasion du travail? Le mot « industrie », dans l'expression « contrat d'industrie » est évidemment pris dans le sens général de « travail »... Mais, si l'on veut désigner sous le nom de « contrat d'industrie », par opposition au contrat de travail, le contrat que le Code appelait jusqu'ici louage d'ouvrage, devis et marchés, par opposition au louage de services, on se heurte aux dispositions des articles 1787 et suivants qui, placés sous l'intitulé « des devis et des marchés », décident que le louage d'ouvrage peut impliquer non seulement fourniture de travail ou d'industrie, mais aussi fourniture de matière. De sorte qu'en substituant à l'expression « devis et marchés », dans cet intitulé, l'expression « contrat d'industrie », on placerait sous une rubrique inexacte des contrats qui, manifestement, peuvent impliquer d'autres prestations que des prestations d'industrie. L'expression « contrat d'entreprise », moins détournée de sa signification usuelle, ne prête pas à la même objection.

Enfin, le dernier paragraphe du nouvel article 1779 appelle une explication. Dans l'article 2 du projet du Gouvernement se trouvait une disposition analogue, mais spéciale au contrat de travail. Il y était dit que « le fait que la matière est fournie en même temps que le travail n'empêche pas la convention d'être un contrat de travail, pourvu que la matière soit l'accessoire du travail. » C'était une disposition favorable, introduite pour permettre d'appliquer à l'employé, au cas où sa prestation principale est une prestation de travail, les règles protectrices qui régissent le contrat de travail, et pour lui éviter dans ce cas l'application de l'article 1790 relatif aux risques dans le contrat d'entreprise. Mais, en substituant au mot « contrat de travail » les mots « contrat de louage », la Commission du travail a singulièrement élargi la portée de cette disposition.

Si la convention qui implique à la fois une prestation de travail et une prestation de matière reste un « louage » pourvu que la matière soit l'accessoire du travail, cela est vrai pour l'entreprise, pour le « contrat d'industrie », comme pour le contrat de travail, puisque le contrat d'industrie est une des deux variétés du contrat de louage d'ouvrage. Et de là résulte que la disposition nouvelle va se trouver en contradiction avec les textes des articles 1711, 1788 et 1790 du Code civil, ces derniers placés actuellement dans la section des « devis et marchés ». L'hypothèse où la matière sera l'accessoire du travail devra être assimilée, quant aux risques, au cas où la prestation n'a pour objet que du travail, et cela aussi bien pour l'entrepreneur d'ouvrage que pour l'employé qui conclut un contrat de travail. Il serait bon, dès lors, que le texte des articles 1711, 1788 et 1790, fût remanié de manière à être en concordance avec le nouveau texte de l'article 1779. Mais les articles 1788 et suivants du Code civil sont des dispositions fortement critiquées et dont le caractère équitable paraît des plus douteux. Leur refonte se serait imposée à la Commission si celle-ci n'eût pas cru devoir se borner à l'élaboration de dispositions spécialement relatives au contrat de travail. Ne serait-il pas mieux, dès lors, au lieu de modifier incidemment des textes très controversés et qui sont étrangers à la matière du contrat de travail, de rendre au dernier paragraphe de l'article 1779 la portée qu'il avait dans le projet du Gouvernement, en en limitant l'application au contrat de travail ?

En conséquence, et en vue de donner satisfaction aux observations qui précèdent, je vous propose d'émettre un vote favorable à l'ensemble des dispositions contenues dans l'article 1er du projet de la Commission du travail, dont la rédaction pourrait toutefois être modifiée et complétée de la manière suivante :

« Article premier. — Le chapitre III du titre VIII du livre III du Code civil est ainsi modifié :

DU LOUAGE D'OUVRAGE

« Art. 1779. — Il y a deux espèces principales de louage d'ouvrage : 1° le contrat de travail ; 2° le contrat d'entreprise.

« Le contrat de travail est le contrat par lequel une personne s'engage à travailler pour une autre, qui s'oblige à lui payer un salaire calculé, soit à raison de la durée du travail, soit à proportion de la qualité ou de la quantité de l'ouvrage accompli, soit d'après toute autre base arrêtée entre l'employeur et l'employé.

« Le fait que la matière est fournie en même temps que le travail n'empêche pas la convention d'être un contrat de travail, pourvu que la matière puisse être considérée comme l'accessoire du travail.

« Le contrat d'entreprise est le contrat passé par les personnes qui offrent leur travail, non à un ou plusieurs employeurs déterminés, mais au public.

« Art. 1 *bis*. — Le chapitre 3 du titre VIII du livre III du Code civil est divisé en deux sections :

SECTION Ire. — DU CONTRAT DE TRAVAIL

« Cette section comprend les articles 1780 et 1781.

SECTION II. — DU CONTRAT D'ENTREPRISE

« Cette section comprend les articles 1782 à 1799 inclusivement.

« L'article 2 du projet de la Commission est ainsi conçu... »

2° EXTRAIT DU RAPPORT DE M. GROUSSIER A L'ASSOCIATION NATIONALE POUR LA PROTECTION LÉGALE DES TRAVAILLEURS (1).

« Messieurs, les questions que soulève le contrat de travail sont, on peut le dire, les plus complexes et les plus délicates parmi celles qui se rapportent aux relations entre employeurs et employés...

Je ne veux pas entrer dans les détails...

Je vais, m'inspirant des idées que je peux avoir sur ce sujet, essayer de serrer de près le problème, sans cependant, comme M. Perreau, arriver à la discussion des textes. Je dois dire, d'ailleurs, que les textes soumis par la Commission du travail peuvent être dissociés les uns des autres ; il y a autant de questions différentes qu'il y a d'articles et nous pourrions les examiner séparément. Je ne veux en discuter qu'un seul. Et, quand je dis *discuter*, je veux dire que je vais présenter quelques observations préliminaires à la discussion du nouvel article 1779 qu'on propose pour le Code civil...

...Je désire que l'on apporte aux articles du Code civil toutes les modifications qui sont indispensables. Et, tout de suite, je propose que l'on sépare d'une façon absolue le contrat de travail et le contrat de louage. Il me semble que l'on n'aura rien fait tant qu'on n'aura pas séparé, d'une façon bien nette, ces deux contrats.

Il y a, autour du contrat de travail, un certain nombre d'autres contrats, avec lesquels il a certains rapports. Ce sont le contrat de louage, le contrat de vente, le contrat de mandat et le contrat de société. De ces quatre contrats, il y en a deux qui ne se rapportent qu'aux choses : le contrat de vente et le contrat de louage ; les deux autres sont relatifs aux rapports entre les personnes.

---

(1) V. *Le Contrat de travail et le Code civil*, p. 55 et s.

Or, où a-t-on placé le contrat de travail? Non pas avec les contrats qui concernent les rapports entre les personnes, mais avec les contrats qui se rapportent aux choses, et avec le plus infime des contrats qui se rapportent aux choses, le louage. Je demande si on peut continuer à assimiler le travail humain à la chose, en laissant placées au Code civil les dispositions du louage qui concernent le travail, entre les dispositions relatives à la chose proprement dite et celles qui se rapportent aux animaux.

Au début, lorsqu'on a rédigé le projet de Code civil, on avait placé d'abord la partie relative aux choses, ensuite le bail à cheptel, c'est-à-dire le louage des animaux, puis le contrat de travail. Cet ordre a été changé ; on a pensé sans doute que l'homme était un peu inférieur aux animaux, car on a mis le contrat de travail entre les deux. Je me demande, vraiment, si cela est admissible !

Pourquoi le contrat de travail s'est-il trouvé placé dans le contrat de louage, à côté des choses et des animaux? Il faut, pour avoir une réponse, remonter très loin : jusqu'au droit romain. Cela provient uniquement de ce que, dans l'antiquité, il y avait des esclaves. Cela ne vient pas d'autre chose ! C'est parce que l'homme esclave était assimilé à la chose, qu'on pouvait vendre l'esclave comme la chose, surtout qu'on le pouvait louer à l'égal de la chose. Évidemment, c'est là le point de départ. Le travail dû par l'affranchi pouvait être également loué, et c'est par une sorte d'analogie qu'on a considéré que les hommes libres pouvaient louer leur travail.

On a longtemps considéré le travail manuel comme un travail absolument inférieur et dégradant.

J'entends bien que, depuis Rome, l'opinion a sensiblement varié sur ce qu'est le contrat de travail. Nous parlons de vingt siècles : il n'y a cependant pas besoin de remonter si loin pour trouver une opinion très défavorable au travail manuel. Dans les œuvres de Pothier, qui datent d'un siècle, il prétend qu'on ne peut louer que les services ignobles — ce sont ses propres paroles — et appréciables à prix d'argent, tels que ceux des serviteurs, des servantes, des manœuvres, des artisans.

Vous voyez quelle était l'opinion d'un homme qui a été, en quelque sorte, l'un des principaux initiateurs du Code civil. Et est-ce que cette opinion a changé, même après la promulgation du Code civil ? Mais non! Pendant toute la première partie de ce siècle, vous avez pu voir cette grande lutte entre ceux qui voulaient rapprocher et ceux qui tendaient à séparer de façon absolue les professions libérales et les travaux manuels. Il y a ncor e des auteurs qui prétendent qu'il n'y a que le travail manuel qui soit susceptible de louage. Nous y reviendrons tout à l'heure, parce que je désire examiner cette question avec autant de précision que possible.

Je demande si, vraiment, il est encore permis de conserver cette opinion, si on peut maintenir dans le Code cette situation, si le travail de l'homme peut rester assimilé à la chose.

Je dis qu'il n'est pas admissible qu'on considère le travail intellectuel comme étant d'essence supérieure et que l'activité manuelle soit toujours rabaissée au rang de la chose et de l'animal.

On m'a déjà dit : c'est une querelle de mots : il vous suffit que, dans la définition du contrat, on respecte la personnalité humaine !

Je réponds : non ! Ce n'est pas suffisant. Nous sommes payés pour le savoir. Voilà plus de vingt siècles qu'on a mêlé le louage de travail avec le louage des choses, et, toutes les fois qu'il y a des difficultés sur l'interprétation des textes, on se reporte à la pensée romaine. On remonte à Rome pour préciser les règles des contrats. Ce que nous demandons, c'est que le contrat de travail puisse être modifié et que sa transformation juridique suive les transformations économiques. Mais, pour cela, il faut séparer ce qui est actuellement mêlé, parce que tant, que le travail sera lié au louage des choses, on lui appliquera toutes les règles générales du louage. Je demande la séparation complète ! Vraiment, on a le droit de créer un nouveau contrat. Je sais bien que, dans cet ordre de choses, il faut encore remonter à Rome, au droit ancien de Rome, où le contrat de louage et le contrat de vente étaient confondus : on a sorti le contrat de louage du contrat de vente. Antérieurement, le contrat de vente n'était lui-même qu'un contrat d'échange : on a dégagé le contrat de vente du contrat d'échange. Je vous demande également de faire des contrats séparés du contrat de louage et du contrat de travail. Cette proposition est légitime et raisonnable, tout le monde sera obligé de le reconnaître. Si vous maintenez le travail lié au contrat de louage, jamais on ne pourra faire évoluer sérieusement le contrat de travail. Ce qui est cependant une nécessité absolue...

Il s'agit maintenant de savoir ce que c'est que le contrat de travail ; je voudrais bien qu'avant de présenter des textes nouveaux, avant que j'essaie de les discuter, nous concevions ce qu'est le contrat de travail. On donne des définitions, mais ces définitions, souvent, ne sont ni exactes, ni complètes.

Je parlais tout à l'heure du mandat ; or, sous ce titre, on comprend des contrats extrêmement différents, puisque, comme je le disais, certains veulent que tous les contrats concernant les travaux intellectuels soient des mandats, ce qui n'est pas compatible avec la définition du mandat. Les auteurs font toutes sortes de distinctions et pas une définition claire n'indique ce que c'est que ce contrat. J'en demande pardon à MM. les professeurs de droit, mais je me demande si l'on a bien fait tout le nécessaire quand il s'est agi de préciser ces matières. En effet, on arrive bien à esquisser les limites existantes entre les différents contrats, mais on ne les a jamais déterminées d'une façon précise. A mon sens, c'est dans cette voie qu'il faudrait s'engager; j'estime qu'on conçoit, qu'on reconnaît beaucoup mieux un contrat par ses différences avec les contrats qui possèdent avec lui des points communs que par sa propre définition.

Or, je ne sache pas qu'à ce moment on ait précisé suffisamment toutes les différences qui séparent le contrat de travail des autres contrats.

Je prétends que, tant que nous n'aurons pas fait cela pour le contrat de travail, tant que nous n'aurons pas examiné ce qui le sépare des autres contrats, nous n'en connaîtrons pas toute la matière.

D'une façon générale, le droit français, en ce qui concerne les contrats, est tout à fait différent de ce qu'était le droit romain. Dans le droit romain, la matière de chaque contrat est expressément limitée. En droit moderne, il y a des dispositions générales réglant l'ensemble des contrats; par le fait qu'une convention a été passée et qu'elle remplit les conditions nécessaires pour la validité des conventions, c'est un contrat. Il en résulte une pénétration des divers contrats et une difficulté pour classer les espèces qui se présentent.

Ne pourrait-on faire dans le droit ce que l'on a fait en géographie politique ? Il y avait jadis des territoires qui étaient contestés: on ne savait pas s'ils appartenaient à une puissance ou à une autre; mais, aujourd'hui, de plus en plus, les frontières sont précisées. Je n'exige pas qu'on le fasse de façon absolue, mais j'indique qu'il y a de nombreux points sur lesquels on doit le faire. Essayons d'entrer dans cette voie...

Permettez-moi d'examiner rapidement les rapports du contrat de travail avec les autres contrats. Quels sont les points de contact du contrat de louage de choses avec le contrat de travail?

Je citerai d'abord le cas d'un cocher qui a été embauché à la moyenne. On s'est demandé si on pouvait considérer qu'il avait loué sa voiture pour une somme déterminée ou si, au contraire, il avait loué son travail. On a décidé que c'était un contrat de travail. Mais vous voyez qu'il y avait matière à contestation.

Prenez le contrat du concierge. Si vous êtes en présence d'un concierge qui est payé, il est évident qu'il n'y a pas de difficulté: c'est un contrat de travail; mais nous pouvons retourner le problème, s'il s'agit par exemple d'une personne à laquelle on diminue le loyer de son appartement pour qu'elle fasse le métier de concierge. Tout de suite, vous voyez des questions excessivement délicates s'élever. Il faut donc préciser jusqu'à quel point il y a contrat de louage ou contrat de travail.

Il y a un autre contrat où la difficulté peut être grande encore. C'est lorsque nous arrivons au bail à ferme, surtout au colonat partiaire. Il est bien évident que, dans le louage d'une maison ordinaire, c'est le contrat de louage pur et simple ; mais, si la maison est entourée d'un champ à cultiver, il y a alors louage et travail. Quand le fermier paye, évidemment on a décidé que c'était le louage proprement dit ; mais dans le cas de métayage, quand le métayer est obligé de donner la moitié des produits, on pourrait peut-être se demander si la moitié qu'il donne représente son loyer ou si celle qu'il garde doit être considérée comme le paiement par le propriétaire du travail qu'il fait sur la terre. Vous voyez combien de difficultés cette question soulève.

On ne les a pas tranchées, je crois, et je pose la question sans prétendre la résoudre. Ce qui me semble établir la distinction, c'est suivant que le maître a ou non une autorité, une certaine direction sur le métayer ou l'employé. C'est dans ce sens que la jurisprudence semble appelée à se prononcer et je voudrais, s'il est possible d'arriver à des précisions, qu'on le fasse. Je sais bien que ce sont des difficultés que l'on peut trancher par espèces, mais je tenais à signaler qu'il serait préférable de le faire par la loi (1).

Il y a encore à examiner le contrat de travail et le contrat de vente. Quand y a-t-il contrat de vente ? Quand y a t-il contrat de travail ?

Remarquez que, dans la vente, la partie qui vend a toujours ou presque toujours du travail à fournir. J'entre dans un maga-

(1) Comp., la proposition de loi de M. Groussier, — déposée à la Chambre des députés, le 29 mai 1911, — relative aux contrats qui tiennent à la fois du louage de services et du bail à loyer (*J. off.*, Ch. des dép., Doc. parl., août 1911, annexe n° 984, p. 403). — *Adde*, la note de M. L. de la Morandière, sur cette proposition de loi, dans la *Rev. trim. de dr. civ.*, 1912, pp. 289 et s.

sin; j'achète un objet : on le porte chez moi. Il y a là un certain travail, mais tellement accessoire qu'il n'est pas utile de s'en occuper. Le cas est plus délicat quand il s'agit d'une chose qui n'est pas encore fabriquée... Dans ce cas, la jurisprudence est incertaine ; il faudrait préciser s'il y a toujours vente lorsque l'ouvrier fournit à la fois son travail et la matière. Les uns prétendent que c'est un louage, les autres que c'est une vente, d'autres que c'est un louage suivi de vente. Depuis le droit romain, le droit ne s'est pas modifié sur ce point et la jurisprudence n'est pas précisée. Aussi, si on modifie le Code, on doit trancher des questions comme celles-là qui sont les mêmes depuis vingt siècles, qui n'ont aucune tendance à être réglées définitivement dans un sens ou dans l'autre par la jurisprudence et qui vont rester en l'état si vous ne les précisez pas par la loi.

Cette question intéresse les entrepreneurs et je vous demande de l'examiner de près. L'entrepreneur conclut un contrat, mais de quel genre ? Quelles en seront les conséquences ? Vous ne le dites pas. Le Conseil d'État, dans son projet de Code de l'an VIII, indiquait, à la section : devis et marchés, que, dans le cas où l'entrepreneur fournit la matière, c'est la vente d'une chose une fois faite. La Cour de cassation a déclaré que la définition donnée par le Conseil d'État n'était pas nette et qu'il fallait dire que c'est un contrat mêlé de vente et de louage ; ce qui n'est pas plus clair. Du moment où on touche au contrat de travail, il faut s'occuper de cette question, et je demande qu'on la résolve.

Nous rencontrons d'autres difficultés si nous nous occupons des rapports du contrat de travail avec le contrat de mandat. On a considéré que les contrats concernant les professions libérales, intellectuelles étaient des mandats. On prétend que c'est la tradition du droit romain; il y a même des auteurs qui pensent que le contrat des professions intellectuelles peut être considéré comme le type du contrat de mandat. Je ne veux pas essayer de faire l'examen des nombreuses contradictions que ces affirmations présentent, cela me mènerait trop loin. Mais il serait facile de démontrer que, même du temps des Romains, on ne considérait pas les professions libérales comme susceptibles de mandat. Si je voulais reprendre tous les arguments apportés par les auteurs sur ce point, il me serait possible de le prouver, mais ce serait une discussion purement platonique qui n'aurait aucune utilité. Ces professions donnaient lieu non à mandat, mais à des contrats spéciaux. Pothier, plus tard Troplong ont prétendu que, fournissant des services inappréciables à prix d'argent, ces professions devaient faire l'objet de contrats de mandat et affirmaient notamment que les services rendus par les avocats et les médecins sont inappréciables. Mais l'on peut répondre avec Duvergier que c'est possible, quand le médecin vous a guéri ou quand l'avocat vous a fait gagner son procès ; mais, si vous succombez ou si vous perdez votre procès, quel service inappréciable l'avocat ou le médecin vous a-t-il rendu ?

Évidemment, cette thèse ne peut pas être soutenue. Ce qui gênait considérablement Pothier, c'est qu'il était obligé de reconnaître que les domestiques peuvent rendre à un malade des services assimilables, alors que ces services se louent. Et il avait quelque difficulté à démontrer que les services des domestiques n'étaient pas de même ordre, ne pouvaient pas avoir la même valeur que les services des médecins.

Tous les auteurs modernes reconnaissent, d'ailleurs, qu'on doit assimiler les travaux intellectuels aux travaux manuels. Je crois que c'est la vérité. D'ailleurs, comment peut-on faire une distinction ?

Dans une industrie, je considère un ouvrier qui travaille la matière et, en même temps, celui qui trace les contours de la pièce sur cette matière. Il y a déjà là un commencement de travail différent, de travail intellectuel. Je me demande quelle différence vous allez faire entre ces ouvriers. Je prends celui qui trace, non plus sur la matière, mais sur le papier : quelle distinction allez-vous faire entre eux ? Remarquez que je prends non pas le dessinateur, mais le calqueur ; celui-ci accomplit un travail moins intelligent que celui qui trace sur la matière. Le dessinateur est appelé à déterminer la forme des organes calculés par les ingénieurs et conçus par les inventeurs. Ce sont des travaux intellectuels, qui se relient aux travaux manuels et entre lesquels on ne peut pas marquer une séparation ; d'ailleurs, on ne la fait pas. On n'essaye de mettre à part que les littérateurs, les avocats ou les médecins, sous prétexte que ces professions sont plus honorables...

L'honorabilité ne dépend généralement pas de la profession, mais de l'individu. Les hommes, quelle que soit leur profession, peuvent être honorables, mais ce n'est jamais leur profession qui ajoute rien à leur honorabilité.

Il est donc bien évident qu'on doit comprendre dans le contrat de travail tous les travaux intellectuels.

Certains auteurs ont voulu maintenir une distinction et prétendent que certains travaux intellectuels ne sont pas susceptibles de contrat.

C'est possible pour quelques cas. Je veux bien admettre, par exemple, qu'un auteur dramatique ne pourra pas contracter pour écrire une pièce, mais il n'en peut être de même d'un médecin qui doit soigner un malade ou d'un avocat qui entend défendre une cause. Il est très admissible que l'on ne puisse pas contracter pour guérir un malade. C'est entendu ! Mais, quand un médecin doit donner ses soins à un malade, je prétends qu'il y a matière à contrat, comme pour l'ingénieur qui accepte de travailler dans une usine, à réaliser telle ou telle invention. Il ne peut pas y avoir de différence...

Il y a un côté par lequel le contrat de travail touche au contrat de mandat ; ce sont des questions qu'il faut examiner. Il y a un très grand nombre d'employés pour lesquels on ne sait pas si leur contrat est un louage ou un mandat. Est-ce qu'on ne va pas s'occuper de rechercher dans quel cas il y a contrat de louage et dans quel cas il y a contrat de mandat ? On va laisser les employés aller devant les tribunaux, pour savoir quelles sont les règles qui s'appliquent à leur contrat !

Je dis que ce n'est pas possible, je dis que ce n'est pas admissible. Notamment pour un certain nombre d'employés de chemins de fer et pour les voyageurs de commerce, la question n'est pas tranchée. Je sais bien que certains auteurs ont indiqué qu'il fallait considérer les contrats de ces employés comme des contrats de travail, quand il s'agit de leurs rapports avec leurs patrons, et comme des contrats de mandat, quand il s'agit de leurs rapports avec les tiers. Il y a peut-être là une voie dans laquelle il y a lieu de s'engager, mais je voudrais bien qu'on le dise. Je voudrais qu'on arrive à résoudre ou tout au moins à étudier cette question, puisqu'on touche au contrat. Si vous pensez que vous n'avez pas la possibilité de trancher la question, je voudrais qu'avant de faire votre définition, vous vous préoccupiez au moins de fixer toute l'étendue du contrat de travail, ou, alors, vous aurez fait œuvre vaine, inutile.

J'en arrive au contrat de société. A mon sens, c'est le contrat dont le contrat de travail devrait le plus se rapprocher, et il en est le plus éloigné. Quand nous prétendons que le contrat de travail doit être une sorte de contrat de société, est-ce que nous disons quelque chose d'extraordinaire? D'autres l'ont dit avant nous. Frédéric Bastiat, qui n'était pas un révolutionnaire, a constaté qu'au point de vue économique, le contrat de travail n'était pas autre chose. Même dans Dalloz, vous trouverez cette thèse émise, et le regret que non seulement les économistes, mais qu'aussi les juristes n'ont pas voulu s'engager dans cette voie.

Je crois que, dans une large mesure, le contrat de travail devra évoluer du côté du contrat de société. C'est pourquoi je demande que vous sépariez le travail du louage pour qu'il puisse poursuivre sa transformation économique.

Remarquez que toute la jurisprudence s'est opposée, d'une façon absolue, même pour la participation aux bénéfices, à ce rapprochement. On a voulu complètement séparer le contrat de travail du contrat de société. Je ne demande pas qu'on les joigne, mais qu'on leur permette de se rapprocher. Je rappellerai que M. Chatelain a fait une étude extrêmement intéressante à ce sujet et a démontré que, même en s'en tenant aux principes du droit actuel, en s'appuyant sur le droit d'accession, le contrat de travail est assimilable au contrat de société. En fait, l'ouvrier et le patron s'associent pour fabriquer certains objets, et, comme l'ouvrier ne peut pas attendre que les objets soient vendus pour toucher sa part éventuelle de bénéfices, il reçoit à l'avance un salaire qui représente cette part. Ne laissons donc pas opposer le contrat de travail au contrat de société.

J'ai ainsi essayé, Messieurs, de faire le tour du contrat de travail ; il tient à bien d'autres contrats, mais nous avons examiné les contrats essentiels auxquels il se relie.

Je voudrais qu'avant d'arriver à préciser des définitions quelconques, on veuille bien rechercher, déterminer d'une façon sérieuse quelles sont les frontières de ce contrat ; la controverse existe depuis vingt siècles : je demande qu'on la résolve dans le Code, qu'on ne laisse plus les tribunaux rechercher au hasard la différence qui existe entre les différents contrats, mais que ce soit la loi même qui le fasse.

Je viens de vous montrer les limites du contrat de travail ; je vais avoir, maintenant, à examiner, dans les frontières déterminées, quelles sont les diverses sortes de contrats de travail. Il me semble que c'est seulement quand nous les aurons étudiées et quand nous aurons précisé leurs points communs et leurs différences qu'il sera possible de savoir si les définitions présentées par la Commission et par M. Perreau sont justes.

Telle est la première partie de mes observations...

. . . .

J'ai essayé de faire le tour du contrat de travail et d'en préciser les limites. Il est maintenant nécessaire d'en coordonner la matière. On constate, tout d'abord, que les règles de ce contrat dans le Code civil ne semblent s'appliquer qu'au travail manuel et domestique. Or il y a lieu de comprendre dans le contrat de travail tout le travail commercial et aussi tout le travail intellectuel.

Si l'on recherche quelles sont les différentes sortes de contrats de travail que distingue le Code civil, on s'aperçoit qu'il renferme un certain nombre d'expressions telles que : louage de services, louage de travail, louage d'industrie, entreprise ou devis et marchés. Mais nous ne trouvons, ni dans le Code, ni dans ses commentateurs, des définitions précises de ces diverses sortes de contrats. On les confond, on emploie facilement une expression pour l'autre ; on assimile le louage de services au louage d'ouvrage; ou bien le louage d'ouvrage au louage d'industrie; ou encore le louage d'industrie au contrat d'entreprise.

Il y aurait lieu, à mon sens, de préciser quelles sont les diverses sortes de contrats du travail, de leur donner des noms et de les définir de telle sorte qu'on ne puisse pas les confondre les uns avec les autres. Mais, tout d'abord, il faut s'entendre sur le titre général qu'on doit employer pour désigner ce contrat. Nous pensons qu'on doit l'appeler « contrat de travail ». Il est certain que ce titre a été contesté, et je lisais dernièrement un ouvrage de M. Planiol qui prétend que l'expression « contrat de travail » n'a aucun sens, pas plus que n'en aurait celle de contrat de maison, par exemple! Je crois que M. Planiol se trompe, car l'on peut employer le mot « travail » dans plusieurs sens. Si on considère le travail en tant que produit, on peut l'assimiler à la maison ; mais, si on considère le travail en tant qu'activité, il a un sens assimilable à celui d'entreprise. J'en tire le droit d'employer le mot travail comme le mot entreprise et de dire « contrat de travail » comme M. Planiol dit contrat d'entreprise.

Le seul défaut que l'on pourrait trouver à l'expression « contrat de travail », c'est que, à la différence de ce qui existe pour les autres contrats, le mot travail n'implique pas par lui-même un rapport. Les mots « société, mandat, louage, vente » expriment bien des rapports entre des personnes. Quand on parle de travail, au contraire, il n'en est pas de même, parce que l'on peut travailler pour soi-même. Mais on a déjà des exemples dans le Code civil. Le mot dépôt, notamment, n'implique pas absolument un rapport entre deux parties. Il n'y a donc pas là un inconvénient extrêmement grave. Il est certain que, du moment que l'on met devant le mot «travail» le mot «contrat», le rapport est indiqué et cette expression est suffisante.

Je considère qu'on doit comprendre dans le contrat de travail non seulement le contrat de service, le contrat d'ouvrage, mais même le contrat d'industrie, et le seul point où je m'arrête, c'est de savoir si on doit y comprendre le contrat d'entreprise.

Tout d'abord, il faut rechercher qu'elles doivent être les principales distinctions, les grandes divisions du contrat de travail.

Plusieurs modes de classement ont été proposés. Le premier c'est celui du Code civil actuel et du droit romain; c'est la division entre le travail au temps et le travail à la tâche. On a indiqué une seconde division : le travail effectué sous la direction du maître et le travail effectué en dehors de sa surveillance. Une troisième division a été présentée par le Gouvernement et par la Commission du travail de la Chambre : c'est la distinction faite entre le travail effectué pour un patron et celui fourni au public. Il y a un quatrième mode qu'on aurait pu examiner, c'est la division du travail en travail intellectuel et en travail manuel. Mais il est évident que cette dernière distinction ne peut avoir aucune valeur, que de plus en plus le travail intellectuel et le travail manuel tendent, non pas à se confondre, mais à se pénétrer et qu'il ne peut pas y avoir de règles générales qui les séparent.

Examinons donc les autres, en commençant par le mode qui nous est proposé par le Gouvernement et par la Commission du travail de la Chambre. Vous me permettrez de ne pas le trouver parfait. Je dois dire, d'ailleurs, qu'il y a une différence entre le texte du Gouvernement et celui de la Commission du travail. Le projet du Gouvernement ne définissait pas le contrat d'industrie, il se contentait d'indiquer quelles sont les sortes de contrat auxquelles s'appliqueraient les dispositions du projet de loi, tandis que le texte qui nous est présenté par la Commission modifie le Code civil et donne une nouvelle définition du contrat d'industrie. Il s'agit de savoir comment cette définition s'intercalant dans le Code civil va s'harmoniser avec les autres dispositions existantes et non modifiées.

On me permettra de regretter que l'on veuille seulement modifier quelques-uns des articles du Code civil concernant le travail sans toucher à l'ensemble des dispositions relatives au louage.

Tout d'abord, il y a là quelque chose qui me choque : c'est que dans votre article 1779 vous dites : « Il y a deux espèces principales de louage d'ouvrage : 1° le contrat de travail ; 2° le contrat d'industrie », alors qu'à l'article 1711 du Code, vous trouverez, parmi les diverses sortes de louage, deux sortes de contrat de travail actuellement déterminées : le loyer et les devis et marchés. Or, vous ne voulez pas toucher à cet article. La Commission du travail de la Chambre entend le maintenir, de sorte que nous aurons au Code, au même titre, à l'article 1711, la division du louage d'ouvrage en loyer et devis et marchés et que nous aurons, à l'article 1779, une autre division différente qui sera celle que vous établissez entre le contrat de travail et le contrat d'industrie ! Eh bien, je me demande si en agissant ainsi vous mettez de l'ordre dans le Code civil ou si, au contraire, vous n'ajoutez pas beaucoup de désordre ! J'entends bien que M. Perreau propose de donner le titre de contrat d'entreprise ou d'industrie à toute la section des devis et marchés ; mais la Commission ne l'avait pas proposé. Je me demande, si on maintenait le projet tel que l'avait présenté la Commission de la Chambre, quelles en pourraient être les conséquences. C'est qu'en effet vous ne faites qu'une chose : vous apportez une définition nouvelle, mais vous ne touchez ni aux anciennes divisions, ni aux devis et marchés ; dans ces conditions, comment pourrez-vous soustraire, comme l'a très bien remarqué M. Perreau, certains contrats de travail en ce moment englobés dans les devis et marchés aux règles exprimées dans cette section ?

J'avoue que je ne le conçois pas. Vous rencontreriez certainement des juristes qui, étant donné qu'on ne modifie rien à l'article 1711, qu'on ne touche pas à la section des devis et marchés, continueraient à appliquer les textes anciens, d'autant plus qu'en modifiant l'article 1779, vous n'indiquez pas d'une façon précise et nette quelles sont les sortes de contrat de travail que vous soustrayez aux devis et marchés.

D'autres juristes penseraient que, si on a inséré un article 1779 nouveau, une définition nouvelle, c'est qu'on a voulu dire quelque chose. Il est évident qu'ils essayeraient de modifier la jurisprudence sur ces divers points. Seulement, au lieu d'éclaircir la matière, nous l'aurions au contraire embrouillée. Il me semble que c'est là une méthode absolument inadmissible. Je l'ai déjà dit l'autre jour à la Commission du travail et je le répète devant vous : on ne peut pas toucher à la législation concernant le contrat du travail sans la modifier entièrement, sans la réorganiser complètement. Si vous ne faites qu'apporter des changements à un ou deux articles, vous n'aurez fait que compliquer la jurisprudence, au lieu d'avoir résolu un problème important.

Je suppose qu'on adopte vos nouvelles définitions : permettez-moi de voir quelles en seront les conséquences. D'après vous, le contrat de travail s'applique à la personne qui s'engage à travailler pour un employeur, pour un patron et le contrat d'entreprise, selon M. Perreau, ou d'industrie, selon la Commission, est celui qui s'applique aux personnes qui travaillent pour le public. Je me demande si cette distinction classe bien, d'un côté, tous les ouvriers et, de l'autre, tous ceux qui ne le sont pas. Vous dites qu'il y aura contrat de travail quand on travaillera pour un patron? Considérez un marchandeur. Il travaille pour un patron; il est donc lié par un contrat de travail. Certains peuvent l'accepter : moi je ne l'accepte pas. Je considère que le marchandeur ne doit pas être considéré comme un véritable ouvrier, mais, au contraire, assimilé à un entrepreneur. Votre définition permettra d'aller encore plus loin : Quel sera le contrat d'un sous-entrepreneur ou même d'un entrepreneur qui ne travaillera que pour une seule maison, ce que nous voyons tous les jours? Nous pouvons voir, en effet, des industries créer autour d'elles des industries annexes et ces dernières entreprises passer avec les premières des contrats par lesquels elles s'engagent à ne travailler que pour elles. Voilà donc un contrat d'entreprise qui va devenir un contrat de travail, parce que l'entrepreneur ou le sous-entrepreneur ne travaillera que pour une entreprise, une personne déterminée et non pour le public. Votre rédaction est telle que certaines personnes en occupant d'autres vont se trouver régies par le contrat de travail.

Je vais, maintenant, examiner les catégories que vous excluez du contrat de travail. Vous maintenez en dehors tous ceux qui, dites-vous, travaillent pour le public. Mais est-ce que, parmi ceux qui travaillent pour le public, il n'y a pas des ouvriers? Quand un ouvrier peintre va chez une personne quelconque pour coller du papier que cette personne aura elle-même acheté, ne fournissant pour sa part que son travail, vous prétendez que ce n'est pas un contrat de travail, que c'est un contrat d'entreprise. Est-ce que vous n'allez pas trop loin? Je prends maintenant la femme de ménage qui travaille pour un certain nombre de personnes : elle fournit ses services au public. Ce n'est pas un contrat de travail qui la lie, c'est un contrat d'entreprise ! Je me demande même si tout le travail domestique qui se trouve au contrat de travail ne va pas passer au contrat d'entreprise. Je me demande si on peut considérer le maître comme un patron ou si on doit le comprendre dans le public ! Je n'en sais rien et je voudrais qu'on le précise dans le Code civil. Jusqu'à présent, on n'a employé que l'expression de maître : or, dans quel cas le maître est-il l'employeur proprement dit, dans quel cas est-il le public? Lorsque je considère un patron, je le sais ; lorsqu'il s'agit d'une personne quelconque, je le sais encore. Mais, quand il s'agit du maître qui occupe un domestique, je ne le sais plus et je vous demande de préciser votre définition. Si vous ne faites pas rentrer tout le travail domestique dans le contrat d'entreprise, je ne sais ce qu'il devient, car il me semble sortir du contrat de travail. Je demande donc qu'on examine de près votre définition; il me paraît extrêmement difficile de l'accepter sous la forme où vous nous la présentez.

Est-ce à dire que les autres définitions sont parfaites?

Il est bien certain que la deuxième distinction que j'ai indiquée et qui, je crois, a été proposée par Baudry-Lacantinerie : division du travail en travail effectué sous la direction du maître et en travail effectué en dehors de sa surveillance, est une distinction qui, théoriquement, peut paraître bonne, mais qui n'est pas meilleure que celle du Code civil, parce que, là encore, on ne distingue pas facilement si l'ouvrier travaille sous la direction de l'employeur ou non. Cette division compliquera la question plutôt que de l'éclaircir. Il me semble que, jusqu'à ce jour, la distinction qui paraît la plus claire est bien celle du Code civil et du droit romain. Il est facile de savoir quand il y a travail au temps ou travail à la tâche. C'est là quelque chose que l'on voit et que l'on sait. Sans doute, étant données les transformations du travail, cette distinction appelle des corrections ; d'ailleurs je crois qu'aucune des divisions proposées ne peut être acceptée d'une façon complète. Il y a nécessité à serrer davantage le problème afin de bien voir quelles sont les catégories qui doivent être classées sous le titre générique de contrat de travail et quelles sont celles qui doivent se trouver dans le contrat d'entreprise.

J'indique, au préalable, qu'il est certaines catégories d'ouvriers travaillant à la tâche qu'on doit comprendre dans le contrat d'ouvrage proprement dit : ce sont ceux qui accomplissent le travail à la tâche dans l'usine même, sous la direction du patron. D'ailleurs, dans cette circonstance, il n'y a pas de difficulté, étant donnée la jurisprudence actuelle.

Si nous prenons pour base l'ancienne distinction entre le travail au temps et le travail à la tâche, nous pourrons faire correspondre le travail au temps avec le contrat de travail et le travail à la tâche avec le contrat d'industrie. Mais dans le contrat de travail, il y a tout de suite une première division que nous sommes obligés de préciser; c'est celle qui existe entre le contrat d'ouvrage proprement dit, c'est-à-dire celui du travailleur qui façonne la matière, et le contrat de service qui est celui des travailleurs attachés, non à la matière, mais à la personne du patron ou à son établissement. Ce sont des distinctions qui existent et je demande si elles vont disparaître, parce que, dans les définitions qu'on nous présente, je ne vois pas, comme je l'indiquais tout à l'heure, où se classe ce que j'appellerai non pas le louage de service, mais le contrat de service.

Dans le contrat de service — ce mot est mal choisi parce qu'il est pris en mauvaise part, mais je n'en trouve pas d'autre — il faut qu'on y comprenne un certain nombre de contrats de travail que la jurisprudence lui a assimilés le plus généralement; ce sont notamment, les contrats des employés qui ne peuvent pas être des contrats d'ouvrage proprement dits, qui sont évidemment des contrats de service, à moins qu'on ne trouve un autre mot; ce sont également les contrats des professions libérales, tels que ceux des professeurs attachés à une école privée. Il est bien certain que ces diverses catégories de contrats ont été classés sous cette dénomination, quoiqu'ils soient extrêmement différents.

On peut distinguer, parmi les contrats de service, ceux qui sont des contrats de service proprement dits et qui comprennent les travailleurs qui sont attachés à la personne et ceux qui sont attachés à la propriété. Il y a une autre catégorie de services domestiques que l'on ne peut pas, à mon sens, classer avec ceux-ci; ce sont ceux des personnes attachées à l'établissement.

Après les services domestiques, nous avons les services commerciaux ou travail de ceux qui sont employés à l'intérieur d'une maison de commerce, soit le directeur, les commis, les comptables, et de ceux qui sont préposés à l'extérieur pour ce même commerce, tels les voyageurs, les livreurs, les receveurs. Je pense que les personnes qui ont un contrat de services domestiques doivent, lorsqu'elles sont attachées à un établissement, être comprises dans cette catégorie des services commerciaux, parce que la plupart des lois sociales tendent à s'appliquer non pas en raison de l'occupation particulière que l'on peut avoir, mais en raison de la branche économique où l'on est occupé. Il est bien évident, par exemple, que la loi sur les accidents, quand on l'applique à l'industrie et au commerce, s'applique non seulement aux employés, mais même à ceux qui font un service domestique dans une maison de commerce. Il en est de même de la loi sur le repos hebdomadaire qui ne s'applique pas aux services domestiques proprement dits et qui s'applique cependant à ceux qui ont un service domestique dans un établissement, tels les concierges ou ceux qui sont préposés au nettoyage. De plus en plus il faudra qu'on prenne comme distinction les grandes divisions économiques et que l'on comprenne dans les services domestiques ceux qui sont attachés à la personne et dans les services commerciaux ceux qui sont attachés à des établissements commerciaux.

Nous avons ensuite les services industriels, parce que, dans l'industrie, à côté des ouvriers proprement dits, qui ont un véritable contrat d'ouvrage, il y a tous les préposés techniques. Quand il s'agit des ouvriers, des travailleurs manuels, qui travaillent à l'usine ou sur les chantiers, il est bien certain qu'ils sont liés par un contrat d'ouvrage ; mais, quand il s'agit de directeurs, d'ingénieurs, de chimistes, on ne sait s'il y a encore un contrat d'ouvrage ou un contrat de services, que nous appelerons contrat de services industriels.

Si nous considérons l'agriculture, il est évident que, là encore, nous rencontrons des contrats différents. Il y a contrat d'ouvrage proprement dit quand l'ouvrier est attaché à la culture, quand il travaille la terre. Mais, quand il s'agit, par exemple, du régisseur, de certains préposés techniques, leur contrat se rapproche de celui des services industriels.

Et nous arrivons enfin aux services libéraux dont nous parlions tout à l'heure, les services des professeurs, des médecins, des artistes. Dans les artistes, on rencontre deux catégories : d'abord ceux que l'on doit comprendre dans les services libéraux, comme les musiciens, les chanteurs, les comédiens, les danseurs ; mais il y a d'autres artistes qui peuvent être classés, soit dans les services libéraux, soit dans le contrat d'ouvrage, ce sont les peintres, les sculpteurs, les architectes, les artistes joailliers, céramistes, verriers, etc. Vous voyez combien la matière est complexe et combien il y a de contrats différents.

Je pense qu'avant de vouloir rédiger des définitions, il faut examiner ces différents contrats et se préoccuper de les grouper. C'est seulement quand nous saurons comment classer ces contrats qu'il nous sera possible de préciser les définitions générales.

Si, maintenant, j'examine les autres sortes de contrats, ceux que l'on appelle contrats d'industrie, c'est-à-dire ceux qui correspondent au travail à la tâche, je constate qu'il y en a de deux sortes. Il y a celui que j'appellerai le contrat d'industrie proprement dit, c'est celui de l'ouvrier qui ne fournit pas la matière première. Lorsque la personne fournit la matière première, au contraire, nous nous trouvons en face du contrat d'entreprise. C'est surtout de ce côté qu'il y a lieu de diriger notre classification, ce qui nous amènera à transformer complètement tout ce qui concerne les devis et marchés.

Je disais... qu'il est nécessaire de déterminer la différence qui existe entre le contrat de travail et le contrat de vente. Je voudrais bien que l'on sache d'une façon un peu précise, quand il y a vente et quand il y a travail. On peut trouver dans les recueils de jurisprudence la distinction suivante : il y a contrat de travail ou de louage d'ouvrage, quand c'est le travail qui est la partie dominante. Il y a au contraire contrat de vente, lorsque c'est la matière qui est la partie principale. Mais il est nécessaire de rechercher ce que l'on entend par là. Dans certains jugements on a décidé qu'un contrat par lequel un industriel s'engage à fabriquer des machines, étant donné que, dans la construction mécanique, c'est le travail qui est la partie la plus importante, est un contrat de louage d'ouvrage et non pas un contrat de vente. Est-ce cette distinction que l'on va choisir ; rechercher si le travail est la partie principale ou n'est que la partie accessoire de la matière ? Mais, là encore, il faudra bien que l'on nous dise quand la matière fournie est la partie accessoire et quand elle est la partie principale.

On peut encore rechercher si la matière fournie par l'ouvrier est principale ou l'accessoire de la matière à travailler fournie par le maître ; c est la jurisprudence qui nous vient du droit romain. Lorsque, par exemple, l'on construit une maison sur un terrain appartenant au propriétaire, on considère que le terrain est la partie principale, que la maison n'est que la partie accessoire, et qu'il y a contrat de travail et non pas contrat de vente.

En ce qui me concerne, si vous préférez la distinction en matière accessoire et principale, je considère que, lorsqu'on construit une maison, ce n'est pas la matière accessoire que l'on fournit, mais que c'est bien la matière principale. Il n'y a pas de raison, du moment où vous pensez que la maison est partie accessoire, pour prétendre que le serrurier qui a monté les serrures n'apporte pas une matière accessoire, que le peintre qui vient coller le papier n'apporte pas une matière accessoire, et c'est alors tout le bâtiment, tout ce qui fait partie du bâtiment, que vous considérez comme fournissant une matière accessoire. Je ne puis accepter cette manière de voir. Je ne puis considérer toute la matière fournie par les entrepreneurs du bâtiment comme étant accessoire.

Je crois que, si on entend adopter la distinction entre ce qu'on appelle la matière principale et la matière accessoire, on ne doit entendre par matière accessoire que les menus objets qui peuvent être fournis par l'ouvrier. Je voudrais bien que l'on examine cette question et que l'on vienne nous préciser quand il y aura contrat de vente et quand il y aura contrat de travail.

Étant données les distinctions que nous avons faites tout à l'heure, je considère qu'il y aura contrat d'industrie quand on ne fournit pas la matière, sauf les matières accessoires, et contrat d'entreprise quand on fournit la matière principale. Pour moi, le peintre qui fournit le papier et la peinture fournit une matière principale et, par conséquent, se trouve lié par un contrat d'entreprise. Libre à vous de différencier autrement les contrats d'entreprise, d'industrie, de vente ou de louage, mais je demande que vous le fassiez !

Il y a d'autres contrats d'entreprise dans lesquels on ne fournit pas du tout de matière; par exemple, un entrepreneur de terrassements ne fournit aucune matière. Est-ce que vous allez le comprendre dans le contrat d'industrie, dans ce que j'appelle le contrat d'industrie? Mais non, ce n'est pas possible, à mon sens. Je ne voudrais pas qu'il y ait de confusion : je fais une distinction entre le contrat d'entreprise et le contrat d'industrie, alors que, dans le projet de la Commission, on confond les deux termes. J'appelle contrat d'industrie le contrat de ceux qui travaillent à la tâche sans fournir la matière, et veux nettement séparer le contrat de ceux qui fournissent toute la matière première, surtout de ceux qui emploient une autre main-d'œuvre que la leur pour accomplir le travail entrepris.

Et alors j'examine une distinction que l'on semble ne pas avoir vue, mais qui est importante et qu'il est surtout nécessaire d'envisager lorsqu'on veut étudier le contrat de travail, quand on entend le définir et le délimiter. Ou bien celui qui prend l'entreprise d'un travail y travaille lui-même, seul, ou bien il emploie autrui pour exécuter ce travail. C'est, à mon sens, la distinction essentielle qui doit exister entre le contrat de travail proprement dit et le contrat d'entreprise.

Je considère comme étant un contrat d'entreprise le contrat de l'ouvrier qui fournit la matière principale et celui de toute personne qui, même sans fournir la matière principale, emploie la main d'œuvre d'autrui pour exécuter son travail.

Que devient alors le contrat d'industrie ? Je dis qu'il y a contrat d'industrie lorsque l'ouvrier travaille lui-même en dehors de l'établissement à la tâche la matière du maître. Mais je demande que ce contrat d'industrie, tel que je l'indique, ne soit point distinct du contrat de travail. Je considère que, dans le contrat de travail, il doit y avoir plusieurs divisions: le contrat d'industrie dont je viens de parler, le contrat d'ouvrage et le contrat de service.

Ce qu'il faut, à mon sens, ce que vous ne faites pas avec la définition qui nous est apportée par la Commission, c'est d'entrer dans le détail des contrats et de les grouper non pas artificiellement, mais suivant leur véritable nature. Je vous demande d'examiner la question à fond.

Je sais bien qu'un certain nombre de personnes essayent de faire une grande distinction entre le contrat d'ouvrage et le contrat de services. Il est certain qu'il y a entre eux des divergences profondes. C'est que, en effet, le contrat d'ouvrage proprement dit tend de plus en plus, comme je le montrais..., à se rapprocher du contrat de société, tandis qu'il ne semble pas, avec notre mentalité actuelle, que le contrat de services domestiques, se dirige dans cette voie.

Je conçois leur différence, mais ce que je ne veux pas, c'est que l'on essaye de séparer les diverses catégories de travailleurs. Je voudrais que le contrat de travail englobe toutes les personnes qui sont de véritables travailleurs, qu'ils travaillent pour le public, pour l'employeur ou pour le maître. Je voudrais qu'il y ait dans ce contrat la division en plusieurs branches: le contrat d'industrie, qui est le travail à la tâche sans fourniture de matière et qui correspond souvent au travail pour le public, le contrat d'ouvrage ou contrat de l'ouvrier avec son patron; enfin le contrat de service quand il s'agit soit du travail de l'employé, du directeur et des personnes qui ne façonnent pas elle-mêmes la matière.

Voilà quelles sont les indications que je désirais donner sur ce point.

Il faut savoir aussi ce que nous allons faire du contrat de transports. Allons-nous le comprendre dans ce que j'appelle le contrat d'entreprise ? A mon sens, ce ne devrait être un contrat d'entreprise que dans les cas où l'on emploie la main-d'œuvre.

d'autrui. Et je pense que, quand il s'agit du contrat d'un individu isolé qui travaille par lui-même, on devrait l'assimiler au contrat de travail.

Il s'agit aussi de savoir où nous allons classer tous les travaux libéraux. J'indiquais tout à l'heure qu'il y en a un certain nombre qui peuvent être classés parmi les contrats de services, quand le travail est au temps. Mais, lorsqu'il s'agit des professions libérales, la plupart d'ailleurs, qui travaillent pour le public, qui travaillent à la tâche, allez-vous les comprendre dans le contrat d'industrie ? Il est évident que, si je m'en tiens au sentiment des auteurs, on devrait les faire rentrer dans le contrat le plus éloigné du louage, celui d'entreprise. Peut-être, au contraire, faudrait-il considérer les personnes pratiquant des professions libérales comme de simples travailleurs. Mais parler de contrat d'industrie, quand il s'agit d'un médecin ou d'un professeur, c'est un terme qui paraît mal choisi. Si on voulait faire œuvre sérieuse, il serait peut-être nécessaire de rechercher des termes nouveaux pour désigner ces sortes de contrats.

J'ai essayé d'esquisser le plus rapidement qu'il m'a été possible tous les côtés de la question afin de pouvoir serrer de plus près la discussion. Je n'ai point cherché à faire des définitions ni à établir un texte, parce que ce serait extrêmement long et compliqué et parce que je voudrais que nous recherchions d'abord quelles sont les grandes lignes sur lesquelles nous pouvons nous mettre d'accord.

Or, vous pouvez voir que je me différencie extrêmement des règles générales qui ont été présentées par la Commission du travail et qui ont été acceptées en principe par M. Perreau. Je ne sais pas si vous retiendrez quelques-unes des règles que j'ai indiquées; mais, pour déterminer les modifications qui pourraient être apportées, il faudrait nous entendre sur les principes qui doivent nous guider.

Je ne veux pas parler de tous les autres articles du projet; je m'en tiens au premier des articles, et vous voyez combien il soulève de difficultés ; il est, certes, de beaucoup le plus complexe. Je ne nie pas que les autres, notamment l'article 4, sont extrêmement utiles. Certes, un contrat ne doit être valable, que s'il est conçu librement, mais nous pouvons affirmer, d'une façon générale, que la liberté contractuelle absolue n'est que théorique, pour la plupart des contrats. Toutefois, il est évident que le contrat de travail est celui qui s'éloigne le plus de la liberté contractuelle. Si on examine les autres contrats, non pas au point de vue du droit, mais au point de vue du fait, on constate que certains contrats, comme le contrat de vente, par exemple, paraissent passés généralement dans des conditions qui indiquent une liberté relative des parties contractantes ; il en est de même du mandat, de la société, et on peut dire, d'une façon générale, que la plupart de ces contrats sont passés presque librement. L'idéal n'existe pas, mais c'est surtout lorsqu'il s'agit du contrat de travail qu'on s'écarte de la liberté, et je crois que, si on allait au fond des choses, on reconnaîtrait qu'aucun contrat de travail n'est passé librement. C'est pour cela que je considère comme une chose extrêmement intéressante que l'on essaye par cet article d'accorder aux travailleurs quelques garanties ; mais je crains qu'elles ne soient un peu illusoires, car il n'est possible à un travailleur de réclamer contre un contrat qu'il subit que quand ce contrat n'existe plus. Il est évident qu'un ouvrier ou un employé, même s'il a passé un contrat dans des conditions défectueuses, ne demandera pas à le faire rescinder, parce qu'il aurait quelque difficulté à trouver non pas un meilleur contrat, mais même un autre emploi; je crains que cet article ne donne pas les résultats espérés.

En résumé, ce que je demande — et c'est là le point essentiel de mes observations — c'est qu'on sépare complètement le contrat de louage du contrat de travail, pour les raisons que j'ai exposées. Je propose également qu'on réorganise toute la matière du contrat, ce qui me paraît indispensable. Ce que je désire aussi, c'est que dans les textes on spécifie que le contrat de travail comprend non seulement le travail manuel, mais aussi le travail intellectuel.

Je demande ensuite qu'on distingue les diverses sortes de contrats et qu'on groupe ensemble les contrats qui intéressent tous les travailleurs. Je voudrais que l'on précise dans la mesure du possible la différence qu'il y a entre le contrat de travail et les autres contrats et enfin que l'on détermine les règles des contrats relatifs au travail.

Je tiens à indiquer cependant que nous ne devons pas oublier que le droit évolue et que peut-être il ne faut pas nous enfermer dans des formules de droit trop étroitement délimitées. Nous devons essayer de voir de loin et ne pas construire des barrières que nous serions obligés de supprimer demain; nous devons envisager tout le problème dans son ensemble, en considérer toutes les données, en ne faisant pas du droit pour le droit, mais pour servir d'armature, de protection aux conditions, aux rapports économiques.

Je ne cache pas que mon désir et mon but, c'est de permettre au contrat de travail, qui occupe actuellement la place la plus infime parmi les contrats, d'évoluer, de telle sorte qu'il arrive à la place qui devrait lui appartenir, c'est-à-dire la première ».

3° VŒUX ADOPTÉS PAR L'ASSOCIATION NATIONALE POUR LA PROTECTION LÉGALE DES TRAVAILLEURS (1)

« L'Association émet le vœu que les contrats de travail et d'entreprise fassent, au Code civil, l objet de dispositions nettement séparées de celles qui régissent le louage.

Le chapitre III du titre VIII du livre III du Code civil est ainsi modifié :

(1) V. *Le contrat de travail et le Code civil*, p. 239 et s.

DES CONTRATS RELATIFS AU TRAVAIL

« Article premier. — Art. 1779. — Il y a deux espèces principales de contrats relatifs au travail : 1° le contrat de travail ; 2° le contrat d'entreprise.

« Le contrat de travail est le contrat par lequel une personne s'oblige à travailler pour une autre, qui s'oblige à lui payer une rémunération calculée soit à proportion de la qualité ou de la quantité de l'ouvrage accompli, soit d'après toute autre base arrêtée entre les parties.

« Le fait que la matière est fournie en même temps que le travail n'empêche pas la convention d'être un contrat de travail, pourvu que la matière puisse être considérée comme l'accessoire du travail.

« Le contrat d'entreprise est le contrat passé par les personnes qui emploient le travail d'autrui à l'exécution du contrat.

« 1° Du contrat de travail (art. 1780 et 1781).

« 2° Du contrat d'entreprise (art. 1782 à 1799).

« Art. 2. — L'article 1341 du Code civil est complété comme suit :

« En matière de contrat de travail, la preuve testimoniale est toujours admise, à défaut d'écrit, quelle que soit la valeur du litige.

« Art. 3. — L'article 387 du Code civil est complété comme suit :

« Le paiement fait par l'employeur à l'employé mineur de la rémunération qui lui est due est valable si le père ou le tuteur de l'employé n'y a pas mis préalablement opposition.

« En cas d'opposition par lettre recommandée ou par exploit d'huissier, le juge de paix peut, soit d'office, soit sur simple réquisition d'un parent ou d'un tiers, et après avoir entendu le père ou le tuteur, autoriser le mineur à recevoir tout ou partie de la rémunération de son travail.

« Art. 4. — L'article 1313 du Code civil est complété comme suit :

« Le contrat de travail peut être rescindé avec allocation de dommages et intérêts lorsque ses conditions sont en désaccord flagrant avec les conditions habituelles de la profession et de la région.

« L'action en rescision sera prescrite dans le même temps que l'action en revendication du salaire.

« Art. 5. — L'article 1780, paragraphe 3, du Code civil est complété ainsi qu'il suit :

« Néanmoins, la résiliation du contrat par la volonté d'un seul des contractants peut donner lieu à des dommages-intérêts.

« Les juges auront le droit et le devoir de rechercher dans les faits et les circonstances de la cause si la rupture est contraire à l'équité.

« Le refus, par celle des parties qui a rompu le contrat, de faire connaître les motifs du congé constituera contre elle une présomption de l'abus commis.

« Art. 6. — L'article 1781 du Code civil est libellé comme suit :

« Préalablement à la formation du contrat individuel de travail et dans le but de déterminer certaines conditions auxquelles il devra satisfaire, des conventions collectives de travail peuvent être conclues entre un employeur ou un syndicat ou groupement d'employeurs, et un syndicat ou groupement d'employés, ou entre leurs représentants respectifs.

« Art. 7. — L'article 2101 du Code civil est modifié ainsi qu'il suit :

« 4° Tous les salaires en général, sous quelque forme qu'ils soient :

« *a*) Pour les trois mois échus et la période courante s'ils sont payés chaque semaine ou plus fréquemment ;

« *b*) Pour les six mois échus et la période courante s'ils sont payés chaque mois ou à des intervalles plus rapprochés ;

« *c*) Pour l'année échue et la période courante s'ils sont payés chaque année ou à des intervalles plus rapprochés.

« Les salaires des gens de service pour l'année échue et ce qui est dû pour l'année courante.

« Est abrogé, en ce qu'il a de contraire au présent, l'article 549 du Code de commerce ».

IV

LÉGISLATIONS ÉTRANGÈRES.

ALLEMAGNE

Code civil.

Art. 611. — En vertu du contrat de services, celui qui s'engage à des services, est obligé à la prestation des services promis, et l'autre partie est obligée de fournir la rémunération convenue.

Peuvent faire l'objet du contrat de services des services de toute nature.

Art. 631. — En vertu du contrat d'ouvrage, l'entrepreneur est obligé à la confection de l'ouvrage promis et l'auteur de la commande au paiement de la rémunération convenue.

L'objet du contrat d'ouvrage peut aussi bien consister dans la confection ou modification d'une chose que dans tout autre résultat à obtenir par le travail ou par la prestation de services.

BELGIQUE

Loi du 10 mars 1900, sur le contrat de travail.

CHAPITRE PREMIER. — *Dispositions générales.*

Article premier. — La présente loi régit le contrat par lequel un ouvrier s'engage à travailler sous l'autorité, la direction

21

et la surveillance d'un chef d'entreprise ou patron, moyennant une rémunération à fournir par celui-ci, et calculée, soit à raison de la durée du travail, soit à proportion de la quantité, de la qualité ou de la valeur de l'ouvrage accompli, soit d'après toute autre base arrêtée entre parties. — Les chefs-ouvriers et les contremaîtres sont compris parmi les ouvriers.

Art. 2. — Lorsque des ouvriers engagés dans les conditions définies à l'article précédent doivent, en vue de l'exécution des travaux convenus, organiser ou conduire des groupes ou brigades, ils sont de plein droit présumés agir à titre de mandataires du chef d'entreprise, dans leurs rapports avec les ouvriers faisant partie de ces groupes ou brigades.

Nulle preuve n'est admise contre cette présomption.

Art. 3. — Le montant et la nature de la rémunération, le temps, le lieu et, en général, toutes les conditions du travail, sont déterminés par la convention.

Celle-ci peut être faite verbalement ou par écrit, sans préjudice à la loi sur les règlements d'atelier.

L'usage supplée au silence des parties.

Art. 4. — . . . .

Art. 5. — On ne peut engager son travail qu'à temps ou pour une entreprise déterminée.

Art. 6. — Les actions résultant du contrat de travail se prescrivent par six mois, à moins qu'une prescription spéciale n'ait été établie par une loi particulière, ou qu'il ne s'agisse de la divulgation d'un secret de fabrication ou de la réparation d'un dommage causé par un accident ou une maladie.

En cas de dol, le délai de six mois ne commence à courir qu'à dater de la découverte du dol.

CHAPITRE II. — *Des obligations réciproques des parties.*

Art. 7. — L'ouvrier a l'obligation :

D'exécuter son travail avec les soins d'un bon père de famille, au temps, au lieu et dans les conditions convenus ;

D'agir conformément aux ordres et aux instructions qui lui sont donnés par le chef d'entreprise ou ses préposés, en vue de l'exécution du contrat ;

D'observer le respect des convenances et des bonnes mœurs pendant l'exécution du contrat ;

De garder les secrets de fabrication ;

De s'abstenir de tout ce qui pourrait nuire soit à sa propre sécurité, soit à celle de ses compagnons ou de tiers.

Art. 8. — L'ouvrier a l'obligation de restituer en bon état au chef d'entreprise les outils et les matières premières, restées sans emploi, qui lui ont été confiés.

Il répond de sa faute en cas de malfaçon, d'emploi abusif de matériaux, de destruction ou de détérioration de matériel, outillage, matières premières ou produits...

Art. 9. — L'ouvrier n'est tenu ni des détériorations dues à l'usage normal de la chose, ni de la perte qui arrive par cas fortuit.

Il n'est plus tenu des malfaçons après la réception de l'ouvrage.

Art. 10. — . . . .

Art. 11. — Le chef d'entreprise a l'obligation :

De faire travailler l'ouvrier dans les conditions, au temps et au lieu convenus, notamment de mettre à sa disposition, s'il y échet et sauf stipulation contraire, les collaborateurs, les outils et les matières nécessaires à l'accomplissement du travail ;

De veiller, avec la diligence d'un bon père de famille et malgré toute convention contraire, à ce que le travail s'accomplisse dans des conditions convenables au point de vue de la sécurité et de la santé de l'ouvrier, et que les premiers secours soient assurés à celui-ci, en cas d'accident. A cet effet, une boîte de secours devra se trouver constamment à la disposition du personnel, dans les usines occupant plus de dix ouvriers ;

D'observer et de faire observer les bonnes mœurs et les convenances pendant l'exécution du contrat ;

De payer la rémunération aux conditions, au temps et au lieu convenus ;

De fournir à l'ouvrier un logement convenable, ainsi qu'une nourriture saine et suffisante, dans le cas où il s'est engagé à le loger et à le nourrir ;

De donner à l'ouvrier le temps nécessaire pour remplir les devoirs de son culte, les dimanches et autres jours fériés, ainsi que les obligations civiques résultant de la loi.

Art. 12. — Lorsque, par le fait du chef d'entreprise, l'ouvrier payé à la pièce, à la tâche ou à l'entreprise, et présent à l'atelier, est mis dans l'impossibilité de travailler, il a droit à la moitié du salaire correspondant au temps perdu, à moins qu'il ne soit autorisé à quitter le lieu du travail.

Art. 13. — Le chef d'entreprise doit apporter à la conservation des outils appartenant à l'ouvrier les soins d'un bon père de famille ; il n'a, en aucun cas, le droit de retenir ces outils.

Il répond des malfaçons provenant des matières premières ou outillages défectueux fournis par lui.

Toute convention contraire est nulle.

Art. 14. — Lorsque l'engagement prend fin, le chef d'entreprise a l'obligation de délivrer à l'ouvrier, qui le demande, un certificat constatant la date de son entrée et celle de sa sortie.

Art. 15. — Le chef d'entreprise et l'ouvrier se doivent le respect et des égards mutuels.

Chapitre III. — *Des différentes manières dont prennent fin les obligations des parties.*

Art. 16. — . . . .

Art. 17. — . . . .

Art. 18. — . . . .

Art. 19. — Lorsque l'engagement est conclu pour une durée indéfinie, chacune des parties a le droit d'y mettre fin par un congé donné à l'autre.

Sauf disposition contraire résultant de la convention ou de l'usage, les parties sont tenues de se donner un avertissement préalable de sept jours au moins. Toutefois, dans les entreprises où le règlement d'atelier est obligatoire, il n'y a lieu à semblable préavis que si le règlement l'exige.

L'obligation et le délai du préavis sont réciproques. S'il était stipulé des délais d'inégale longueur pour les parties en présence, le délai le plus long ferait loi à l'égard de chacune d'elles.

Art. 20. — Le chef d'entreprise peut rompre l'engagement sans préavis ou avant l'expiration du terme :

Lorsque l'ouvrier a trompé le chef d'entreprise lors de la conclusion du contrat, par la production de faux certificats ou livrets ;

Lorsqu'il se rend coupable d'un acte d'improbité, de voies de fait ou d'injure grave à l'égard du chef ou du personnel de l'entreprise ;

Lorsqu'il leur cause intentionnellement un préjudice matériel pendant ou à l'occasion de l'exécution du contrat ;

Lorsqu'il se rend coupable de faits immoraux pendant l'exécution du contrat ;

Lorsqu'il communique des secrets de fabrication ;

Lorsqu'il compromet, par son imprudence, la sécurité de la maison, de l'établissement ou du travail ;

Et, en général, lorsqu'il manque gravement à ses obligations relatives au bon ordre, à la discipline de l'entreprise et à l'exécution du contrat.

Le tout sans préjudice au droit du chef d'entreprise à tous dommages et intérêts, s'il y a lieu. . . . .

Art. 21. — L'ouvrier peut rompre l'engagement sans préavis ou avant l'expiration du terme :

Lorsque le chef d'entreprise ou celui qui le remplace se rend coupable, à son égard, d'un acte d'improbité, de voie de fait ou d'injure grave ;

Lorsque le chef d'entreprise tolère, de la part de ses préposés, de semblables actes à l'égard de l'ouvrier ;

Lorsque la moralité de l'ouvrier est mise en danger au cours du contrat ;

Lorsque le chef d'entreprise lui caûse intentionnellement un préjudice matériel pendant ou à l'occasion de l'exécution du contrat;

Lorsque, dans le cours de l'engagement, la sécurité ou la santé de l'ouvrier se trouvent exposées à des dangers que celui-ci ne pouvoit prévoir au moment de la conclusion du contrat.

Le tout sans préjudice au droit de l'ouvrier à tous dommages et intérêts, s'il y a lieu.

. . . .

Art. 22. — Si le contrat est conclu sans terme, la partie qui rompt l'engagement sans juste motif, en omettant de donner d'une manière suffisante le préavis du congé ou avant l'expiration du délai du préavis, est tenue de payer à l'autre partie une indemnité égale à la moitié du salaire correspondant, soit à la durée du délai de préavis, soit à la partie de ce délai restant à courir ; cette indemnité ne peut dépasser le montant du salaire moyen d'une semaine, à moins qu'un taux plus élevé ne soit fixé par l'usage.

Art. 23. — Néanmoins la partie lésée peut, mais à la charge de prouver l'existence et l'étendue du préjudice allégué, réclamer des dommages et intérêts, qui ne seront, en aucun cas, cumulés avec l'indemnité déterminée à l'article précédent.

Art. 24. — . . . .

Art. 25. — . . . .

Art. 26. — . . . .

Art. 27. — La femme engagée comme ouvrière et recevant le logement chez le chef d'entreprise a le droit de résilier le contrat si l'épouse du chef d'entreprise ou toute autre femme qui dirigeait la maison à l'époque de la conclusion du contrat vient à mourir ou à se retirer.

Art. 28. — . . . .

Chapitre IV. — *De la capacité de la femme mariée et du mineur d'engager leur travail.*

Art. 29 à 37. . . . .

CHAPITRE V. — *Dispositions additionnelles.*

Art. 38 à 41. . . . .

CHAPITRE VI. — *Abrogation de dispositions législatives antérieures et dispositions transitoires.*

Art. 42 et 43. . . . .

PAYS-BAS

Loi du 13 juillet 1907, sur le contrat de travail,
(*modificative de certains articles du Code civil*).

SEPTIÈME TITRE, A. — DES CONTRATS POUR L'EXÉCUTION DU TRAVAIL

PREMIÈRE SECTION. — *Dispositions générales.*

Art. 1637. — Indépendamment des contrats pour l'exécution de simples services, régis par des dispositions spéciales et les conditions stipulées ou, à leur défaut, par l'usage, il existe deux sortes de contrat, par lesquels l'une des parties s'engage à exécuter pour l'autre un travail, moyennant une rémunération : le contrat de travail et l'entreprise de travail.

Art. 1637 *a*. — Le contrat de travail est le contrat par lequel l'une des parties, l'employé, s'engage à travailler au service de l'autre partie, l'employeur, *pendant un certain temps*, moyennant salaire.

Art. 1637 *b*. — L'entreprise de travail est le contrat par lequel l'une des parties, l'entrepreneur, s'engage vis-à-vis de l'autre partie, l'adjudicateur, à exécuter, moyennant un prix déterminé, un travail déterminé.

Deuxième section. — *Du contrat de travail en général.*

Art. 1367 *j.* — Un règlement arrêté par l'employeur n'est obligatoire pour l'employé, que si celui-ci a déclaré par écrit adhérer à ce règlement et qu'il a été, en outre, satisfait aux stipulations suivantes :

1°) Un exemplaire complet du règlement sera délivré gratuitement à l'employé par ou au nom de l'employeur;

2°) Un exemplaire complet du règlement signé par l'employeur sera déposé par lui ou en son nom à l'examen d'un chacun au greffe de la justice du canton dans le ressort de laquelle est située l'entreprise pour laquelle le règlement doit être appliqué;

3°) Un exemplaire complet du règlement sera et restera affiché dans un endroit facilement accessible à l'employé, de préférence dans le local de travail, de telle manière qu'il soit clairement lisible.

Le dépôt et l'examen du règlement au greffe sont gratuits.

Toute clause contraire à une des stipulations de cet article est nulle.

Art. 1637 *k.* — . . . .

. . . .

Quatrième section. — *Des obligations de l'employé.*

Art. 1639. — L'employé est tenu d'exécuter de son mieux le travail convenu. Si la nature et l'étendue du travail à exécuter ne sont pas arrêtés par contrat ou règlement, on s'en réfère à l'usage.

SUISSE

Code (revisé) des obligations.

Art. 319. — Le contrat de travail est la convention par laquelle une personne (l'employé) promet à une autre (l'employeur) son travail pour un temps déterminé ou indéterminé, contre paiement d'un salaire. — Il y a également contrat de travail, lorsque le salaire est payé d'après l'ouvrage livré, et non pas calculé à l'heure ou à la journée (travail aux pièces ou à la tâche), dès que l'employé est engagé ou occupé, soit pour un temps fixé, soit pour une durée indéterminée...

Art. 348. — Les dispositions du présent titre s'appliquent également aux contrats portant sur des travaux qui supposent une culture scientifique spéciale, et qui s'exécutent contre paiement d'honoraires, quand ces conventions présentent d'ailleurs les éléments constitutifs du contrat de travail.

Art. 363. — Le contrat d'entreprise est un contrat par lequel l'une des parties (l'entrepreneur) s'engage à exécuter un ouvrage moyennant un prix que l'autre partie (le maître) s'engage à lui payer.

TABLE DES DÉCISIONS

citées au cours de l'ouvrage.

COUR DE CASSATION

Chambre civile

Chambre des requêtes

Chambre criminelle

COURS D'APPEL

TRIBUNAUX

1°) TRIBUNAUX CIVILS

2°) TRIBUNAUX DE COMMERCE

3°) TRIBUNAUX DE PAIX

INDEX BIBLIOGRAPHIQUE

André et Guibourg, *Le Code ouvrier*, 1895.

André et Guibourg, *Le Code du travail annoté*, 1905.

Antonelli, *Les actions de travail dans les sociétés anonymes à participation ouvrière*, avec un avant-propos de M. Aristide Briand, 1912.

Association nationale pour la protection légale des travailleurs. — V. Groussier; Perreau (C.).

Aubry et Rau, *Cours de droit civil français*, 5e éd., t. III, § 260 ; 5e éd., t. V, § 371 *bis* ; 4e éd., t. VIII, § 774.

Augée (Charles), *Nature juridique du concordat en matière de faillite*, 1910.

Bach, *Le pourboire-salaire*, 1910.

Barde. — V. Baudry-Lacantinerie.

Barrault (H.-E.), Rapport à la Société de protection des apprentis (*Bulletin de la Société de protection des apprentis*, 1912).

Bastiat, Œuvres complètes. — *Harmonies économiques*, 3e éd., t. VI, pp. 394 et s.

Baudoin, Jaffeux et Radot, *Dictionnaire de la jurisprudence en matière de chasse*, vo *Garde particulier*.

Baudry-Lacantinerie et Barde, *Des obligations*, 3e éd., t. 4, no 2975.

Baudry-Lacantinerie et de Loynes, *Nantissement, privilèges et hypothèques*, 3e éd., t. Ier, nos 332 et s.

Baudry-Lacantinerie et Wahl, *Du contrat de louage*, 3e éd., t. II, nos 1632 et s., 1858 et s., 3862 et s.

Baudry-Lacantinerie et Wahl, *Des contrats aléatoires, du mandat, du cautionnement et de la transaction*, 3e éd., nos 377 et s.

Bergé. — V. Stein.

Beudant, *Cours de droit civil : La vente et le louage*, nos 642 et s.

Beudant, *Cours de droit civil : Les sûretés personnelles et réelles*, t. Ier, no 375.

Boileau (Robert), *Des restrictions à la liberté des contractants dans le contrat de travail.*

Boissard, *Contrat de travail et salariat.* — Bloud et Cie, 1910.

Boistel, *Précis de droit commercial*, 3e éd., no 66.

Boullanger (Am.), Note au *Sirey*, 1865, 2, 325.

Boullenger. — V. Revue Montalembert.

Bourgeois (Léon). — Discours prononcé à la Chambre des députés, le 29 février 1912, dans la discussion sur la journée de dix heures (*J. off.*, Ch. des dép., Déb. parl., 1912, pp. 524 et s.).

Briand (Aristide). — V. Antonelli.

Brugeilles, Essai sur la nature juridique de l'entreprise (*Rev. trim. de dr. civ.*, 1912, pp. 111 et s.).

Bry, *Cours élémentaire de législation industrielle*, 5e éd., nos 89 et s., 469 et s.

Bucaille. — V. Revue Montalembert.

Bulletin de la Société d'Études législatives.

Bureau, *Le contrat de travail et les syndicats professionnels.*

Cabouat. — Chronique sur le projet déposé par le Gouvernement, le 2 juillet 1906 (*Revue critique de législation et de jurisprudence*, 1907, pp. 226 et s.).

Capitant, *Cours de législation industrielle*, Pedone, 1912, pp. 125 et s., 347 et s. 495 et s.

Carême, *Répertoire des droits et obligations des chasseurs*, v° *Garde particulier*,

Cauwès, *Cours d'économie politique*, 3e éd., t. III, nos 804 et s.

Cauwès, *Bulletin de la Société d'Études législatives*, 1906, pp. 95 et s.

Cézar-Bru, Note au *Dalloz*, 1911, 1, 297.

Cézar-Bru. — V. Garsonnet.

Chambon, Rapport fait au nom de la Commission du travail chargée d'examiner le projet de loi sur le contrat de travail (*J. off.*, Ch. des dép., Doc. parl., avril 1908, annexe 1409, pp. 448 et s.).

Chatelain, *La nature du contrat entre ouvrier et entrepreneur*, 1902.

Chatelain, Esquisse d'une nouvelle théorie sur le contrat de travail (*Revue trimestrielle de droit civil*, 1904, p. 313).

Chatelain, Une application de la nouvelle théorie du contrat de travail (*Revue trimestrielle de droit civil*, 1905, p. 271).

Chausse, *Revue générale du droit, de la législation et de la jurisprudence*, 1909, pp. 276 et s.

Chavegrin, Note au *Sirey*, 1898, 1, 385.

Cluzel, *Traité des conseils de prud'hommes*, nos 249, 615 et s.

Cohendy et Darras, *Code de commerce annoté*, Appendice, *Du contrat de travail*, t. II, pp. 838 et s.

Collard (Charles), *Le contrat de travail en Hollande*, Liège, Poncelet, 1909.

Cornil, *Du louage de services ou contrat de travail*, 1895.

Cornilliat, *Traité de compétence civile judiciaire des juges de paix.*

Curasson, *Traité de la compétence des juges de paix*, 4e éd., par Poux-Lagier et Pialat, 1877, t. Ier, pp. 629 et s.

Dalloz, *Nouveau code civil*, art. 1780, nos 1 et s.; art. 2101, nos 204 et s.; art. 2271, nos 24 et s.

Dalloz, *Recueil périodique et critique de jurisprudence.*

Dalloz, *Répertoire de législation, de doctrine et de jurisprudence*, vis *Louage d'ouvrage et d'industrie*, nos 1 et s., 15 et s.; *Ouvriers — Artisans — Apprentis*, nos 4 et s., 19 et s.; *Serviteurs à gages — Domestiques — Gens de service — Gens de travail*, nos 1 et s.

Dalloz, *Supplément au Répertoire de législation, de doctrine et de jurisprudence*, vis *Louage d'ouvrage et d'industrie*, nos 10 et s., 17; *Travail*, nos 79 et s.

Darras. — V. Cohendy; Fuzier-Herman.

D'Eichthal, Les contrats de travail et leur appellation légale (*Revue politique et parlementaire*, 1908, pp. 521 et s.).

De la Morandière (L.), Note sur la proposition de loi déposée par M. Groussier à la Chambre des députés, le 29 mai 1911 (*Rev. trim. de dr. civ.*, 1912, pp. 289 et s.).

De Loynes. — V. Baudry-Lacantinerie.

De Wisscher, *Le contrat collectif de travail*, avec une préface de M. Saleilles, 1911.

Delvincourt, *Cours de Code civil*, 1819.
Demartial. — V. Revue Montalembert.
Deschamps, *Sur l'expression* locare operas *et le travail comme objet de contrat à Rome*, Mélanges Gérardin, 1907.
Desjardins (Arthur), *Le Code civil et les ouvriers,* dans Questions sociales et politiques, 1893, pp. 333 et s.
Desroys du Roure, *Le règlement d'atelier et le contrat de travail*, 1910.
Doumergue. — V. Sarrien.
Duboys-Fresney, De l'extension aux ouvriers agricoles de la loi du 9 avril 1898 sur les accidents du travail, 1907.
Duranton, *Cours de droit français suivant le Code civil*, t. XVII, éd. 1844, nos 227, 248 ; t. XVIII, no 196 ; t. XIX, no 59.
Duthoit, *Vers l'organisation professionnelle*, pp. 125 et s.
Duvergier. — V. Toullier.
Escarra, *Bulletin de la Société d'Etudes législatives*, 1907, p. 63.
Fabreguettes, *Le contrat de travail*, 1896.
Fagnot, *Rapport à l'Association nationale pour la protection légale des travailleurs* (Le contrat de travail, 1907).
Fenet, *Recueil des travaux préparatoires du Code civil*, t. XIV, pp. 338 et s.
Flament, *La loi belge du 10 mars 1900, sur le contrat de travail*, 1906.
Fuzier-Herman et Darras, *Code civil annoté*, art. 1779, nos 19 et s. ; art. 2101, nos 90 et s. ; art. 2271, nos 13 et s.
Fuzier-Herman et Griffond, *Supplément au Code civil annoté*, art. 1779, nos 14 et s. ; art. 2101, nos 56 et s. ; art. 2271, nos 6 et s.
Fuzier-Herman, Carpentier et Frèrejouan du Saint, *Répertoire général alphabétique de droit français* (du Sirey), vis *Louage d'ouvrage, de services et d'industrie*, nos 1 et s ; 1054 et s.
Garçon, *Code pénal annoté*, sous les articles 381 à 386, nos 220 et s.
Garraud, *Traité du droit pénal français*, 2e éd., t. V, nos 2139 et s.
Garriguet, *Le contrat de travail*, 5e éd. — Bloud et Cie.
Garsonnet, *Traité théorique et pratique de procédure*, 2e éd. par Cézar-Bru, t. II, § 425.
Gazette du Palais.
Gazette des Tribunaux.
Gény, Une théorie nouvelle sur les rapports juridiques issus du contrat de travail (*Rev. trim. de dr. civ.*, 1902, pp. 333 et s.).
Gerlier, *Des stipulations usuraires dans le contrat de travail*, 1907.
Germain, *La jurisprudence et la réglementation légale du contrat de travail*, 1906.
Gide, *Cours d'économie politique*, pp. 593 et s.
Gide, *Economie sociale*, 3e éd.
Glasson, *Précis théorique et pratique de procédure civile*, 2e éd. par Tissier, t. Ier, nos 213, 795.
Glasson, Note au *Dalloz*, 1890, 2, 281.
Goldenberg, *De la nature juridique des contrats de travail.* — Giard et Brière.
Granier, *Les actions de travail*, 1910. — Larose et Tenin.
Groussier, *Rapport à l'Association nationale pour la protection légale des travailleurs* (Le contrat de travail et le Code civil, 1908).
Groussier, Proposition de loi relative aux contrats qui tiennent à la fois du louage de services et du bail à loyer, présentée le 29 mai 1911 (*J. off.*, Ch. des dép., Doc. parl., août 1911, annexe no 984, p. 403).
Guillouard, *Traité du contrat de louage*, 3e éd., t. II, nos 692 et s.

Hauriou, Note au *Sirey*, 1892, 3, 17. — Note au *Sirey*, 1907, 3, 49.
Hayem (J.), *La loi et le contrat de travail*, 1908.
Hubert-Valleroux, *Le contrat de travail*, 1895.
Hubert-Valleroux, *Sur la loi du 2 juillet* 1890 (Annuaire de législation française, 1891, pp. 99 et s.).
Huc, *Commentaire du Code civil*, t. X, nos 379 et s., t. XIII, nos 38 et s.
Hudelot, *Compétence des justices de paix*, 2e éd., sous l'article 5 de la loi du 12 juillet 1905.
Jay, *La protection légale des travailleurs*, 2e éd., 1910. — Larose et Ténin.
Jay, *Rapport sur le livre Ier du Code du travail et de la prévoyance sociale intitulé* « Des conventions relatives au travail », *au nom de la Commission extraparlementaire.*
Jourdan, *Cours analytique d'économie politique*, 2e éd., 1889.
Journal de jurisprudence d'Aix et de Marseille.
Juris-Classeurs des accidents du travail.
Juris-Classeurs. — Bulletin mensuel du travail législatif et parlementaire, novembre 1911, pp. 61 et s.; décembre 1911, p. 72.
Labbé, Note au *Sirey*, 1893, 1, 497.
La Loi.
Lancien, *La loi du 12 juillet* 1905, no 162.
Langlois, *Le contrat de travail*, 1907.
Laurent, *Principes de droit civil*, t. XXVII, nos 333 et s.
Leboucq (Ch.), Proposition de loi tendant à compléter l'article 1780 du Code civil et à proportionner la durée du préavis pour le congé à l'ancienneté des services rendus par l'ouvrier ou l'employé (*J. off.*, Ch. des dép., Doc. parl., mai 1910, annexe no 2850, p. 123).
Léger, Le contrat de travail (*Revue politique et parlementaire*, 1906, pp. 502 et s.).
Léon XIII, Lettre encyclique *Rerum Novarum.*
Levasseur, *Histoire des classes ouvrières avant* 1789, 2e éd.
Levasseur, *Histoire des classes ouvrières et de l'industrie en France de* 1789 à 1870, 2e éd.
Levasseur, *Questions ouvrières et industrielles en France sous la troisième République.*
Locré, *La législation civile, commerciale et criminelle de la France*, t. XIV, pp. 441 et s.
Loubat, *Traité sur le risque professionnel*, 3e éd.
Lyon-Caen, *La législation doit-elle s'occuper du contrat de travail?* (Journal des Économistes, octobre 1906, pp. 80 et s.).
Lyon-Caen et Renault, *Traité de droit commercial*, 4e éd., t. Ier, no 118; 4e éd. t. V, no 356 ; 3e éd., t. VIII, nos 825 et s.
Malnoury, *Manuel pratique du conseiller prud'homme*, avec une préface de M. Tissier, 1910.
Marcadé, *Explication théorique et pratique du Code Napoléon*, t. VI, éd. 1852, sous les articles 1780 et s., no 1 ; sous les articles 1787 et s., no 1.
Merlin (Roger), *Le contrat de travail, les salariés, la participation aux bénéfices*, 1907.
Mihura, Rapport à la Société de protection des apprentis (*Bulletin de la Société de protection des apprentis*, 1912).
Millet, *Le contrat de travail et le projet de loi de la Commission du travail à la Chambre des députés*, 1910.

Milliot (Louis), *L'Association agricole chez les Musulmans du Maghreb* (Maroc, Algérie, Tunisie), 1911.

Nast (Marcel), *Des conventions collectives relatives à l'organisation du travail.*

Nast (Marcel), Etude sur la loi du 13 juillet 1907, sur le contrat de travail, aux Pays-Bas (*Bulletin de la Société d'Etudes législatives*, 1907, pp. 597 et s.).

Pabon, *Traité des justices de paix*, t. IV, nos 4195 et s.

Pascaud, *Le contrat de travail au point de vue économique et juridique, et l'utilité de sa réglementation législative*, 2e éd., 1903.

Périssé, *La paix dans l'industrie.* — Paris, Imprimerie et Librairie centrale des Chemins de fer (Imprimerie Chaix), 1909.

Périssé, *Nouvelle forme de participation des travailleurs aux bénéfices industriels.* — Paris, Publications du journal *Le Génie civil*, 1910.

Perreau (C.), Rapport sur la question du contrat de travail, présenté à la Société d'études législatives (*Bulletin de la Société d'Etudes législatives*, 1905, pp. 499 et s.).

Perreau (C.), *Rapport à l'Association nationale pour la protection légale des travailleurs* (Le contrat de travail, 1907).

Perreau (C.), *Rapport à l'Association nationale pour la protection légale des travailleurs* (Le contrat de travail et le Code civil, 1908).

Perreau (C.), Rapport présenté au Congrès de la Fédération des industriels et des commerçants français sur le projet de loi relatif au contrat de travail (*Revue critique de législation et de jurisprudence*, 1907, pp. 284 et s., 342 et s. ; et *Bulletin de la Fédération des industriels et commerçants de la France*, 1907, pp. 478 et s.).

Perreau (E.-H.), *Eléments de jurisprudence médicale*, pp. 200 et s.

Phily, Pétel et Izoard, *Jurisprudence générale et législation de la médecine — pharmacie*, 1912.

Pic, *Traité élémentaire de législation industrielle*, 3e éd., nos 873 et s., 891 et s., 927 et s.

Pic, *La protection légale des travailleurs et le droit international ouvrier*, 1909.

Planiol.— *Traité élémentaire de droit civil*, 5e éd., t. II, nos 1352 *bis*; 1664, 1823 et s., 1897 et s.

Planiol, Classification synthétique des contrats (*Revue critique de législation et de jurisprudence*, 1904, pp. 473 et s.).

Popineau, *La loi du 27 mars* 1907, no 4.

Porte, *Entrepreneurs et profits industriels*, 1901.

Pothémont, *La législation des retraites ouvrières et paysannes*, avec une préface de M. le sénateur Ferdinand Dreyfus, 1911.

Pothier, éd. Bugnet, 1847, t. IV, nos 392, et s.

Recueil de jurisprudence du Havre.

Renault. — V. Lyon-Caen.

Revue critique de législation et de jurisprudence.

Revue générale de droit, de législation et de jurisprudence.

Revue Montalembert, 1912, pp. 1 et s., 107 et s., 193 et s.

Revue politique et parlementaire.

Revue trimestrielle de droit civil.

Ribes-Christofle, Le contrat de travail (*Bulletin de la Fédération des industriels et commerçants de la France*, 1907, pp. 489 et s.).

Rist, Préface aux *Modes de rémunération du travail* de Schloss.

Rossel (Virgile), *Manuel de droit civil suisse*, t. III, pp. 362 et s.

Rouast, *Essai sur la notion juridique de contrat collectif dans le droit des obligations*, 1909.

Ruben de Couder, *Dictionnaire de droit commercial*, *v° Ouvrier*.
Sachet, *Traité de la législation sur les accidents du travail*, 5e éd.
Sachet, *Traité théorique et pratique de la législation sur les retraites ouvrières et paysannes*, 1911.
Saleilles, Note sur le projet de la Commission du travail relatif au contrat de travail (*Bulletin de la Société d'Etudes législatives*, 1906, pp. 493 et s.).
Saleilles. — V. De Wisscher.
Sarrien, Projet de loi sur le contrat de travail du 2 juillet 1906 (*J. off.* doc. parl., août-septembre 1906, annexe 158, p. 716).
Sarrut, L'œuvre législative de la troisième République dans le domaine des questions sociales. Discours de rentrée à la Cour d'appel de Paris, 1890.
Sarrut, Législation ouvrière de la troisième République. Discours de rentrée à la Cour de cassation, 1894.
Sauzet, Le livret obligatoire des ouvriers (*Revue critique de législation et de jurisprudence*, 1890, pp. 21 et s.).
Schloss, *Modes de rémunération du travail.*
Schloss. — V. Rist.
Sirey, *Lois annotées.*
Sirey, *Recueil général des lois et des arrêts.*
Sirey, *Refonte du Recueil général des lois et des arrêts.* Tomes XV à XX (années 1886-1900) ; tome XIV (années 1883-1885), sous presse.
Sirey, *Répertoire général alphabétique de droit français.*
Sirey. — V. Cohendy et Darras; Fuzier-Herman.
Société d'Études législatives. — V. Cauwès; Perreau (C.).
Stein, *Contrat de travail : patrons et employés*, 1908.
Stoquert, *Le contrat de travail*, 1895.
Sumien, Note sur un contrat individuel de travail employé dans la région de Romans (Drôme) (*Bulletin de la Société d'Études législatives*, 1906 pp. 503 et s.).
Suret (Louis), *Les honoraires des notaires. — Leur quotité et leur fondement*, Jouve et Cie, 1910.
Surville, *Eléments d'un cours de droit civil français*, 2e éd., t. II, n° 1112 et s.
Taulier, *Théorie raisonnée du Code civil*, t. VI, éd. 1847, pp. 284 et s., 298.
Thaller, *Traité élémentaire de droit commercial*, 4e éd., nos 29 et s.
Tissier, Note au *Sirey*, 1901, 1, 9.
Tissier, Note au *Sirey*, 1903, 1, 129.
Tissier, Note au *Sirey*, 1910, 1, 441.
Tissier. — V. Glasson.
Toullier et Duvergier, *Droit civil français suivant l'ordre du Code*, éd. 1837, t. XVIII, n° 63; t. XIX, nos 267 et s.
Troplong, *Commentaire des titres de l'échange et du louage*, 3e éd., t. II, nos 787 et s., 887, 959 et s.
Vigié, *Cours élémentaire de droit civil français*, 3e éd., t. II, nos 2103 et s., 2396.
Villetard de Prunières. — *Recueil des accidents du travail.*
Viviani. — Discours prononcés à la Chambre des députés dans la discussion de la loi sur les retraites ouvrières et paysannes (*J. off.*, passim.).
Viviani, Projet de loi relatif aux conventions collectives du travail, déposé le 11 juillet 1910 (*J. off.*, Ch. des dép., Doc. parl., novembre 1910, annexe n° 298, p. 657).
Wahl.— V. Baudry-Lacantinerie.

TABLE ANALYTIQUE DES MATIÈRES

PREMIÈRE PARTIE. — JURISPRUDENCE

DEUXIÈME PARTIE. — DOCTRINE

TROISIÈME PARTIE. — LÉGISLATION

ANNEXES

TABLE GÉNÉRALE DES MATIÈRES

DEUXIÈME PARTIE. — DOCTRINE

TROISIÈME PARTIE. — LÉGISLATION

Pages

ANNEXES

Imp. L. Pochy, 52, rue du Château. — 801-12

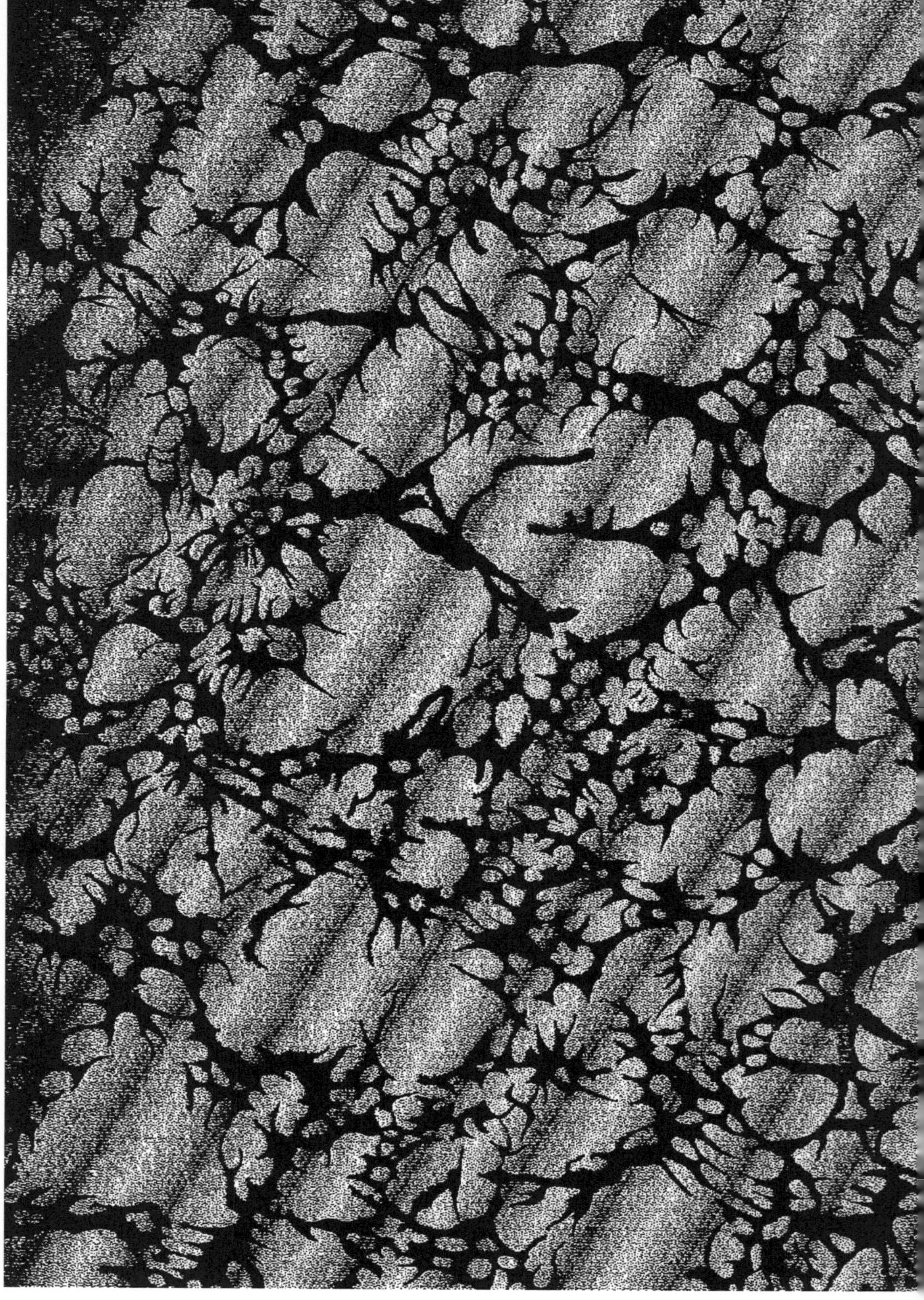

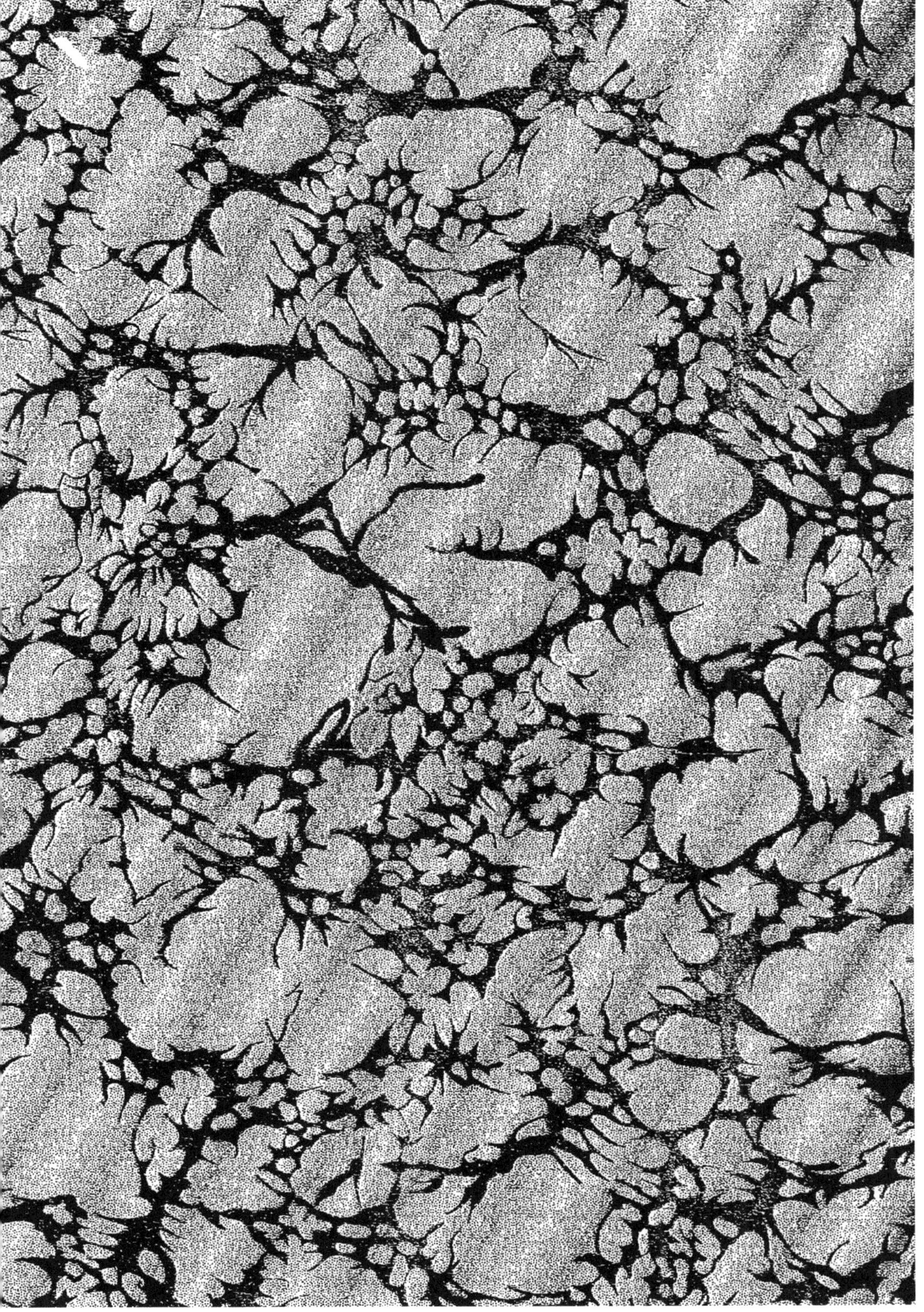

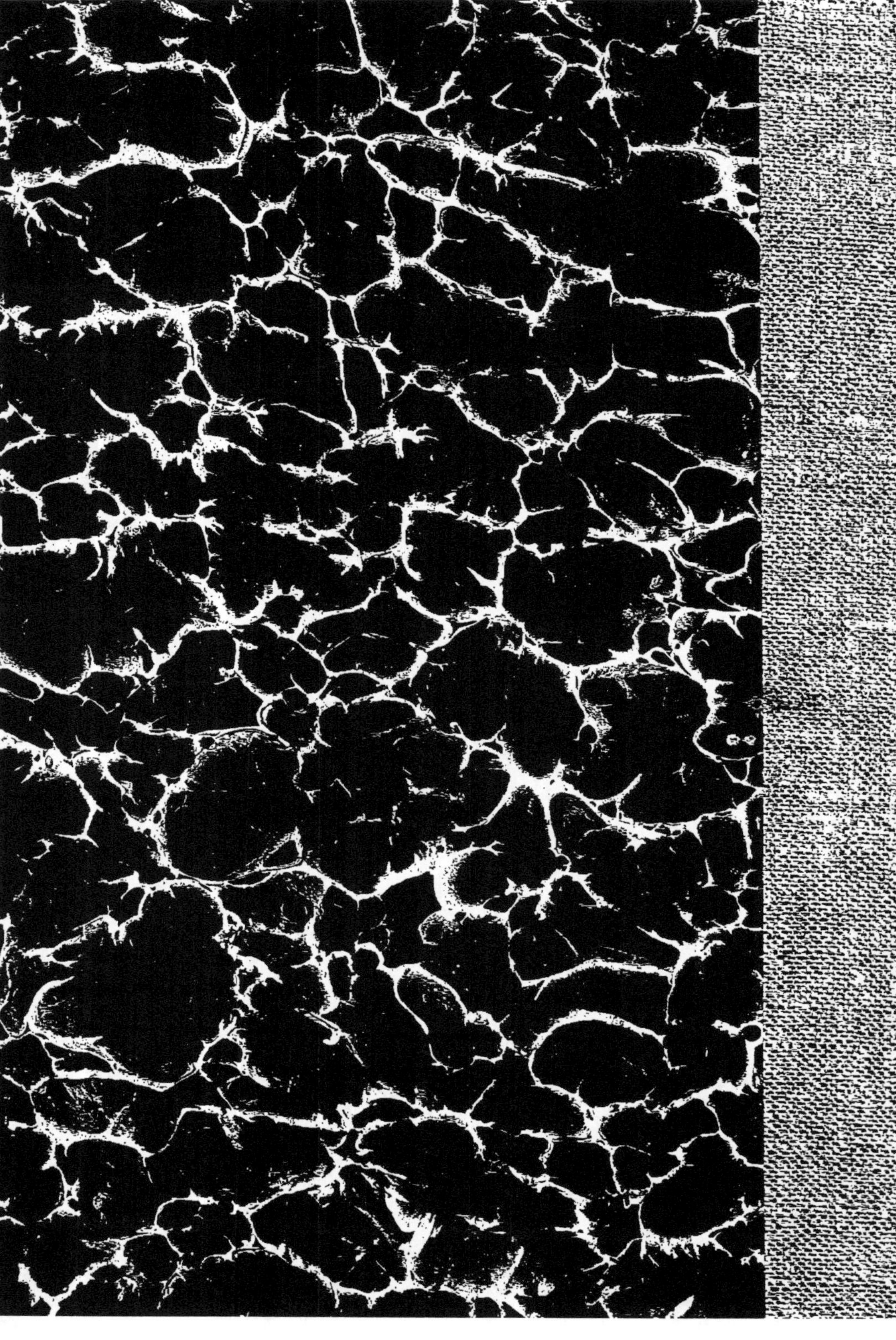

www.ingramcontent.com/pod-product-compliance
Ingram Content Group UK Ltd.
Pitfield, Milton Keynes, MK11 3LW, UK
UKHW012008240726
13965UKWH00001B/232